Die Diskussion über Gewaltenteilung und Gewaltentrennung im Vormärz

Rechtshistorische Reihe

Band 314

Peter Lang
Frankfurt am Main · Berlin · Bern · Bruxelles · New York · Oxford · Wien

Michael Racky

Die Diskussion über Gewaltenteilung und Gewaltentrennung im Vormärz

Peter Lang
Europäischer Verlag der Wissenschaften

Bibliografische Information Der Deutschen Bibliothek
Die Deutsche Bibliothek verzeichnet diese Publikation in der Deutschen Nationalbibliografie; detaillierte bibliografische Daten sind im Internet über <http://dnb.ddb.de> abrufbar.

Zugl.: Frankfurt (Main), Univ., Diss., 2005

Diese Arbeit wurde von
Herrn Prof. Dr. Gerhard Dilcher zur Aufnahme
in diese Reihe empfohlen.

D 30
ISSN 0344-290X
ISBN 3-631-53877-4

www.peterlang.de

Vorwort

Die vorliegende Arbeit wurde im Wintersemester 2004/2005 vom Fachbereich Rechtswissenschaft der Johann Wolfgang Goethe-Universität in Frankfurt am Main als Dissertation angenommen.

An erster Stelle möchte ich meinem Doktorvater Herrn Prof. Dr. Gerhard Dilcher danken, der schon im ersten Semester mein Interesse für die Rechtsgeschichte weckte. Er betreute die Arbeit von Anfang an mit großem Interesse und war mir jederzeit ein kritischer und wohlwollender Gesprächspartner. Herrn Prof. Dr. Dr. h.c. Bernhard Diestelkamp danke ich für die Übernahme des Zweitgutachtens.

Von April 2001 an war ich als Kollegiat und von April 2002 bis Dezember 2002 als Stipendiat Mitglied des Graduiertenkollegs für mittelalterliche Rechtsgeschichte, neuzeitliche Rechtsgeschichte und juristische Zeitgeschichte in Frankfurt am Main. Für die in diesem Rahmen erhaltende finanzielle Unterstützung sowie für die wertvollen Anregungen durch Leitungsgremium und Graduierte möchte ich mich ebenfalls bedanken.

Schließlich waren mir die Hilfe und Unterstützung meiner Familie, Freunde und Kollegen, die in vielfältiger Form ihren Ausdruck fanden, unverzichtbar.

Frankfurt am Main, im Sommer 2005 *Michael Racky*

Inhaltsverzeichnis

Literaturverzeichnis

Sekundärliteratur

Adler, Hans, Staatsschutz im Vormärz, in: ders. (Hrsg.), Literarische Geheimberichte. Protokolle der Metternich-Agenten, Band I 1840-1843, Köln 1977, S. 3-45.

Angermann, Erich, Robert von Mohl, 1799-1875. Leben und Werk eines altliberalen Staatsgelehrten, Neuwied 1962.

–, Der Deutsche Frühkonstitutionalismus und das Amerikanische Vorbild, in: HZ 219 (1974), S. 1-32.

Binding, Karl (Hrsg.), Verfassungs-Urkunde für das Königreich Württemberg, Leipzig 1894.

Bleek, Wilhelm, Friedrich Christoph Dahlmann und sein Werk über „Die Politik", in: ders. (Hrsg.), Friedrich Christoph Dahlmann, Die Politik, Frankfurt a.M. 1997.

Böckenförde, Ernst-Wolfgang, Gesetz und gesetzgebende Gewalt. Von den Anfängen der deutschen Staatsrechtslehre bis zur Höhe des staatsrechtlichen Positivismus, Berlin 1958.

–, Staat, Gesellschaft, Freiheit. Studien zur Staatstheorie und zum Verfassungsrecht, Frankfurt a.M. 1976.

–, Der Staat als Organismus. Zur staatstheoretisch-verfassungspolitischen Diskussion im frühen Konstitutionalismus, in: –, Recht, Staat, Freiheit, Frankfurt a.M. 1991, S. 263 ff.

–, Gesetz und gesetzgebende Gewalt. Von den Anfängen der deutschen Staatsrechtslehre bis zur Höhe des staatsrechtlichen Positivismus, Berlin 1958.

Boldt, Hans, Deutsche Staatslehre im Vormärz, Düsseldorf 1975.

Bonsiepen, Wolfgang, Zu Hegels Auseinandersetzung mit Schellings Naturphilosophie in der ‚Phänomenologie des Geistes', in: Ludwig Hasler (Hrsg.), Schelling: Seine Bedeutung für eine Philosophie der Natur und der Geschichte, S. 167 ff.

Brandt, Hartwig, Landständische Repräsentation im deutschen Vormärz. Politisches Denken im Einflußfeld des monarchischen Prinzips, Neuwied 1968.

Breuer, Dieter, Stand und Aufgaben der Zensurforschung, in: Göpfert, Herbert G.; Weyrauch, Erdmann (Hrsg.), „Unmoralisch an sich ...": Zensur im 18. und 19. Jahrhundert, Wiesbaden 1988, S. 37-60.

Busch, Werner, Die Entstehung der kritischen Rechtsphilosophie Kants 1762 – 1780, Berlin 1979.
Conze, Werner, Das Spannungsfeld von Staat und Gesellschaft im Vormärz, in: ders. (Hrsg.), Staat und Gesellschaft im deutschen Vormärz, 2. Aufl., Stuttgart 1970, S. 207-271.
Dann, Otto, Geheime Organisierung und politisches Engagement im deutschen Bürgertum des frühen 19. Jahrhunderts. Der Tugendbundstreit in Preußen, in: Ludz, Peter Christian (Hrsg.), Geheime Gesellschaften, Heidelberg 1979, S. 399-428.
Degenhart, Christoph, Staatsrecht I. Staatszielbestimmungen, Staatsorgane, Staatsfunktionen, 11. Auflage, Heidelberg 1995.
Diesselhorst, Malte, Die Prozesse des Müllers Arnold und das Eingreifen Friedrichs des Großen, Göttingen 1984.
Diestelkamp, Bernhard, Reichskammergericht und Rechtsstaatsgedanke. Die Kameraljudikatur gegen die Kabinettsjustiz, in: –, Recht und Gericht im Heiligen Römischen Reich, Frankfurt am Main 1999, S. 325 ff.
Dilcher, Gerhard, Vom ständischen Herrschaftsvertrag zum Verfassungsgesetz, in: Der Staat, 27. Band, Heft 2, Berlin 1988, S. 161 ff.
Dilthey, Wilhelm, Die Jugendgeschichte Hegels, in: Abhandlungen der königlich Preußischen Akademie der Wissenschaften, Abh. IV, Berlin 1905.
Dippel, Horst, Die amerikanische Verfassung in Deutschland im 19. Jahrhundert. Das Dilemma von Politik und Staatsrecht, Goldbach 1994.
Dreyer, Michael, Die Verfassung der USA. Ein Modell für deutsche Verfassungsentwürfe des 19. Jahrhunderts? in: Elvert, Jürgen; Salewski, Michael (Hrsg.), Deutschland und der Westen im 19. und 20. Jahrhundert, Teil 1: Transatlantische Beziehungen, Stuttgart 1993, S. 225 ff.
Ehmke, Horst, Karl von Rotteck der „politische Professor“, Karlsruhe 1964.
Epstein, Klaus, Die Ursprünge des Konservatismus in Deutschland, Frankfurt a.M. 1973.
Erler, Adalbert; Kaufmann, Ekkehard, (Hrsg.), Handwörterbuch zur deutschen Rechtsgeschichte, Bd. III, Berlin 1984. (zit.: Verf., HRG, Bd. III, Stichwort, Sp.).
Eyck, F. Gunther, English and French Influences on German Liberalism before 1848, in: Journal of the History of Ideas, Band 28, 1957.
Fenske, Hans, Art. Gewaltenteilung, in: Geschichtliche Grundbegriffe: historisches Lexikon zur politisch-sozialen Sprache in Deutschland, hrsg. von Otto Brunner, Bd. 2, S. 923 ff.
–, 175 Jahre badische Verfassung, Karlsruhe 1993.

Fischer, Heinz-Dietrich; Schöttle, Rainer (Hrsg.), Kampf um publizistische Libertät. Schriften und Aktivitäten zu Konzeption, Realisierung und erneuter Einbuße von Pressefreiheit 1830-1833, Bochum 1981.

Fontana, Biancamaria, Benjamin Constant and the post-revolutionary mind, London 1991.

Franz, Eckhardt G., Das Amerikabild der deutschen Revolution von 1848/49. Zum Problem der Übertragung gewachsener Verfassungsformen, Heidelberg 1958.

Füssl, Wilhelm, Professor in der Politik: Friedrich Julius Stahl (1802-1861). Das monarchische Prinzip und seine Umsetzung in die parlamentarische Praxis, Göttingen 1988.

Gall, Lothar, Benjamin Constant. Seine politische Ideenwelt und der deutsche Vormärz, Wiesbaden 1963.

Godechot, Jaques, Les constitutions de la France depuis 1789, Paris 1970.

Görisch, Reinhard; Mayer, Thomas Michael (Hrsg.), Untersuchungsberichte zur republikanischen Bewegung in Hessen 1831-1834, Frankfurt a.M. 1982.

Greve, Friedrich, Die Ministerverantwortlichkeit im konstitutionellen Staat unter besonderer Berücksichtigung der Verfahren gegen den Minister von Scheele im Herzogtum Holstein 1855/56, Berlin 1977.

Grimm, Dieter, Deutsche Verfassungsgeschichte 1776-1866, Frankfurt a.M. 1988.

Hardtwig, Wolfgang, Vormärz. Der monarchische Staat und das Bürgertum, 4. Aufl., München 1998.

Heinrichs, Helmut, Die Rechtslehre Friedrich Julius Stahls, Köln 1967.

Herdmann, Frank, Montesquieurezeption in Deutschland im 18. und beginnenden 19. Jahrhundert, Hildesheim 1990.

Herdt, Ursula, Die Verfassungstheorie Karl von Rottecks, Heidelberg 1967.

Huber, Ernst Rudolf, Deutsche Verfassungsgeschichte seit 1789, Bd. I, Reform und Restauration 1789 bis 1830, 2. Aufl., Stuttgart 1967.

–, Deutsche Verfassungsgeschichte seit 1789, Bd. II, 3. Aufl., Stuttgart 1988.

–, Deutsche Verfassungsgeschichte seit 1789, Bd. III, 3. Aufl., Stuttgart 1988.

Imboden, Max, Montesquieu und die Lehre der Gewaltentrennung, Berlin 1959.

Isensee, Josef; Kirchhof, Paul (Hrsg.), Handbuch des Staatsrechts der Bundesrepublik Deutschland, Band I, Grundlagen von Staat und Verfassung, Heidelberg 1987.

Jobst, Hans, Die Staatslehre Karl von Rottecks, in: ZGORh 103 (1955), S. 470 ff.

Kägi, Werner, Von der klassischen Dreiteilung zur umfassenden Gewaltenteilung (Erstarrte Formeln – bleibende Idee – neue Formeln), in: Imboden, Max (Hrsg.), Verfassungsrecht und Verfassungswirklichkeit, Festschrift für Hans Huber zum 60. Geburtstag, Bern 1961, S. 149 ff.

–, Zur Entstehung, Wandlung und Problematik des Gewaltenteilungsprinzips. Ein Beitrag zur Verfassungsgeschichte und Verfassungslehre, Zürich 1937.
Kluxen, Kurt, Die Herkunft der Lehre von der Gewaltentrennung, in: Engel, Josef; Klinkenberg, Hans Martin (Hrsg.), Aus Mittelalter und Neuzeit. Gerhard Kallen zum 70. Geburtstag, Bonn 1957, S. 219-236.
Kaufmann, Erich, Über den Begriff des Organismus in der Staatslehre des 19. Jahrhunderts, Heidelberg 1908.
Kennert, Christian, Die Gedankenwelt des Paul Achatius Pfizer, Berlin 1986.
Kloocke, Kurt, Benjamin Constant: Une bibliographie intellectuelle, Genève 1984.
Korioth, Stefan, „Monarchisches Prinzip“ und Gewaltenteilung – unvereinbar? Zur Wirkungsgeschichte der Gewaltenteilungslehre Montesquieus im deutschen Frühkonstitutionalismus, in: Der Staat, 37. Band, Berlin 1998, S. 27 ff.
Kraus, Hans-Christof, Theodor Anton Heinrich Schmalz (1760-1831). Jurisprudenz, Universitätspolitik und Publizistik im Spannungsfeld von Revolution und Restauration, Frankfurt am Main 1999.
Kröger, Klaus, Friedrich Schmitthenners Bedeutung für die deutsche Staatsrechtslehre, in: Avenarius, Hermann u.a. (Hrsg.), Festschrift für Erwin Stein zum 80. Geburtstag, Bad Homburg 1983, S. 171-180.
Krüger, Herbert, Kant und die allgemeine Staatslehre des 19. Jahrhunderts – Ein Arbeitsprogramm, in: Blühdorn, Jürgen; Ritter, Joachim (Hrsg.), Philosophie und Rechtswissenschaft. Zum Problem ihrer Beziehung im 19. Jahrhundert, Frankfurt a.M. 1969, S. 49-56.
Kuriki, H., Die Rolle des Allgemeinen Staatsrechts in Deutschland von der Mitte des 18. bis zur Mitte des 19. Jahrhunderts, in: AöR 99 (1974), S. 556 ff.
Lang, Thomas, Die Staats- und Verfassungslehre Carl Salomo Zachariaes, Frankfurt a.M. 1996.
Langewiesche, Dieter, „Staatsschutz und politisch-gesellschaftlicher Wandel in Deutschland 1848 bis 1914“, in: Adler, Hans (Hrsg.), Literarische Geheimberichte. Protokolle der Metternich-Agenten, Band II 1844-1848, Köln 1981, S. 201-233.
Lehmann, August, Der Tugendbund, Berlin 1867.
Leuerer, Thomas, Politik und Raum im „Esprit des lois“. Montesquieu und die Politische Geographie, in: Weinacht, Paul-Ludwig (Hrsg.), Montesquieu – 250 Jahre „Geist der Gesetze“, Baden-Baden 1999, S. 107-122.
Löw, Adolf, Die Frankfurter Bundeszentralbehörde von 1833-1842, Frankfurt a.M. 1932, S. 1 ff.
Mannes, Gast; Weber, Josiane, Zensur im Vormärz (1815-1848). Literatur und Presse in Luxemburg unter der Vormundschaft des Deutschen Bundes, Luxemburg 1998.

Marx, Julius, Die österreichische Zensur im Vormärz, München 1959.
Mohnhaupt, Heinz, Deutsche Übersetzungen von Montesquieus „De l'esprit des lois", in: Weinacht, Paul-Ludwig (Hrsg.), Montesquieu – 250 Jahre „Geist der Gesetze", Baden-Baden 1999, S. 135-152.
–, Montesquieu und die legislatorische Milieu-Theorie während der Aufklärungszeit in Deutschland, in: Lingelbach, Gerhard; Lück, Heiner (Hrsg.), Deutsches Recht zwischen Sachsenspiegel und Aufklärung. Rolf Lieberwirth zum 70. Geburtstag, Frankfurt a.M. 1991, S. 177 ff.
Moltmann, Günter, Atlantische Blockpolitik im 19. Jahrhundert. Die Vereinigten Staaten und der deutsche Liberalismus während der Revolution von 1848/49, Düsseldorf 1973.
Müller, Johann Baptiste, Die Staatslehre Friedrich Julius Stahls, München 1999.
Müller-Dietz, Heinz, Das Leben des Rechtslehrers und Politikers Karl Theodor Welcker, Freiburg i.Br. 1968.
Ogorek, Regina, De l'Esprit des légendes oder wie gewissermaßen aus dem Nichts eine Interpretationslehre wurde, in: Rechtshistorisches Journal, Bd. 2 (1983), S. 277 ff.
–, Richterkönig oder Subsumtionsautomat? Zur Justiztheorie im 19. Jahrhundert, Frankfurt a.M. 1986.
–, Richterliche Normenkontrolle im 19. Jahrhundert: Zur Rekonstruktion einer Streitfrage, in: ZNR 1989 (11), S. 12-38.
Pahlow, Louis, Justiz und Verwaltung. Zur Theorie der Gewaltenteilung im 18. und 19. Jahrhundert, Goldbach 2000.
Popp, Petra, Ministerverantwortlichkeit und Ministeranklage im Spannungsfeld von Verfassungsgebung und Verfassungswirklichkeit. Ein Beitrag zur Verfassungsgeschichte des Kurfürstentums Hessen, Münster 1996.
Raab, Heribert, Johann Franz Anton von Olry und Karl Ludwig von Haller. Ein Beitrag zur Geschichte der Restauration, in: Albrecht, Dieter u.a. (Hrsg.), Festschrift für Max Spindler zum 75. Geburtstag, München 1969, S. 685-707.
Rausch, Franz (Hrsg.), Zur heutigen Problematik der Gewaltentrennung, Darmstadt 1969.
Reinhard, Ewald, Karl Ludwig von Haller, der „Restaurator der Staatswissenschaft", Münster 1933.
Ritter, Christian, Der Rechtsgedanke Kants nach den frühen Quellen, Frankfurt am Main 1971.
Rosenkranz, Karl, Georg Wilhelm Friedrich Hegel's Leben, Berlin 1844.
–, Hegel als deutscher Nationalphilosoph, Leipzig 1870, ND Darmstadt 1965.

Salomon, Ludwig, Geschichte des Deutschen Zeitungswesens von den ersten Anfängen bis zur Wiederaufrichtung des Deutschen Reichs, Dritter Band, Das Zeitungswesen seit 1814, Oldenburg 1906.

Schmitt, Carl, Das „allgemeine deutsche Staatsrecht" als Beispiel rechtswissenschaftlicher Systembildung, in: ZgStW 100 (1940), S. 5-24.

Schöttle, Rainer, Politische Freiheit für die deutsche Nation, Carl Theodor Welckers politische Theorie, Baden-Baden 1985.

Seier, Hellmut, Sylvester Jordan und die kurhessische Verfassung von 1831, Marburg 1981.

Seif, Ulrike, Der mißverstandene Montesquieu: Gewaltenbalance, nicht Gewaltentrennung, in: ZNR 22 (2000), S. 149-166.

–, Recht und Gerechtigkeit: Die Garantie des gesetzlichen Richters und die Gewaltenteilungskonzeptionen des 17. – 19. Jahrhunderts, in: Der Staat, 42. Band, 2003, S. 110-140.

Scheuner, Ulrich, Der Beitrag der deutschen Romantik zur politischen Theorie, Opladen 1980.

Schöttle, Rainer, Politische Freiheit für die deutsche Nation, Carl Welckers politische Theorie, Baden-Baden 1985.

Siep, Ludwig, Hegels Theorie der Gewaltenteilung, in: Lucas, Hans-Christian; Pöggeler, Otto (Hrsg.), Hegels Rechtsphilosophie im Zusammenhang der europäischen Verfassungsgeschichte, S. 387 ff.

Stanslowski, Volker, Natur und Staat. Zur politischen Theorie der deutschen Romantik, Opladen 1979.

Stolleis, Michael, Geschichte des öffentlichen Rechts in Deutschland, Erster Band, Reichspublizistik und Policeywissenschaft 1600-1800, München 1988.

–, Geschichte des öffentlichen Rechts in Deutschland, Zweiter Band, Staatslehre und Verwaltungswissenschaft 1800-1914, München 1992.

–, Die Historische Schule und das öffentliche Recht, in: –, Konstitution und Intervention, Studien zur Geschichte des öffentlichen Rechts im 19. Jahrhundert, Frankfurt a.M. 2001, S. 33 ff.

Urzidil, Johannes, Das Glück der Gegenwart. Goethes Amerikabild, Zürich 1958.

Vierhaus, Rudolf, Montesquieu in Deutschland. Zur Geschichte seiner Wirkung als politischer Schriftsteller im 18. Jahrhundert, in: –, Deutschland im 18. Jahrhundert. Politische Verfassung, soziales Gefüge, geistige Bewegungen, Göttingen 1987, S. 9-32.

Wellenreuther, Hermann, Die USA. Ein politisches Vorbild der bürgerlich-liberalen Kräfte des Vormärz? in: Elvert, Jürgen; Salewski, Michael (Hrsg.), Deutschland und der Westen im 19. und 20. Jahrhundert, Teil 1: Transatlantische Beziehungen, Stuttgart 1993, S. 23 ff.

Wilhelm, Theodor, Die englische Verfassung und der vormärzliche deutsche Liberalismus. Eine Darstellung und Kritik des Verfassungsbildes der liberalen Führer, Stuttgart 1928.
Wilhelm, Uwe, Der deutsche Frühliberalismus. Von den Anfängen bis 1789, Frankfurt a.M. 1995.
Wolff, Michael, Hegels staatstheoretischer Organizismus, in: Nicolin, Friedhelm; Pöggeler, Otto (Hrsg.), Hegel-Studien, Band 19, Bonn 1984, S. 147 ff.
Wood, Dennis, Benjamin Constant: A biography, London 1993.
Ziegler, Edda, Literarische Zensur in Deutschland 1819-1848, München 1983.

Quellen

Ancillon, Friedrich, Über den Geist der Staatsverfassungen und dessen Einfluß auf die Gesetzgebung, Berlin 1825.
–, Über Souveränität und Staats-Verfassungen, 2. Aufl., Berlin 1816.
Aretin, Johann Christian von, Staatsrecht der constitutionellen Monarchie, 1. Band, 2. Aufl., Leipzig 1838.
–, Staatsrecht der constitutionellen Monarchie, Band 1-3, Altenburg 1824-1828.
Bauer, Anton, Lehrbuch des Naturrechts, 3. Aufl., Göttingen 1825.
Berg, Günther Heinrich von, Handbuch des teutschen Policeyrechts, Band III, Hannover 1803.
Buddeus, Johann Karl Immanuel, Die Ministerverantwortlichkeit in konstitutionellen Monarchien, Leipzig 1833.
Dahlmann, Friedrich Christoph, Die Politik, ND Frankfurt a.M. 1997.
Devaux, Olivier; Kloocke, Kurt (Hrsg.), Benjamin Constant, Principes des politique et autres écrits (juin 1814 – juillet 1815), Tübingen 2001.
Eschenmeyer, C. A., Normal-Recht, Band 2, Anwendung der Fundamental-Sätze auf das Privat- und öffentliche Recht, Stuttgart 1820.
Goethes Werke [Weimarer Ausgabe], hg. im Auftrag der Großherzogin Sophie von Sachsen, Weimar 1887-1920, Bd. V.
Gros, Karl Heinrich von, Lehrbuch der philosophischen Rechtswissenschaft und des Naturrechts, 6. Aufl., Stuttgart 1841.
Haller, Karl Ludwig von, Satan und die Revolution, Luzern 1834.
–, Restauration der Staatswissenschaft oder Theorie des natürlich-geselligen Zustandes der Chimäre des künstlich-bürgerlichen entgegengesetzt, Bd. 1-4, Winterthur 1816-1825.
–, Restauration der Staatswissenschaft, Bd. 1, 2. Aufl., Winterthur 1820, ND Aalen 1964.

Hegel, Georg Wilhelm Friedrich, Werke in 20 Bänden, 7. Band, Grundlinien der Philosophie des Rechts, Frankfurt a.M. 1970.
Jellinek, Georg, Gesetz und Verordnung. Staatsrechtliche Untersuchungen auf rechtsgeschichtlicher und rechtsvergleichender Grundlage, Tübingen 1887, ND Tübingen 1919.
–, Allgemeine Staatslehre, 4. Neudruck der 3. Aufl., Berlin 1922.
Jordan, Sylvester, Versuche über allgemeines Staatsrecht, Marburg 1828.
–, Lehrbuch des allgemeinen und deutschen Staatsrechts, Kassel 1831.
Kant, Immanuel, Metaphysik der Sitten, Rechtslehre (Gesammelte Schriften. 6) Hrsg. Königlich Preußische Akademie der Wissenschaften, Berlin 1914.
Klüber, Johann Ludwig, Öffentliches Recht des Deutschen Bundes und der Bundesstaaten, 4. Aufl., Frankfurt a.M. 1840.
–, Die Selbständigkeit des Richteramtes und die Unabhängigkeit seines Urtheils im Rechtsprechen im Verhältnis zu einer Preußischen Verordnung vom Januar 1823, Frankfurt a.M. 1832.
Krug, Wilhelm Traugott, System der praktischen Philosophie, Erster Theil. Rechtslehre, Königsberg 1817.
Küntzel, Georg (Hrsg.), Politische Aufsätze und Briefe Paul Achatius Pfizers, Frankfurt a.M. 1924.
Linde, Justus Thimotheus Balthasar, In Monarchien mit landständischer Verfassung sind die Gerichte nicht befugt, die Gültigkeit der von den Monarchen ohne Mitwirkung der Landstände erlassene Gesetze (Verordnungen) einer Prüfung und Entscheidung zu unterwerfen, in: AcP 16, 1833, S. 303 ff.
Lolme, Jean Louis de, Die Constitution Englands in ihrer genetischen Entwicklung, Berlin 1848.
Ludwig, Bernd, Kants Rechtslehre, Hamburg 1988.
Manzel, Ernst Friedrich, de principum iure supremae inspectionis, 1757.
Maurenbrecher, Romeo, Grundsätze des heutigen deutschen Staatsrechts, Frankfurt a.M. 1837.
–, Die deutschen regierenden Fürsten und die Souverainität, Frankfurt a.M. 1839.
Mayer, Otto, Deutsches Verwaltungsrecht, Bd. 1, 1. Aufl., Leipzig 1895,
Mohl, Robert von, Geschichte und Literatur der Staatswissenschaften, Band 1, Erlangen 1855, ND Graz 1960.
–, Die Geschichte und Literatur der Staatswissenschaften, Band 2, Erlangen 1856, ND Graz 1960.
–, Die Geschichte und Literatur der Staatswissenschaften, Band 3, Erlangen 1858.
–, Das Bundes-Staatsrecht der Vereinigten Staaten von Nord-Amerika, Erste Abteilung: Verfassungsrecht, Stuttgart-Tübingen 1824.

–, Nordamerikanisches Staatsrecht, in: Kritische Zeitschrift für Rechtswissenschaft und Gesetzgebung des Auslandes, 7 (1835), S. 1-26.
–, Amerikanisches Staatsrecht, in: Kritische Zeitschrift für Rechtswissenschaft und Gesetzgebung des Auslandes, 8 (1836), S. 359-387.
–, Nordamerikanisches Staatsrecht, in: Kritische Zeitschrift für Rechtswissenschaft und Gesetzgebung des Auslandes, 12 (1840), S. 161-185.
–, Encyklopädie der Staatswissenschaften,
Pfizer, Paul Achatius, Zur Deutschen Verfassungsfrage, Stuttgart 1862.
–, Über die Entwicklung des öffentlichen Rechts in Deutschland durch die Verfassung des Bundes, Stuttgart 1835.
Pölitz, Karl Heinrich Ludwig, Grundriß für encyklopädische Vorträge über die gesamten Staatswissenschaften, Leipzig 1812.
–, Staatswissenschaftliche Vorlesungen, 1. Band, Leipzig 1831.
anonym (Karl Heinrich Ludwig Pölitz), Die Constitutionen der europäischen Staaten seit den letzten 25 Jahren, Band I-IV, Leipzig-Altenburg 1817-1825.
–, Die Staatswissenschaften im Lichte unsrer Zeit, Band I-V, Leipzig 1823-1824.
Pütter, Johann Stephan, Litteratur des Teutschen Staatsrechts, Dritter Theil, Göttingen 1783, ND Frankfurt a.M. 1966.
Reitemeier, Johann Friedrich, Ueber Gesetzgebung, insbesondere in den Deutschen Reichsstaaten. Mit Rücksicht auf den neuen Plan der Russisch-Kayserlichen Gesetzcommission und mit Entwickelung der ersten Grundsätze des positiven Rechts, Frankfurt (Oder) 1806.
Rotteck, Herrmann von (Hrsg.), Dr. Carl von Rotteck's nachgelassene Schriften mit Biographie und Briefwechsel, Band 2, Pforzheim 1841.
Rotteck, Karl von, Lehrbuch des Vernunftrechts und der Staatswissenschaften, Band 2, Lehrbuch der allgemeinen Staatslehre, 2. Aufl., Stuttgart 1840, ND Aalen 1964.
–, Lehrbuch des Vernunftrechts und der Staatswissenschaften, 3. Band, 1. Aufl., Stuttgart 1834, ND Aalen 1967.
–, Allgemeine Geschichte, Band 1-9, Freiburg 1812-1826.
Rotteck, Karl von; Welcker, Carl Theodor (Hrsg.), Das Staats-Lexikon. Encyklopädie der sämmtlichen Staatswissenschaften für alle Stände, Band 1-15, Altona 1834-1843.
Rotteck-Welcker, Staats-Lexikon, 2. Aufl., Bd. 4, Altona 1846.
Rotteck-Welcker, Staats-Lexikon, 2. Aufl., Bd. 6, Altona 1847.
Rotteck-Welcker, Staats-Lexikon, 2. Aufl., Bd. 8, Altona 1847.
Rotteck/-Welcker, Staats-Lexikon, 2. Aufl., Bd. 12, Altona 1848.
Raumer, Friedrich Ludwig Georg von, Über die geschichtliche Entwicklung der Begriffe von Recht, Staat und Politik, Leipzig 1826.

Schmalz, Theodor von, Handbuch der Rechtsphilosophie, Halle 1807, ND Aalen 1970.
–, Das reine Naturrecht, 2. Aufl., Königsberg 1795, ND Aalen 1969.
–, Kleine Schriften über Recht und Staat, Halle 1805.
–, Handbuch des teutschen Staatsrechts, Halle 1805.
–, Berichtigung einer Stelle in der Bredow-Venturischen Chronik für das Jahr 1808. Über politische Vereine und ein Wort über Scharnhorsts und meine Verhältnisse zu ihnen, Berlin 1815.
Schmid, Karl Ernst, Lehrbuch des gemeinen deutschen Staatsrechts, Jena 1821.
Schmitthenner, Friedrich, Grundlinien des allgemeinen oder idealen Staatsrechtes, Gießen 1843, ND Hamburg 1966.
–, Grundlinien der Geschichte der Staatswissenschaften, der Ethnologie, des Naturrechts und der Nationalökonomie, 2. Aufl., Gießen 1839.
Stahl, Friedrich Julius von, Die Revolution und die constitutionelle Monarchie, Berlin 1849.
–, Die Philosophie des Rechts, Band 1, 5. Aufl., Tübingen 1878, ND Darmstadt 1963.
–, Die Philosophie des Rechts, Band 2, 5. Aufl., Tübingen 1878.
–, Das monarchische Prinzip. Eine staatsrechtlich-politische Abhandlung, Heidelberg 1845.
–, Staatslehre. Im Auszug neu herausgegeben, Berlin 1910.
Scotti, J. J. (Hrsg.), Sammlung der Gesetze und Verordnungen, welche in dem Herzogthum Cleve und in der Grafschaft Mark über Gegenstände der Landeshoheit, Verfassung, Verwaltung und Rechtspflege ergangen sind, Bd. II, Düsseldorf 1826.
Stöckhardt, Heinrich, Die Wissenschaft des Rechtes und das Naturrecht in Verbindung mit einer vergleichenden Critik der positiven Rechtsideen dargestellt, Leipzig 1825.
Tittmann, Carl August, Handbuch für angehende Juristen, Halle 1828.
–, de ambitu et limitibus iuris supremae inspectionis, 1796.
Troxler, Philosophische Rechtslehre der Natur und des Gesetzes, Zürich 1820.
Welcker, Carl Theodor, Das innere und äußere System der praktischen natürlichen und römisch-christlich-germanischen Rechts-, Staats- und Gesetz-Gebungslehre, Bd. 1, Stuttgart 1829.
Zachariä, Carl Salomo, Vierzig Bücher vom Staate, Band I-III, 2. Aufl., Heidelberg 1839.
–, Constitution der Vereinigten Staaten (Nordamerika.), in: Kritische Zeitschrift für Rechtswissenschaft und Gesetzgebung des Auslandes, 8 (1836), S. 1-34.
–, Handbuch des französischen Civilrechts, Band 1 u. 2, Freiburg 1808.

–, Erstreckt sich das richterliche Entscheidungsrecht auf die Frage, ob die Regierung eine Verordnung, auf welche sich in einer Streitsache die Partheyen beziehn, zu erlassen berechtigt gewesen sey, in: AcP 16, 1833, S. 143 ff.

Zachariä, Theodor Maximilian, Philosophische Rechtslehre oder Naturrecht und Staatslehre, 2. Aufl., Breslau 1820.

A Einführung

I. Fragestellung und methodisches Vorgehen

„Vielleicht gibt es keine Lehre des Staatsrechts und der Politik, in welcher eine größere Abweichung der Ansichten und eine buntere Verwirrung herrscht, als in derjenigen von der Eintheilung der Staatsgewalt überhaupt und ihrer Momente im Besonderen."[1]

Mit diesen Worten kommentiert Friedrich Schmitthenner in seinen „Grundlinien des allgemeinen und idealen Staatsrechts" aus dem Jahr 1843 die vormärzliche Diskussion über die Gewaltenteilung. Was mag ihn zu dieser Aussage bewegt haben, in der ein leicht resignierender Unterton mitschwingt? Nach heutiger allgemeiner Auffassung stellt das vermeintlich auf Montesquieu zurückgehende dreiteilige Gewaltenteilungsmodell, unterteilt in Exekutive, Legislative und Judikative, das grundlegende und unverzichtbare Prinzip eines demokratischen Rechtsstaats dar. Im Vormärz jedoch war dies als Dogma keineswegs anerkannt. Im Gegenteil, das dreiteilige Gewaltenteilungsmodell wurde bis auf wenige Ausnahmen für undurchführbar gehalten und als weltfremd abgelehnt.[2]

Diese Auseinandersetzung der Staatslehre im Vormärz mit Montesquieus Gewaltenteilungsmodell ist Gegenstand der vorliegenden Untersuchung. Dessen grundlegendes Werk „De l'esprit des lois" und vor allem die im 6. Kapitel des XI. Buches „De la constitution de l'Angleterre" dargelegte Lehre von der Gewaltenteilung hatten auf die Nachwelt einen großen Einfluß.[3] Montesquieus Werk stieß nicht nur in der Literatur auf ein breites Echo, auch die Auswirkungen auf die nachfolgende Verfassungsgebung waren weitreichend. Hier ist ins-

1 Friedrich Schmitthenner, Grundlinien des allgemeinen oder idealen Staatsrechtes, Gießen 1843, ND Hamburg 1966, S. 291.

2 Stefan Korioth, „Monarchisches Prinzip" und Gewaltenteilung – unvereinbar? Zur Wirkungsgeschichte der Gewaltenteilungslehre Montesquieus im deutschen Frühkonstitutionalismus, in: Der Staat, 37. Band, Berlin 1998, S. 27 ff.

3 Max Imboden, Montesquieu und die Lehre der Gewaltentrennung, Berlin 1959, S. 3 ff.; Werner Kägi, Von der klassischen Dreiteilung zur umfassenden Gewaltenteilung (Erstarrte Formeln – bleibende Idee – neue Formeln), in: Max Imboden (Hrsg.), Verfassungsrecht und Verfassungswirklichkeit, Festschrift für Hans Huber zum 60. Geburtstag, Bern 1961, S. 149 ff. (152); Regina Ogorek, De l'Esprit des légendes oder wie gewissermaßen aus dem Nichts eine Interpretationslehre wurde, in: Rechtshistorisches Journal Bd. 2 (1983), S. 277 ff. (297 f.).

besondere die Verfassung der Vereinigten Staaten hervorzuheben. Deren Väter gestalteten diese nach Montesquieus Entwurf streng gewaltenteilig. Die strikte Trennung von Exekutive, Legislative und Judikative war damals einmalig und wird bis heute in kaum einer anderen Demokratie dermaßen klar durchgeführt.[4]

Dabei wollte Montesquieu, der allgemein als Vater des dreiteiligen Gewaltenteilungsmodells gilt, gerade nicht ein neues Modell erschaffen, vielmehr schilderte er in dem berühmten Kapitel lediglich die seiner Meinung nach in England herrschenden Verhältnisse. Als Montesquieu sein Buch veröffentlichte, und dieses auch ins Deutsche übersetzt wurde, standen zunächst andere Aspekte im Mittelpunkt der öffentlichen Diskussion, wie beispielsweise seine Klimalehre.[5] Sein Werk hatte zunächst die Bedeutung eines allgemeinen gelehrten Nachschlagewerks zu verschiedenen Aspekten des Staatswesens. Indem sich allerdings die Aufklärung und vor allem Kant mit ihm auseinandersetzten und das dreiteilige Gewaltenteilungsmodell befürworteten, verfestigte sich das Bild von Montesquieu als dem „Erfinder" des dreiteiligen Gewaltenteilungsmodells.[6] Vor allem Kants berühmtes Bild vom „Syllogismus", d.h. eines logischen Schlusses, mit dem er in seiner Rechtslehre die drei Gewalten Exekutive, Legislative und Judikative vergleicht und somit die Notwendigkeit der Gewaltentrennung theoretisch untermauert, wurde aufgegriffen und trug, wie in dieser Untersuchung gezeigt wird, entscheidend zu dieser Entwicklung bei.[7]

Jedoch änderte sich der Zeitgeist und das geisteswissenschaftliche Klima rasch nach den Geschehnissen der Französischen Revolution. Die chaotischen Verhältnisse in Frankreich ließen auch diejenigen erschrecken, die anfänglich mit den Zielen der Revolution sympathisierten. Die darauffolgenden napoleonischen Eroberungsfeldzüge förderten das deutsche Nationalbewußtsein. Es kam zu einem Mentalitätsumschwung. Die Aufklärung und deren Idealbild vom Staat

---

4 Hermann Wellenreuther, Die USA. Ein politisches Vorbild der bürgerlich-liberalen Kräfte des Vormärz? in: Elvert, Jürgen; Salewski, Michael (Hrsg.), Deutschland und der Westen im 19. und 20. Jahrhundert, Teil 1: Transatlantische Beziehungen, Stuttgart 1993, S. 23 ff. (S. 35 f.); Michael Dreyer, Die Verfassung der USA. Ein Modell für deutsche Verfassungsentwürfe des 19. Jahrhunderts? in: Elvert, Jürgen; Salewski, Michael (Hrsg.), ebenda, S. 225 ff.

5 Thomas Leuerer, Politik und Raum im „Esprit des lois". Montesquieu und die Politische Geographie, in: Paul-Ludwig Weinacht (Hrsg.), Montesquieu – 250 Jahre „Geist der Gesetze", Baden-Baden 1999, S. 107 ff.

6 Heinz Mohnhaupt, Deutsche Übersetzungen von Montesquieus „De l'esprit des lois", in: Paul-Ludwig Weinacht (Hrsg.), Montesquieu – 250 Jahre „Geist der Gesetze", Baden-Baden 1999, S. 135-152 (140 ff.).

7 Immanuel Kant, Metaphysik der Sitten, Rechtslehre (Gesammelte Schriften. 6) Hrsg. Königlich Preußische Akademie der Wissenschaften, Berlin, Reimer, 1914, § 42 (2), S. 313; siehe hierzu das Kapitel „Die klassische Lehre – Kant".

wurde als zu mechanisch abgelehnt. Diese Ablehnung beinhaltete auch die von Kant favorisierte Aufteilung des Staatsgewalt in Exekutive, Legislative und Judikative. Man besann sich auf Geschichtlichkeit und gewachsene Strukturen, was sich vor allem in der Philosophie des deutschen Idealismus und bei Hegel als dessen Hauptvertreter widerspiegelte. Somit rückte das traditionelle Staatsverständnis, nach dem alle staatliche Macht auf den Monarchen zurückgeführt werden kann, wieder in den Mittelpunkt.[8] Auf diese für die vorliegende Arbeit zentrale Entwicklung und deren konkrete Auswirkungen wird im folgenden in den einzelnen Kapiteln noch vertieft eingegangen.[9] Der geschilderte Umschwung der allgemeinen Geisteshaltung zeigt sich auch in den Ergebnissen des Wiener Kongresses, die sich unter den Begriffen Restauration, Legitimation und Repression zusammenfassen lassen. Trotz der restaurativen Vorgaben der Wiener Schlußakte, die mit der Festlegung des monarchischen Prinzips viele Einschränkungen bei der Abfassung der jeweiligen Verfassungen der Einzelterritorien festlegte, beschäftigten sich viele Autoren der vormärzlichen Staatslehre intensiv mit dem dreiteiligen Gewaltenteilungsmodell. Robert von Mohl, der sich als Liberaler einerseits für eine Parlamentarisierung zur Überwindung des konstitutionellen Dualismus aussprach, kritisierte andererseits Montesquieu scharf: *„Ferner wäre der Welt mancher falscher Schritt und manches Unheil erspart worden, wenn er nicht die Lehre von der Teilung der Gewalten für lange Zeit zur weltherrschenden zu machen verstanden hätte."*[10] Diese ablehnende Haltung ist angesichts der Tatsache, daß Mohl ein ausgewiesener Kenner der amerikanischen Verfassung war, erstaunlich. Schon im Alter von 25 Jahren veröffentlichte er sein Buch „Das Bundes-Staatsrecht der Vereinigten Staaten von Nord-Amerika", in dem er das amerikanische Verfassungsrecht detailliert beschrieb.[11] Es stellt sich daher die Frage, wie Mohl, der ein Beispiel für eine gut funktionierende Gewaltenteilung demnach vor Augen hatte, zu einem so harten Urteil kommen konnte.[12] Diese Auffassung Mohls wiegt umso schwerer, als er sich nicht nur als Staatslehrer und Politiker hervorgetan hatte, sondern durch sein

8 Hartwig Brandt, Landständische Repräsentation im deutschen Vormärz. Politisches Denken im Einflußfeld des monarchischen Prinzips, Neuwied 1968, S. 47; Michael Stolleis, Geschichte des öffentlichen Rechts in Deutschland, Bd. II, Staatslehre und Verwaltungswissenschaft 1800-1914, München 1992, S. 123 ff.

9 Siehe hierzu vor allem das Kapitel „Anpassung der Gewaltenteilungsmodelle an das monarchische Prinzip: Die Bildung einer übergeordneten oder höchsten Gewalt".

10 Robert von Mohl, Die Geschichte und Literatur der Staatswissenschaften, Bd. III, Erlangen 1858, ND Graz 1960, S. 387.

11 Robert von Mohl, Das Bundes-Staatsrecht der Vereinigten Staaten von Nord-Amerika, Erste Abteilung: Verfassungsrecht, Stuttgart-Tübingen 1824.

12 Siehe hierzu das Kapitel „Die Auseinandersetzung mit historischen Vorbildern des Auslandes - Die Vereinigten Staaten von Amerika" S. 77 ff.

dreibändiges Werk „Die Geschichte und Literatur der Staatswissenschaften" einen wichtigen Beitrag zur Forschungsgeschichte leistete.[13]

Auch Karl von Rotteck setzte sich intensiv mit Montesquieus Lehre auseinander. Im Ergebnis teilt er die Meinung Mohls, daß Montesquieus Gewaltenteilungsmodell schädlich sei, da die Einheit des Staates verloren ginge. Außerdem kritisiert er, daß Montesquieu der Justiz die Rolle einer dritten eigenständigen Gewalt im Staat zubillige. Er schreibt in seinem „Lehrbuch des Vernunftrechts und der Staatswissenschaften" im Kapitel „Lehre von der Theilung der Gewalten", in dem er sich ausführlich mit dem Problem der Gewaltenteilung beschäftigt: *„[...] Aber schwankend und selbst unrichtig ist Montesquieu's Begriffsbestimmung von diesen Gewalten: [...] Was ist die gesetzgebende Gewalt, oder was ist ein Gesetz? – Montesquieu – einige durchaus vage Andeutungen abgerechnet – läßt uns hier ohne Belehrung. [...] Es ist also unnöthig, ja zu gefährlichen Irrtümern führend, neben den beiden aufgestellten Hauptgewalten noch eine dritte, die richterliche anzunehmen [...].“*[14]

Karl von Rotteck beläßt es aber nicht bei seiner Kritik. Er entwirft sogar ein eigenes Gewaltenteilungssystem.[15] Dabei definiert er eine „subjektive" Gewaltenteilung, die er von einer „objektiven" abgrenzt.[16] Rotteck überträgt beispielsweise dem Landtag nicht ausschließlich die gesetzgebende und der Regierung die exekutive Gewalt, sondern verteilt die objektiven Funktionen auf einzelne Subjekte: *„[...] die Entgegensetzung der lebendigen Persönlichkeiten, die an solchen Gewalten Theil nehmen, ist die Hauptsache, d. h. also keineswegs die Abwägung der jeder einzelnen Gewalt als solcher idealisch zuzuschreibenden Rechte und Attributionen, sondern die Abwägung der den, beim Staatsleben in wahrer Wechselwirkung stehenden und mit Gewalt zu bekleidenden Personen beizumessenden Rechte oder Kräfte, demnach die subjektive Theilung, nicht aber die objektive.“*[17]

Die Haltung Rottecks und Mohls war charakteristisch für die gesamte allgemeine Staatslehre der damaligen Zeit. Es herrschte die fast einhellige Meinung, daß Montesquieu zwar ein großer Denker gewesen, sein Gewaltenteilungsmodell jedoch als unpraktikabel und wirklichkeitsfremd abzulehnen sei. Dies ist bemer-

---

13 Robert von Mohl, Geschichte und Literatur der Staatswissenschaften, Bd. I-III, Erlangen 1855-1857, ND Graz 1960.

14 Karl von Rotteck, Lehrbuch des Vernunftrechts und der Staatswissenschaften, Bd. II, Lehrbuch der allgemeinen Staatslehre, 2. Aufl., Aalen 1964, S. 211 ff.

15 Auf Rottecks Gewaltenteilungsmodell wird in dem Kapitel „Karl von Rottecks Modell einer Unterscheidung zwischen objektiver und subjektiver Gewaltenteilung" näher eingegangen. Siehe S. 130 ff.

16 Karl von Rotteck, Lehrbuch des Vernunftrechts, Bd. II, S. 223 ff.

17 Karl von Rotteck, Lehrbuch des Vernunftrechts, Bd. II, S. 223.

kenswert, da es nach 1815 seitens des Besitz- und Bildungsbürgertums sowie der hohen Beamtenschaft in Süddeutschland Bestrebungen gab, die in der kurzen Zeit der napoleonischen Herrschaft begonnene Modernisierung von Staat und Gesellschaft, sprich die „Umwandlung der ständischen Feudalgesellschaft in die bürgerliche Erwerbsgesellschaft", voranzutreiben.[18] Die vehemente Kritik führender Köpfe der damaligen Staatslehre ist angesichts der Tatsache verwunderlich, daß Montesquieu dieses Problem des sozialen Interessenausgleichs durch sein Modell mittels einer strukturell übereinstimmenden Funktionenverteilung und Funktionenverschränkung bereits Jahrzehnte vor den ersten deutschen Verfassungen zu lösen versuchte. Dieses Auseinanderklaffen von Tagespolitik und Staatstheorie kann man geradezu als charakteristisch für diese Zeit bezeichnen.

Ziel dieser Arbeit ist es, ein geordnetes Gesamtbild der stark differierenden Ansätze in der Diskussion über Gewaltentrennung und Gewaltenteilung im Vormärz zu präsentieren. Somit soll sich der Leser einen Überblick darüber verschaffen können, welche Strömungen und Gruppen es in der damaligen Staatslehre die Gewaltenteilung betreffend gab, und ob beispielsweise die einzelnen politischen Lager ihre Entsprechung in diesen verschiedenen Gruppen wiederfinden. Der Untersuchungszeitraum erstreckt sich auf den Vormärz, d.h. die Zeit zwischen dem Wiener Kongreß, mit dem Ende im Jahr 1815, und der Bürgerlichen Revolution von 1848.

Der Vormärz, der vor allem durch Restauration und Repression, aber auch von der zunehmenden Emanzipation des aufstrebenden Bürgertums und dessen liberalen Forderungen bestimmt war, zeichnet sich durch eine Fülle einschlägiger Veröffentlichungen liberaler und konservativer Autoren aus. Es gab zu dieser Zeit nicht nur eine öffentliche Diskussion über Gewaltenteilung, sondern auch eine gelehrte Auseinandersetzung in der sogenannten allgemeinen Staatslehre, die zu einer Entwicklung eigenständiger Gewaltenteilungsmodelle führte. Mit ihnen hat sich die rechts- und verfassungshistorische Forschung bislang noch nicht in größerem Umfang beschäftigt.

Die Disziplin „allgemeine Staatslehre" entstand im Verlauf des 19. Jahrhunderts aus dem Fach „natürliches" oder „allgemeines Staatsrecht", das sich später aufgliederte in das „gemeine deutsche Staatsrecht" und die „allgemeine Staatslehre". Ersteres beinhaltete einen repräsentativen Querschnitt des in allen deutschen Einzelstaaten geltenden positiven Staatsrechts, letzteres war vom geltenden Recht abgelöst und philosophisch geprägt. Der Begriff Staatslehre wurde daher bewußt entwickelt, um dessen philosophischen Hintergrund zu betonen und um sicherzustellen, daß im Gegensatz zum Begriff Staatsrecht, keine posi-

---

18 Dieter Grimm, Deutsche Verfassungsgeschichte 1776-1866, Frankfurt am Main 1988, S. 72.

tivrechtliche Bedeutung gemeint ist. Diese allgemeine Staatslehre ist aufgrund ihres philosophischen Fundaments bezüglich ihrer Aussagen zum Themenkomplex Gewaltenteilung der ergiebigere Untersuchungsgegenstand als das „Allgemeine deutsche Staatsrecht“, das sich lediglich mit dem damals geltenden positiven Recht auseinandersetzte.[19] Die nachfolgende Untersuchung beschäftigt sich daher mit der Diskussion um die Gewaltenteilung in der „Staatslehre“ im Vormärz.

Grundsätzlich stellt sich bei dieser Arbeit das Problem, inwieweit die untersuchten Schriften und Meinungen der ausgewählten Autoren durch die damalige Zensur beeinflußt waren. Tatsache ist, daß es nach den Karlsbader Beschlüssen von 1819 zu einer massiven Einschränkung der freien Meinungsäußerung kam.

Die Maßnahmen, die aus Anlaß zweier politischer Attentate getroffen wurden, beinhalteten das Verbot aller Burschenschaften, die Überwachung aller Universitäten und Schulen sowie die Vorzensur aller Druckerzeugnisse mit weniger als 20 Bogen, d.h. 320 Seiten Umfang. Außerdem wurde eine „Zentral-Untersuchungskommission“ in Mainz installiert, die als zentrale Koordinierungsstelle der Geheim- und Aufklärungsdienste im Deutschen Bund bis zur Julirevolution von 1830 fungierte, und deren Arbeit vom „Centralen Informations-Bureau“ nach 1833 bis zur Revolution von 1848 fortgeführt wurde.[20] Bei der Umsetzung der Karlsbader Beschlüsse gab es allerdings große Unterschiede zwischen den einzelnen Territorien. Österreich und Preußen betrieben die repressivste und konservativste Politik in Fragen der freien Meinungsäußerung und Pressefreiheit. Beide Länder unterdrückten mit allen Mitteln liberale Tendenzen und die politische Opposition.[21]

Die süd- und mitteldeutschen Staaten, wie Baden, Bayern, Sachsen und Württemberg zögerten bei der Umsetzung der Bundesbeschlüsse. Die Gründe für diese Zurückhaltung waren vielschichtig. Es gab eine Gemengelage an unterschiedlichen innen- und außenpolitischen, fiskalischen und kulturpolitischen Interessen. In den süddeutschen Staaten hatte sich in der Zeit der napoleonischen

19 Zur Terminologie vergleiche die Ausführungen zum methodischen Vorgehen. Sie folgt im übrigen: Michael Stolleis, Geschichte des öffentlichen Rechts, Bd. II, S. 122 f., und H. Kuriki, Die Rolle des Allgemeinen Staatsrechts in Deutschland von der Mitte des 18. Bis zur Mitte des 19. Jahrhunderts, in: AöR 99 (1974) S. 556 ff.

20 Adolf Löw, Die Frankfurter Bundeszentralbehörde von 1833-1842, Frankfurt a.M. 1932, S. 1 ff.; Hans Adler, Staatsschutz im Vormärz, in: ders. (Hrsg.) Literarische Geheimberichte. Protokolle der Metternich-Agenten, Band I 1840-1843, Köln 1977, S. 19.

21 Ernst Rudolf Huber, Deutsche Verfassungsgeschichte, Bd. II, S. 151 ff.; Dieter Langewiesche, Staatsschutz und politisch-gesellschaftlicher Wandel in Deutschland 1848 bis 1914, in: Hans Adler (Hrsg.), Literarische Geheimberichte. Protokolle der Metternich-Agenten, Bd. II 1844-1848, Köln 1981, S. 201-233.

Besatzung eine freiheitliche Rechts- und Verfassungstradition herausgebildet. Außerdem gab es Einflüsse der ausländischen Nachbarstaaten Großbritannien und Frankreich auf die Zensurpraxis in Baden oder Hamburg. Auch wirtschaftliche Interessen dürfen hier nicht außer Acht gelassen werden, war doch das Buchgewerbe in Leipzig ein bedeutender Wirtschaftszweig für das Königreich Sachsen, was zur Folge hatte, daß die sächsische Zensurpolitik vor allen Dingen von ökonomischen Gesichtspunkten bestimmt war. Daraus resultierte eine gewisse Zurückhaltung der staatlichen Zensur, um dem Buchgewerbe aus wirtschaftspolitischen Gründen etwas mehr Freiraum als etwa in Preußen einzuräumen. Jedoch konnten die liberalen Vertreter in den Landtagen und Regierungen im süddeutschen Raum sich nicht durchsetzen und ein liberales Presserecht in den einzelnen Verfassungen fixieren. Die Pressepolitik im Deutschen Bund wurde maßgeblich von Preußen und Österreich dominiert. Insofern waren die Mitbestimmungsmöglichkeiten der etwas weniger konservativen süddeutschen konstitutionellen Monarchien in der Pressegesetzgebung im Deutschen Bund begrenzt. Lediglich bei der Umsetzung der Zensurbestimmungen gab es für sie einen größeren Spielraum. Diese unübersichtliche Lage führte in Verbindung mit den unterschiedlichen Interessen zu einer wechselhaften Haltung der Einzelstaaten in der Frage der „Preßfreiheit“.[22]

Die Literatur zur Zensur im Vormärz ist äußerst umfangreich, da sich diese zumeist nach einzelnen Territorien und Zeitabschnitten aufspaltet. Einen sehr guten Gesamtüberblick über die Forschungsgeschichte, den aktuellen Stand und Desiderate liefert der Aufsatz „Stand und Aufgaben der Zensurforschung“ von Dieter Breuer.[23] Dort bietet der Verfasser dem Leser u.a. eine sehr nützliche, nach den Einzelterritorien sortierte Aufzählung der Literatur.[24]

Für Hessen beispielsweise sind die von Reinhard Görisch und Thomas Michael Mayer herausgegebenen Untersuchungsberichte zur republikanischen Bewegung in Hessen von 1831 bis 1834 hervorzuheben, die einen Einblick in die Akten der Mainzer Zentralbehörde zu Vorkommnissen auf hessischem Territorium, wie z.B. den Sturm auf die Frankfurter Hauptwache, gewähren.[25] Gast

22 Edda Ziegler, Literarische Zensur in Deutschland 1819-1848, München 1983, S. 125 ff.

23 Dieter Breuer, Stand und Aufgaben der Zensurforschung, in: Herbert G. Göpfert, Erdmann Weyrauch (Hrsg.), „Unmoralisch an sich ...“: Zensur im 18. und 19. Jahrhundert, Wiesbaden 1988, S. 37 ff.

24 Dieter Breuer, Zensurforschung, S. 50 ff.; Einen guten Überblick über die Eingriffe in das damalige Zeitungswesen bietet Ludwig Salomon, Geschichte des Deutschen Zeitungswesens, Band III, Oldenburg 1906.

25 Reinhard Görisch, Thomas Michael Mayer, (Hrsg.) Untersuchungsberichte zur republikanischen Bewegung in Hessen 1831-1834, Frankfurt a.M. 1982.

Mannes und Josiane Weber beschäftigen sich in ihrem Band mit den Titel „Zensur im Vormärz (1815-1848). Literatur und Presse in Luxemburg unter der Vormundschaft des Deutschen Bundes“ mit der Zensur im Großherzogtum.[26] Für Österreich ist vor allem die Arbeit von Julius Marx „Die österreichische Zensur im Vormärz“ erwähnenswert.[27]

Schon die Biographien der hier untersuchten Autoren zeugen davon, wie vor allem die Liberalen immer wieder in Konflikt mit der Obrigkeit gerieten. Ein besonders anschauliches Beispiel hierfür liefert Sylvester Jordan, der mehrere Jahre Haft im Marburger Schloß verbüßte. Die kurhessische Bevölkerung war bis 1830 in besonderem Maße obrigkeitlichen Repressionen ausgesetzt. Aber auch Carl Theodor Welcker geriet in seiner Bonner Zeit in Schwierigkeiten, denen er sich geschickt entzog, indem er einem Ruf an die Universität Freiburg folgte.[28]

Wie sich Zensur und obrigkeitliche Einschüchterungsversuche konkret in den Veröffentlichungen des jeweiligen Autors niederschlugen, dem kann hier nicht nachgegangen werden. Ob diese vielleicht insgeheim eine andere politische Einstellung hatten als sie in ihren Werken vertraten, entzieht sich einer Rekonstruktion. Diese Frage ist insbesondere bei einigen Liberalen interessant, die ihre geäußerten konkreten politischen Forderungen nicht in ihren Werken über die Staatslehre theoretisch untermauerten. Es könnte daher möglich sein, daß sie insgeheim doch ein anderes theoretisches Staatskonzept vertraten. Beispielsweise mag Dahlmann, der dem Monarchen im Staat generell sehr viel Kompetenzen zubilligte, seine Gründe dafür gehabt haben, daß er seine berühmte „Politik“ nach dem Scheitern der Revolution von 1848 trotz mehrfacher Nachfragen nicht neu auflegen ließ und generell nicht mehr publizierte.[29]

Im Grunde stellt die damalige Zensur und die damit zusammenhängende Frage, inwieweit sich die einzelnen Autoren von ihr beeinflussen ließen, um eventuellen Repressalien aus dem Weg zu gehen oder ihre tatsächliche Meinung kundtaten, ein generelles Problem der rechtshistorischen und historischen Forschung dar. Was die Autoren gedacht haben, bleibt ihr Geheimnis. Diese Untersuchung kann jedenfalls nur auf geschriebenen Text zurückgreifen. Der Einfluß der Zensur und die Auswirkungen des repressiven Klimas auf die Veröf-

---

26 Gast Mannes, Josiane Weber, Zensur im Vormärz (1815-1848). Literatur und Presse in Luxemburg unter der Vormundschaft des Deutschen Bundes, Luxemburg 1998.

27 Julius Marx, Die österreichische Zensur im Vormärz, München 1959.

28 Rainer Schöttle, Politische Freiheit für die deutsche Nation. Carl Theodor Welckers politische Theorie, Baden-Baden 1985, S. 18.

29 Wilhelm Bleek, Friedrich Christoph Dahlmann und sein Werk über „Die Politik“, in: ders. (Hrsg.), Friedrich Christoph Dahlmann, Die Politik, Frankfurt a.M. 1997. S. 281.

fentlichungen der Zeit sind jedoch spürbar, und der Autor dieser Arbeit ist sich dieser Problematik, die im Hintergrund immer präsent ist, durchaus bewußt.

Die vorliegende Arbeit nähert sich ihrem Untersuchungsgegenstand auf zwei verschiedenen Wegen:

In einem ersten Abschnitt dieser Untersuchung werden die Gemeinsamkeiten der einzelnen Gewaltenteilungsmodelle präsentiert. Ausgehend davon zeigt die Arbeit Unterschiede und historische Zusammenhänge auf. Um die kaum überschaubare Anzahl verschiedener Gewaltenteilungsmodelle sinnvoll einzugrenzen, und um einen repräsentativen Querschnitt der damaligen Ansichten bieten zu können, erfolgt eine Auswahl von elf einflußreichen Autoren. Diese spiegelt das gesamte politische Spektrum in der Zeit zwischen 1815 und 1848 wider. Einzelmeinungen, die in ihrer Zeit auf keine große Resonanz stießen, läßt die Untersuchung zunächst bewußt weg, um ein aussagekräftiges Bild der Diskussion um die Gewaltenteilung im Vormärz zu erhalten. Die ausgesuchten Autoren und deren Äußerungen zu den jeweiligen Fragestellungen werden dabei unter wechselnden Gesichtspunkten immer wieder aufgegriffen. In diesem ersten Teil erhält der Leser einen Überblick über die Besonderheiten dieser Diskussion im deutschen Vormärz. Durch die Darstellung der zusammenhängenden Linien und größeren Entwicklungszusammenhänge wird zunächst ein unübersichtliches Terrain erschlossen. Dabei soll jedoch Vielfalt, Originalität und Kreativität der einzelnen Modelle und Modellgruppen nicht zu kurz kommen. Deshalb schließt sich der Darstellung der Gemeinsamkeiten und Unterschiede der einzelnen Gewaltenteilungssysteme eine vertiefte Analyse einzelner Modelle und Modellgruppen an, die von ihren Schöpfern bewußt als Modifikation des dreiteiligen Gewaltenteilungsmodells entwickelt wurden, um den Gegebenheiten in Deutschland besser Rechnung tragen zu können. Bei dieser Analyse werden im Wege einer Typologie die vielen verschiedenen Gewaltenteilungsmodelle geordnet und einzelne Modelle oder Modellgruppen in der Reihenfolge ihrer Entwicklung dargestellt. Somit entsteht ein umfassendes Bild der unterschiedlichen Ansätze und der sie begleitenden politischen Diskussion. Die Reihenfolge der Darstellung orientiert sich an der geschichtlichen Entwicklung der Einzelmodelle, die das Gesamtbild abrunden. Somit werden die zum dreiteiligen Gewaltenteilungsschema nach Montesquieu entwickelten Alternativvorschläge präsentiert. Um den Lesern den Inhalt der damaligen Diskussion näherzubringen, erfolgt die Untersuchung demnach aus zwei verschiedenen Perspektiven: Zuerst skizziert die Arbeit die großen Linien der damaligen Diskussion, indem in den Kapiteln „Strukturen der Gewaltenteilungsdiskussion“ und „Die Einordnung der Gewaltenteilung in die frühkonstitutionelle Staatslehre“ Gemeinsamkeiten und Unterschiede der einzelnen Modelle und der Personen, die hinter ihnen standen, aufgezeigt werden. Es erfolgt sodann ein Schritt vom Allgemeinen ins Besondere, indem im Kapitel „Gewaltenteilungsmodelle als Lösungsversuche“ anhand von ausgewählten Einzelmodellen die Vielschichtigkeit und Differenziertheit der Diskussion um die Gewaltenteilung verdeutlicht wird. Dabei werden einzelne Modelle vorgestellt, die bewußt in Abkehr von Montesquieu entwickelt wurden, um den besonderen Gegebenheiten im Vormärz gerecht zu werden. Die Arbeit schließt mit dem Kapitel „Die Lösung des Problems: Gewaltenteilung nach ‚Funktionen‘“. Dort erfolgt eine Eingrenzung des Gesamtproblems der vormärzlichen Gewaltenteilungsdiskussion durch die Darlegung des von Friedrich Schmitthenners und Karl Ernst Schmids verbreiteten Entwurfs einer Funktionsteilung, der damals nur einer unter vielen war, und sich im Laufe der Zeit zur herrschenden Lehre entwickelte. Das Schlußkapitel veranschaulicht somit, welchen Fortgang die Diskussion über die zweite Hälfte des 19. Jahrhunderts hinaus bis in die Gegenwart nahm.

II. Forschungsstand

Über die Allgemeine Staatslehre im Vormärz gibt es bereits umfangreiche Literatur.[30] Über viele ihrer Vertreter existieren Biographien und Untersuchungen unter unterschiedlichen Aspekten. Einen sozialgeschichtlichen Überblick über den Vormärz bietet beispielsweise der von Werner Conze herausgegebene Sammelband „Staat und Gesellschaft im deutschen Vormärz“.[31] Ebenso wurden die Besonderheiten des deutschen Konstitutionalismus eingehend erörtert. Man denke hier z.B. an die Kontroverse zwischen Ernst-Wolfgang Böckenförde und Ernst Rudolf Huber über die Frage, ob der deutsche Konstitutionalismus ein Verfassungsmodell eigener Art war oder nur den Übergang zwischen Absolutismus und Parlamentarismus darstellte.[32] Jedoch war die Auseinandersetzung der damaligen Staatslehre mit Montesquieus Gewaltenteilungsmodell noch nicht

30 Hans Boldt, Deutsche Staatslehre im Vormärz, Düsseldorf 1975; Dieter Grimm, Deutsche Verfassungsgeschichte 1776-1866, Frankfurt am Main 1988; Michael Stolleis, Geschichte des öffentlichen Rechts in Deutschland, Bd. II, Staatslehre und Verwaltungswissenschaft 1800-1914, München 1992; Hartwig Brandt, Landständische Repräsentation im deutschen Vormärz. Politisches Denken im Einflußfeld des monarchischen Prinzips, Neuwied 1968; Ernst-Wolfgang Böckenförde, Gesetz und gesetzgebende Gewalt. Von den Anfängen der deutschen Staatsrechtslehre bis zur Höhe des staatsrechtlichen Positivismus, Berlin 1958.

31 Werner Conze (Hrsg.), Staat und Gesellschaft im deutschen Vormärz 1815-1848, 2. Aufl., Stuttgart 1970.

32 Ernst Rudolf Huber, Deutsche Verfassungsgeschichte seit 1789, Band III, 3. Aufl., Stuttgart 1988, S. 20; Ernst Wolfgang Böckenförde, Staat, Gesellschaft, Freiheit, Frankfurt am Main 1976, S. 112.

Gegenstand einer größeren Arbeit. Lediglich Hans Fenske gibt einen ersten ideen- und begriffsgeschichtlichen Überblick über Gewaltenteilung im allgemeinen.[33] In diesem Zusammenhang ist auch die Dissertation von Werner Kägi aus dem Jahr 1937 zu nennen, die sich mit der Entstehung, Wandlung und Problematik des Gewaltenteilungsprinzips beschäftigt, dabei aber dessen Besonderheiten in der Staatslehre im Vormärz unberücksichtigt läßt.[34] Dies trifft auch für seinem Aufsatz „Von der klassischen Dreiteilung zur umfassenden Gewaltenteilung" aus dem Jahr 1961 zu.[35] In diesem Zusammenhang von älteren Arbeiten ist noch ein Aufsatz von Kurt Kluxen mit dem Titel „Die Herkunft der Lehre von der Gewaltenteilung" zu nennen, der sich vor allem mit der historisch-politischen Entwicklung in Großbritannien beschäftigt, auf den deutschen Vormärz aber nicht eingeht.[36]

Ansonsten existiert allenfalls Literatur über Teilaspekte, wie eine Dissertation von Louis Pahlow mit dem Titel: „Justiz und Verwaltung. Zur Theorie der Gewaltenteilung im 18. und 19. Jahrhundert", die in erster Linie Verwaltungsrechtsschutz und Verwaltungsgerichtsbarkeit im 18. und 19. Jahrhundert untersucht.[37] Ferner wird die Problematik innerhalb einzelner biographischer Werke kurz angesprochen oder am Rande gestreift: Über Rotteck beispielsweise gibt es bereits eine Dissertation von Ursula Herdt, die sich mit dessen Verfassungstheorie beschäftigt und auch seinen Verfassungsbegriff behandelt.[38] Außerdem hat Hans Jobst im Jahr 1955 einen Aufsatz über die Staatsrechtslehre Rottecks veröffentlicht, der aber nur kurz auf Rottecks Gewaltenteilungsmodell eingeht.[39] Über verschiedene der hier bearbeiteten Autoren sind Einzeluntersuchungen und Biographien erschienen. Stellvertretend soll hier die Arbeit Erich Angermanns

---

33 Hans Fenske, Gewaltenteilung, in: Otto Brunner (Hrsg.), Geschichtliche Grundbegriffe: historisches Lexikon zur politisch-sozialen Sprache in Deutschland, Bd. II, S. 923 ff.

34 Werner Kägi, Zur Entstehung, Wandlung und Problematik des Gewaltenteilungsprinzips. Ein Beitrag zur Verfassungsgeschichte und Verfassungslehre, Zürich 1937.

35 Werner Kägi, Von der klassischen Dreiteilung zur umfassenden Gewaltenteilung (Erstarrte Formeln – bleibende Idee – neue Formeln) in: Max Imboden (Hrsg.), Verfassungsrecht und Verfassungswirklichkeit, Festschrift für Hans Huber zum 60. Geburtstag, Bern 1961.

36 Kurt Kluxen, Die Herkunft der Lehre von der Gewaltentrennung, in: Josef Engel u. Hans Martin Klinkenberg (Hrsg.), Aus Mittelalter und Neuzeit. Gerhard Kallen zum 70. Geburtstag, Bonn 1957, S. 219-236.

37 Louis Pahlow, Justiz und Verwaltung. Zur Theorie der Gewaltenteilung im 18. und 19. Jahrhundert, Goldbach 2000.

38 Ursula Herdt, Die Verfassungstheorie Karl von Rottecks, Heidelberg 1967.

39 Hans Jobst, Die Staatslehre Karl von Rottecks, in: ZGORh 103 (1955) S. 470 ff.

über Robert von Mohl genannt sein.[40] Ebenso ist der in der Neuausgabe der Politik von Friedrich Christoph Dahlmann erschienene Aufsatz von Wilhelm Bleek hervorzuheben.[41] Zu Problemen der Gewaltenteilung im heutigen Staatswesen sind ebenfalls umfangreiche Werke erschienen, z.B. der von Franz Rausch herausgegebene Sammelband „Zur heutigen Problematik der Gewaltentrennung".[42]

Einen neuen wichtigen Beitrag zur Gewaltenteilungsdiskussion liefert Ulrike Seifs Aufsatz mit dem Titel „Recht und Gerechtigkeit: Die Garantie des gesetzlichen Richters und die Gewaltenteilungskonzeptionen des 17. – 19. Jahrhunderts".[43] Ausgehend von der Prämisse, daß sich die Verfassungsentwicklungen in den einzelnen europäischen Staaten auf einer gemeinsamen Grundlage vollzogen, untersucht hier die Autorin, inwieweit die Garantie des gesetzlichen Richters auf die Gewaltenteilung zurückzuführen ist.[44] Sie kommt zu dem Ergebnis, daß der historische Vergleich anhand der Schutzrichtungen eine gemeinsame europäische Verfassungstradition der Garantie des gesetzlichen Richters sichtbar werden läßt, gleichwohl die Gewaltenteilung als gemeinsamer Ursprung der einzelstaatlichen Garantien des gesetzlichen Richters ausscheidet.[45] Zugleich wirft sie die Frage auf, ob die deutsche Staatsrechtslehre des 18. Jahrhunderts von den Ideen der Aufteilung staatlicher Gewalt unbeeinflußt war.[46] Somit stellt auch Ulrike Seif deren Sonderentwicklung in der Frage der Gewaltenteilung heraus. Zu den einzelnen Gewaltenteilungsmodellen der Staatslehre des 19. Jahrhunderts nimmt sie aber nicht Stellung. Zu der hier erörterten Fragestellung besteht daher eine Forschungslücke. Lediglich Stefan Korioth setzt sich in einem Aufsatz u.a. mit den Gründen der Zurückweisung der Gewaltenteilung in der frühkonstitutionellen Staatsrechtslehre auseinander. Er entwickelt verschiedene Erklärungsansätze für diese, auf den ersten Blick erstaunliche Einstellung der damaligen Autoren. Allerdings stellt er dabei keinen Gesamtzusammenhang zwischen den einzelnen Systemen her und geht nicht auf die Frage ein, ob es

---

40 Erich Angermann, Robert von Mohl, 1799-1875. Leben und Werk eines altliberalen Staatsgelehrten, Aalen 1962.

41 Wilhelm Bleek, Friedrich Christoph Dahlmann und sein Werk über „Die Politik", in: ders. (Hrsg.), Friedrich Christoph Dahlmann, Die Politik, Frankfurt a.M. 1997.

42 Franz Rausch (Hrsg.), Zur heutigen Problematik der Gewaltentrennung, Darmstadt 1969.

43 Ulrike Seif, Recht und Gerechtigkeit: Die Garantie des gesetzlichen Richters und die Gewaltenteilungskonzeptionen des 17. – 19. Jahrhunderts, in: Ernst-Wolfgang Böckenförde u.a. (Hrsg.), Der Staat, 42. Band, 2003, S. 110-140.

44 Ulrike Seif, Recht und Gerechtigkeit, S. 110.

45 Ulrike Seif, Recht und Gerechtigkeit, S. 137.

46 Ulrike Seif, Recht und Gerechtigkeit, S. 125.

gewisse Ausprägungen und Besonderheiten gab, die den Einzelentwürfen immanent waren.[47] Diese Frage soll durch diese Arbeit geklärt werden.

47 Stefan Korioth, „Monarchisches Prinzip" und Gewaltenteilung – unvereinbar? Zur Wirkungsgeschichte der Gewaltenteilungslehre Montesquieus im deutschen Frühkonstitutionalismus, in: Der Staat, 37. Band, Berlin 1998, S. 27 ff.

B Strukturen der Gewaltenteilungsdiskussion

I. Autorenauswahl im Feld der Gewaltenteilungsdiskussion

1. Methodisches Vorgehen

Im Untersuchungszeitraum von 1815 bis 1848 haben sich viele, heute noch bekannte, aber auch in Vergessenheit geratene Stimmen zum Thema Gewaltenteilung zu Wort gemeldet. Während man Friedrich Christoph Dahlmann, Robert von Mohl und die Herausgeber des „Staats-Lexikons“, Karl von Rotteck und Carl Theodor Welcker, heute noch kennt, sind Autoren wie der Historiker Friedrich von Raumer, ebenfalls ein Abgeordneter der Paulskirche, oder Heinrich Stöckhardt weitgehend unbekannt. Doch auch diese, heute in Vergessenheit geratenen Schriftsteller haben sich ihrerzeit dezidiert zum Problem der Gewaltenteilung geäußert.[48] Insgesamt betrachtet, ist die damalige Diskussion sehr unübersichtlich und bietet ein ausgesprochen heterogenes Bild. Die Masse der Literatur steigert noch die Verwirrung. Will man auf einzelne Autoren und deren Vorstellungen zur Gewaltenteilung vertieft eingehen, stellt sich daher die Frage, wie deren Anzahl sinnvoll begrenzt werden kann. Für den ersten Teil der Arbeit wurden daher elf Persönlichkeiten ausgesucht, deren jeweiliger Beitrag zur Staatslehre im Vormärz zwar individuell verschieden war, die jedoch allesamt auf ihre Weise die damalige Diskussion prägten.

Der Personenkreis wurde bewußt der „allgemeinen Staatslehre“ und nicht der sogenannten Staatsrechtslehre entnommen. Diese Arbeit folgt hierin der Terminologie von Michael Stolleis, die er im zweiten Band seiner Geschichte des öffentlichen Rechts in Deutschland entwickelt. Das Fach „allgemeine Staatslehre“ spaltet sich danach von dem „gemeinen deutschen Staatsrecht“ ab, das sich in erster Linie mit dem alle deutschen Einzelstaaten verbindenden positiven Recht beschäftigt. Die „allgemeine Staatslehre“ hingegen unterscheidet sich davon, indem sie stärker philosophisch ausgeprägt ist und sich abstrakt mit den Grundvor-

48 Friedrich Ludwig Georg von Raumer, Über die geschichtliche Entwicklung der Begriffe von Recht, Staat und Politik, Leipzig 1826, S. 87 f.; Heinrich Stöckhardt, Die Wissenschaft des Rechtes und das Naturrecht in Verbindung mit einer vergleichenden Critik der positiven Rechtsideen dargestellt, Leipzig 1825, S. 326 f.

aussetzungen des Staatslebens auseinandersetzt.[49] Damit ist die „allgemeine Staatslehre“ für diese Fragestellung, die sich mit der Gewaltenteilung beschäftigt, ungleich interessanter als das „gemeine deutsche Staatsrecht“. Die Vorgehensweise bei der im ersten Teil der Arbeit notwendigen Autorenauswahl verlief folgendermaßen:

Die Auswahl erfolgte unter Berücksichtigung möglichst aller Gruppen der damaligen Staatslehre. Davon ausgehend wurden unter Anwendung der Kriterien herausragende Veröffentlichungen, politische Aktivitäten, Lebenslauf und Einfluß, elf Autoren ausgesucht. Das Kriterium Lebenslauf ist für diese Untersuchung von Bedeutung, da anhand dessen Brüche zwischen den staatstheoretischen Aussagen der betreffenden Person und den praktischen Konsequenzen, die sie daraus für ihr Leben zog, sichtbar werden. Dieser Punkt ist hier besonders wichtig, da so überprüft werden kann, wie das jeweils vertretene Gewaltenteilungsmodell in praktische Politik umgesetzt wurde oder ob es auf das politische und sonstige Leben des jeweiligen Autors keinen Einfluß hatte, mithin die verschiedenen Gewaltenteilungsmodelle Konstruktionen waren, die isoliert von den allgemeinen politischen Zusammenhängen dastanden. Die Autorenauswahl erfolgte so, daß sich das ganze politische Spektrum in ihr widerspiegelt. Als Vertreter der konservativen Staatslehre werden Friedrich Julius Stahl und Romeo Maurenbrecher untersucht. Auch Hegel ist dabei einzubeziehen, beeinflußte er doch mit seiner Geschichtsphilosophie die gesamten Geisteswissenschaften seiner Zeit. Neben Vertretern der konservativen Staatslehre wurden vor allem Liberale in die Untersuchung mit einbezogen. Probleme bereitete hier die Differenziertheit und Vielfalt des deutschen Liberalismus im Vormärz. Unter der Vorgabe, nur eine begrenzte Anzahl von Personen näher betrachten zu können, war vor allem darauf zu achten, daß Vertreter aller politischer Gruppen des Liberalismus in die Arbeit aufgenommen wurden. Es stellte sich daher von vornherein die Frage, von welchen liberalen Gruppierungen man ausgehen und welcher Einteilung man folgen soll. Schon Ernst Rudolf Huber weist auf dieses Problem und die verschiedenen Eingruppierungsmöglichkeiten hin. Er unterscheidet beispielsweise zwischen den denkbaren Einteilungen ethischer und ökonomischer, doktrinärer und historischer, sozialer und „Manchester“-Liberalismus, konservativer und demokratischer, französisch-orientierter und englisch-orientierter, südwestdeutscher und norddeutscher Liberalismus, spricht sich dann im Ergebnis für eine Untergliederung in die beiden Hauptgruppen konstitutioneller und parlamentarischer Liberalismus aus. Er begründet seine Auswahl damit, daß die Unterscheidung zwischen konstitutionellem und parlamentarischem Liberalis-

49 Michael Stolleis, Geschichte des öffentlichen Rechts, Bd. II, S.122 f.; ähnlich H. Kuriki, Die Rolle des Allgemeinen Staatsrechts, S. 559.

mus den Vorzug habe, daß sie den Gegensatz der beiden großen liberalen Richtungen im Hinblick auf den Kern ihrer divergierenden Verfassungspolitik zum Ausdruck bringe.[50]

Die Untergliederung des deutschen Liberalismus in eine vernunftrechtliche und eine historisch-organische Richtung, die sich in der heutigen Forschung durchgesetzt hat, wurde von Hartwig Brandt wieder in die aktuelle Liberalismusforschung eingeführt und von Hans Boldt, Ernst Wolfgang Böckenförde und Michael Stolleis übernommen.[51] Dabei wird der vernunftrechtliche Liberalismus von einer von Rousseau und Kant ausgehenden aufklärerischen Strömung abgeleitet, die sich ab 1819 in eine kleinere und eine größere Gruppe unterteilte. Erstere hielt unbeirrt vom restaurativen Umfeld an einer Erweiterung des Wahlrechts und der Staatsform der Republik fest, während letztere sich für das Staatsmodell der konstitutionellen Monarchie entschied. Mit historisch-organischem Liberalismus sind dagegen diejenigen Liberalen gemeint, die sich bereits Ende des 18. Jahrhunderts von der Aufklärung abgewandt hatten, die aber auch nicht zur konservativen Seite überwechselten. Der historisch-organische Liberalismus bezog seine staatstheoretischen Grundlagen in erster Linie aus der Geschichte. Somit sollte der Grundgedanke der historischen Schule mit staatstheoretischen Standpunkten verknüpft und zur theoretischen Begründung von konstitutionellen Vorstellungen herangezogen werden.[52] Ernst Wolfgang Böckenförde charakterisiert diese Strömung als „organisches Denken, das eine harmonische Einheit und einen konstitutionellen Ausgleich zwischen der überkommenen Monarchie und der neuerwachten Volksfreiheit erstrebt, den Zusammenhang mit der geschichtlichen Tradition und den gewachsenen politischen Ordnungen erhalten will und allen radikalen oder monistischen Lösungen abgeneigt ist“.[53]

Auf der Seite der Autoren, die dem sogenannten vernunftrechtlichen Liberalismus zugerechnet werden, finden Karl von Rotteck, Johann Christian von Aretin und Sylvester Jordan Eingang in die Untersuchung. Die Richtung des „historisch-organischen“ Liberalismus wird hier von Carl Theodor Welcker, Friedrich Christoph Dahlmann und Friedrich Schmitthenner repräsentiert.[54]

50 Ernst Rudolf Huber, Deutsche Verfassungsgeschichte seit 1789, Bd. II, S. 390 f.

51 Hartwig Brandt, Landständische Repräsentation, S. 160 ff. (163); 199 ff., Michael Stolleis, Geschichte des öffentlichen Rechts, Bd. II, S.156 f.; E. W. Böckenförde, Die deutsche verfassungsgeschichtliche Forschung, S. 74 ff., 92 ff.; Hans Boldt, Deutsche Staatslehre im Vormärz, S. 292.

52 Michael Stolleis, Geschichte des öffentlichen Rechts, Bd. II, S.1 56 f.

53 Ernst Wolfgang Böckenförde, Die deutsche verfassungsgeschichtliche Forschung im 19. Jahrhundert, Berlin 1961, S. 92 ff.

54 Zur Einteilung vgl. Michael Stolleis, Geschichte des öffentlichen Rechts, Bd. II, S.121 ff. und Hartwig Brandt, Landständische Repräsentation, S. 199 ff.

Carl Salomo Zachariä und Robert von Mohl nehmen als Liberale eine Sonderstellung ein und äußern sich darüber hinaus prononciert zur Gewaltenteilung. So betont Michael Stolleis zusammen mit Hartwig Brand Mohls Rolle als Einzelgänger, der zwar der Gruppe der sogenannten Altliberalen zuzuordnen sei, innerhalb dieser jedoch als „Außenseiter" gelte. Mohls eigenwillige Positionen zeigten sich daher u.a. daran, daß er noch 1837 davon ausgegangen sei, daß die Regierung als verlängerter Arm des Monarchen vom Parlament nicht zur Verantwortung gezogen werden könne.[55] Auch Carl Salomo Zachariä bezeichnet Michael Stolleis als „ungewöhnliche Figur" und bescheinigt ihm, daß seine Originalität, sein enzyklopädisches Wissen und Scharfsinn unbestreitbar, aber auch seine politischen Schwankungen verbunden mit einer ausgeprägten Professorenskurrilität unübersehbar seien.[56] Ebenso beschreibt Hans Boldt Carl Salomo Zachariäs und Robert von Mohls Standpunkte in der damaligen Verfassungsdiskussion als „Extrempositionen des vormärzlichen Konstitutionalismus".[57] Beide Autoren werden daher aufgrund ihrer oben skizzierten Sonderstellung in der Staatslehre im Vormärz als sogenannte Außenseiter in diese Untersuchung mit einbezogen.

Nicht alle bekannten juristischen Schriftsteller, die im Vormärz eine gewisse Rolle spielten, konnten berücksichtigt werden. Ein Beispiel hierfür ist Johann Ludwig Klüber, der wie Michael Stolleis schreibt, „über zwei Jahrzehnte beherrschende Figur der vormärzlichen Publizistik" war.[58] Jedoch ist dieser als Vertreter der Staatsrechtslehre und nicht der mehr philosophisch ausgeprägten Staatslehre zu sehen.[59] Gerade in seinem vielfach aufgelegten „Öffentlichen Recht des Teutschen Bundes und der Bundesstaaten"[60] beschäftigt sich Klüber daher auch nur eher oberflächlich mit dem Gewaltenteilungsprinzip. Aus diesem Grund wurde er grundsätzlich nicht in die Autorenauswahl aufgenommen. Gleichwohl sind seine Stellungnahmen unverzichtbar, um gewisse Spezifika der vormärzlichen Gewaltenteilungsdiskussion zu verdeutlichen. Insofern wurden seine Äußerungen bezüglich einzelner Aspekte auch in dieser Untersuchung berücksichtigt.[61]

---

55 Michael Stolleis, Geschichte des öffentlichen Rechts, Bd. II, S.174 f.; Hartwig Brand, Landständische Repräsentation im deutschen Vormärz, S. 235 ff.

56 Michael Stolleis, Geschichte des öffentlichen Rechts, Bd. II, S.169 f.

57 Hans Boldt, Deutsche Staatslehre im Vormärz, S. 195.

58 Michael Stolleis, Geschichte des öffentlichen Rechts, Bd. II, S. 83.

59 Michael Stolleis, Geschichte des öffentlichen Rechts, Bd. II, S. 83.

60 Johann Ludwig Klüber, Öffentliches Recht des Teutschen Bundes und der Bundesstaaten, 4. Aufl., Frankfurt a.M. 1840.

61 Siehe hierzu die Kapitel „Die Spuren der Reichspublizisik in der vormärzlichen Diskussion"; „Die Fortführung in Frankreich – Benjamin Constant: Der Monarch als

Nachdem nunmehr die Einteilung der unterschiedlichen Autorengruppen „Konservative“, „Vertreter des vernunftrechtlichen und des historisch-organischen Liberalismus“ sowie „Außenseiter“ erläutert wurde, erfolgt eine detaillierte Darstellung der Auswahlgründe im Einzelfall, um den gesamten Auswahlprozeß der Einzelpersonen nachvollziehbar zu machen.

2. *Die konservative Staatslehre*

a) *Friedrich Julius von Stahl*

In der Reihe der Vertreter der konservativen Staatslehre nimmt Friedrich Julius Stahl (1802-1861) eine besondere Stellung ein, indem er mit seinem Werk „Das monarchische Prinzip“ aus dem Jahr 1845 deren Programmschrift vorlegte. Zwar formulierte er dieses nicht als erster, und die Meinungen gehen darüber auseinander, ob „das monarchische Prinzip“ ein allgemeiner Beitrag zur deutschen Verfassungsdiskussion darstellen sollte oder eher auf die preußischen Verhältnisse zugeschnitten war.[62] Jedenfalls fand dieses Werk überall Beachtung. Wilhelm Füssl charakterisiert Stahl als politischen Professor und „Gegentypus“ zu den liberalen Professoren seiner Zeit.[63] Seine öffentlichen Vorlesungen galten in Berlin sogar als gesellschaftliche Ereignisse. Hans Boldt sieht Stahls Leistung vor allem darin, daß er den Konstitutionalismus „im monarchischen Sinne abwandelte und damit auch für die Konservativen akzeptabel machte“.[64] Damit hebt sich Stahl von der reaktionären Gruppe um Karl Ludwig von Haller ab. Er lieferte durch sein Werk das theoretische Fundament für die verspätete und zaghafte Konstitutionalisierung Preußens. Hans Boldt spricht in diesem Zusammenhang von Stahls Werk als einem „konservativ-konstitutionellen Arrangement“.[65] Diese besondere Rolle Stahls zwischen Reaktion und konservativer Staatslehre macht ihn zu einer der interessantesten Persönlichkeiten im Vormärz.

‚pouvoir neutre‘“; „Justizstaatslehre, Administrativjustiz und Unabhängigkeit der Gerichte“; Funktionswandel und Tradition – Die ‚Inspektive‘ als dritte Gewalt“.

62 Wilhelm Füssl, Professor in der Politik: Friedrich Julius Stahl (1802-1861), Göttingen 1988, S. 44 ff.

63 Wilhelm Füssl, Stahl, S. 10.

64 Hans Boldt, Staatslehre, S. 196.

65 Hans Boldt, Staatslehre, S. 196.

b) G. W. F. Hegel

Georg Wilhelm Friedrich Hegel (1770-1831), der den „deutschen Idealismus" maßgeblich mitbestimmte, hatte auch Einfluß auf die vormärzliche Diskussion über Gewaltenteilung. Die zu Hegels Werk erschienene Literatur ist zwar nur noch von Spezialisten beherrschbar.[66] Aufgrund des Hegelschen Staatsbegriffs und seiner Rechtsphilosophie ist es aber unverzichtbar, im Rahmen dieser Arbeit auch auf seine Staatslehre einzugehen: So äußerte er sich in seiner „Philosophie des Rechts" von 1820/21 dezidiert zur Gewaltenteilung.[67] Angesichts der Tatsache, daß eine vertiefte Auseinandersetzung mit dem Hegelschen Werk vor dem Hintergrund der oben aufgezeigten Schwierigkeiten hier nicht geleistet werden kann, beschränkt sich diese Arbeit bewußt auf Hegels Äußerungen zur Gewaltenteilung und deren Auswirkungen auf die konservative Staatslehre.

c) Romeo Maurenbrecher

Romeo Maurenbrecher ist vor allem durch seine „Grundsätze des heutigen deutschen Staatsrechts" berühmt geworden. Dieses Werk zeichnet sich durch seine durchdachte und konsequent durchgeführte Gliederung aus. Die jeweiligen Ausführungen sind eher knapp gehalten, aber dafür streng systematisch und übersichtlich. Michael Stolleis bezeichnet das Buch daher als „einen mit vielen Nachweisen versehenen Vorlesungsgrundriß", welcher es aber aufgrund einer Besprechung von Wilhelm Eduard Albrecht in den Göttingenschen gelehrten Anzeigen zu einem gewissen Ruhm brachte. Dort entwickelte Albrecht zum ersten Mal die Lehre vom Staat als juristische Person.[68] Maurenbrecher lebte von 1803 bis 1843 und hatte als Angehöriger des rheinischen katholischen Bildungsbürgertums eine konservative Grundeinstellung, die sich auch bei seiner Ablehnung der Gewaltenteilung manifestiert. Dennoch beschäftigte er sich eingehend mit ihr, wie ein Blick auf die einschlägigen Passagen in seinen „Grundsätzen des heutigen deutschen Staatsrechts" zeigt.[69] Sein Werk wurde ob dieses Konserva-

66 Zur Biographie Hegels: Karl Rosenkranz, Georg Wilhelm Friedrich Hegel's Leben, Berlin 1844; ders., Hegel als deutscher Nationalphilosoph, Leipzig 1870, ND Darmstadt 1965; Wilhelm Dilthey, Die Jugendgeschichte Hegels, in: Abhandlungen der königlich Preußischen Akademie der Wissenschaften, Abh. IV, Berlin 1905.

67 G.W.F. Hegel, Werke in 20 Bänden, 7. Band, Grundlinien der Philosophie des Rechts, Frankfurt a.M. 1970, § 272, S. 433.

68 Michael Stolleis, Geschichte des öffentlichen Rechts, Bd. II, S. 90.

69 Romeo Maurenbrecher, Grundsätze des heutigen deutschen Staatsrechts, Frankfurt a.M. 1837, S. 53 f.

tismus vor allem von liberaler Seite scharf kritisiert.[70] Maurenbrecher vertritt in dieser Untersuchung denn auch die konservative Staatslehre.

3. Der vernunftrechtliche Liberalismus

a) Sylvester Jordan

Auch Sylvester Jordan ist als eine der maßgeblichen Persönlichkeiten des Liberalismus und der Paulskirche in dieser Arbeit zu berücksichtigen. Der 1792 in Tirol geborene Professor der Rechtswissenschaft, der nach langen Wanderjahren im Jahr 1821 einen Ruf an die Philipps-Universität nach Marburg erhielt, spielte in der kurhessischen Verfassungsbewegung eine bedeutende Rolle. Seinen Einsatz für die Verfassung von 1831, die er maßgeblich inhaltlich mitbestimmte, und seine politische Tätigkeit mußte er mit sechs Jahren Festungshaft im Marburger Schloß ab 1839 büßen. Während der Revolution von 1848 war Jordan Landtagsabgeordneter, kurhessischer Gesandter im Bundestag, Vizepräsident des Vorparlaments und Abgeordneter der Paulskirche. Dort gehörte er der demokratisch-konstitutionellen Partei des „Landsberger Hofs" an. Nach dem Sieg der Reaktion zog er sich aus dem politischen Leben nach Kassel zurück, wo er 1861 starb.[71] Neben seinem Einsatz für eine Verfassung veröffentlichte er auch zwei bedeutende Werke auf dem Gebiet der Staatslehre mit dem Titel „Versuche über allgemeines Staatsrecht mit Bezugnahme auf Politik"[72] und „Lehrbuch des allgemeinen und deutschen Staatsrechts"[73]. In beiden Büchern äußert er sich dezidiert zu Fragen der Gewaltenteilung.

b) Karl von Rotteck

Karl von Rotteck, der 1775 in Freiburg geborene Staatsrechtler, der im Alter von 23 Jahren aufgrund guter Beziehungen ordentlicher Professor für Weltgeschichte an der dortigen Universität wurde, veröffentlichte vom Jahre 1812 an, erst zehn Jahre nach seiner Berufung, seine erste größere historische Arbeit, eine „Allgemeine Weltgeschichte" in neun Bänden.[74] Diese wurde bereits von Zeitgenossen als unwissenschaftlich kritisiert, da Quellenbelege und eigene Forschungsergeb-

70 Robert von Mohl, Geschichte und Literatur, Bd. II, S. 302 f.
71 Hellmut Seier, Sylvester Jordan und die kurhessische Verfassung von 1831, Marburg 1981 S. 12; ADB 14, 515 ff.
72 Sylvester Jordan, Versuche über allgemeines Staatsrecht, Marburg 1828.
73 Sylvester Jordan, Lehrbuch des allgemeinen und deutschen Staatsrechts, Kassel 1831.
74 Karl von Rotteck, Allgemeine Geschichte, Bd. I-IX, Freiburg 1812-1826.

nisse fehlten. Das Werk hatte aber aufgrund seiner liberalen Tendenz eine ungeheure Breitenwirkung. Es erschien insgesamt in 15 Auflagen und wurde in mehrere Sprachen übersetzt.[75] Von Rottecks staatsrechtlichen Schriften sind vor allem drei Titel hervorzuheben. Da ist zunächst das „Staatsrecht der constitutionellen Monarchie", das von Johann Christian von Aretin begonnene Werk, welches jedoch unvollendet blieb und von Rotteck fortgeführt wurde.[76] Außerdem schrieb er ein „Lehrbuch des Vernunftrechts und Staatswissenschaften" in vier Bänden, welches ab 1829 erschien. Die beiden ersten und wichtigeren Bände wurden 1840 ein zweites Mal aufgelegt. Vor allem der zweite Band, eine allgemeine Staatslehre, ist für diese Arbeit wichtig, da hier Rotteck unter dem Abschnitt „Lehre von der Theilung der Gewalten" ein eigenes Gewaltenteilungssystem entwickelte.[77] Er selbst sah diese Schrift als seine wichtigste und bedeutendste an, obwohl sie weit weniger beachtet wurde als seine allgemeine Geschichte oder etwa das Staatslexikon, welches er zusammen mit Karl Theodor Welcker herausgegeben hatte.[78] Diese Enzyklopädie war ein zentrales Werk des Liberalismus. Sie hatte auch eher weniger einen wissenschaftlichen, denn einen programmatischen Anspruch. Michael Stolleis charakterisiert sie denn auch als „politisch-staatswissenschaftlicher Journalismus im besten Sinne".[79] Zur Gruppe des vernunftrechtlichen Liberalismus zählt ebenso der hessische Publizist Friedrich Murhard. Allerdings wurde dieser nicht in den ersten Teil dieser Untersuchung mit einbezogen, da sein Werk, wie Hartwig Brandt zutreffend feststellt, „in manchen Fragen bis in die letzten Gedankenwindungen hinein" Rottecks politischer Lehre folgt.[80] Rotteck wurde daher als der prominentere der beiden und Herausgeber des Staatslexikons der Vorzug gegeben.

c) Johann Christian von Aretin

Johann Christian Freiherr von Aretin, der von 1773 bis 1824 lebte, war Jurist und Historiker. Seine publizistische Tätigkeit fällt teilweise noch in den aufgeklärten Spätabsolutismus.[81] Somit verkörpert Aretin in gewisser Weise den

75 Horst Ehmke, Karl von Rotteck der „politische Professor", Karlsruhe 1964, S. 13 ff.

76 Johann Christian von Aretin, Staatsrecht der constitutionellen Monarchie, Bd. I-III, Altenburg 1824-1828.

77 Karl von Rotteck, Lehrbuch des Vernunftrechts und der Staatswissenschaften, Bd. II, 2. Aufl., Stuttgart 1840, S. 215 f.

78 Karl von Rotteck, Carl Theodor Welcker (Hrsg.), Das Staats-Lexikon. Encyklopädie der sämmtlichen Staatswissenschaften für alle Stände, Bd. I-XV, Altona 1834-1843.

79 Erich Kaufmann, Über den Begriff des Organismus in der Staatslehre des 19. Jahrhunderts, Heidelberg 1908, S. 160.

80 Hartwig Brandt, Landständische Reräsentation, S. 266.

81 NDB 1, S. 348; ADB 1 S. 518 f.

Übergang von dieser Epoche in die erste Phase des süddeutschen Konstitutionalismus. Er ist vor allem durch sein Lehrbuch „Staatsrecht der constitutionellen Monarchie" berühmt geworden, das allerdings vor seinem Tod unvollendet blieb und von Rotteck fertiggestellt wurde.[82] In diesem Werk äußert sich Aretin ausführlich zum Thema Gewaltenteilung.[83] Er ist insofern von Interesse, als er die oben geschilderte Übergangsperiode vertritt.

4. Der historisch-organische Liberalismus

a) Friedrich Christoph Dahlmann

Friedrich Christoph Dahlmann, der 1785 in Wismar geborene „politische Professor" und Wortführer der Göttinger Sieben, ist einer der führenden Köpfe der Liberalen im Vormärz. Aufgrund seiner Vita und seiner Popularität spielte er in der Zeit zwischen 1815 und 1848 eine besondere Rolle. Zahlreiche Veröffentlichungen, und vor allem sein Hauptwerk, „Die Politik" von 1835, beeinflußten die politische Diskussion seiner Zeit. Nicht zuletzt aufgrund seines Engagements für die nationalen Rechte der Bewohner Schleswig-Holsteins setzte er sich an die Spitze der nationalen Einheits- und Freiheitsbewegung und hatte in der Paulskirchenversammlung eine führende Stellung inne. Dort ist er als Mitglied der Casino-Partei, die sich für das Erbkaisertum und die kleindeutsche Lösung aussprach, der rechten Mitte zuzuordnen. Nach dem Scheitern der Bürgerlichen Revolution sank auch Dahlmanns Popularität. Auch läßt sich bei ihm ein gewisses Maß an Resignation feststellen. So weigerte er sich beispielsweise, seine „Politik" trotz mehrfacher Anfragen neu überarbeitet aufzulegen.[84] Wilhelm Bleek bezeichnet ihn daher in seinem Begleitaufsatz in der Neuausgabe der Politik aus dem Jahr 1997 als politischen Hoffnungsträger des liberalen Bürgertums, der zur „Personifikation des Scheiterns der deutschen Freiheits- und Einheitsbewegung" geworden war.[85] Dahlmann starb 1860 als Universitätsprofessor in Bonn. Dieser Lebenslauf, der geradezu charakteristisch für die Freiheitsbewegung im Vormärz ist, seine politische Tätigkeit und sein Werk zeichnen Dahlmann für eine Aufnahme die Liste der zu untersuchenden Autoren besonders aus.

---

82 Johann Christian von Aretin, Staatsrecht der constitutionellen Monarchie, Bd. I-III, Altenburg 1824-1828.

83 Johann Christian von Aretin, Staatsrecht der constitutionellen Monarchie, Bd. I, 2. Aufl., Leipzig 1838, S. 165 ff.

84 Wilhelm Bleek, Friedrich Christoph Dahlmann, S. 277 ff.

85 Wilhelm Bleek, Friedrich Christoph Dahlmann, S. 276 f.

b) *Friedrich Schmitthenner*

Friedrich Schmitthenner (1796-1850), ein Vertreter des „organischen Liberalismus mit konservativen Zügen“[86], war Geheimer Regierungsrat und Abgeordneter der Ständekammer des Großherzogtums Hessen-Darmstadt. An der dortigen Landesuniversität in Gießen unterrichtete er Geschichte, Staats- und Kameralwissenschaften.[87] Von seiner „systematischen Encyklopädie der Staatswissenschaften“ sind lediglich der erste und dritte Band erschienen. Besonders letzterer mit dem Titel „Grundlinien des allgemeinen oder idealen Staatsrechtes“ beinhaltet eine eingehende Behandlung der Gewaltenteilung.[88] Schmitthenner wurde hier deshalb ausgewählt, weil er sich mit dem Problem der Gewaltenteilung ausführlich beschäftigte, als Schellingianer seine Staatslehre nach einem klar geschichtlich-organischen Ansatz ausrichtete und insofern als Repräsentant des „historisch-organischen“ Liberalismus interessant ist. Sein Verdienst besteht vor allem darin, daß er im Rahmen seiner Ausführungen zur Gewaltenteilung die sogenannte Funktionsteilung entwickelte, auf die vor allem im zweiten Teil der Arbeit eingegangen wird.[89]

c) *Carl Theodor Welcker*

Carl Theodor Welcker ist, obwohl er das berühmte Staatslexikon mitherausgegeben und dort viele Artikel verfaßt hat, eher durch seine politische denn durch seine wissenschaftliche Tätigkeit berühmt geworden. Ab 1831 war er im badischen Landtag und danach in der Paulskirche Abgeordneter. Seine Universitätslaufbahn führte ihn von Gießen über Kiel, Heidelberg und Bonn nach Freiburg.[90] Das von ihm geplante mehrbändige Werk „Das innere und äußere System der praktischen natürlichen und römisch-christlich-germanischen Rechts-, Staats- und Gesetz-Gebungslehre“ blieb allerdings ein Torso. Welcker veröffentlichte

---

86 Michael Stolleis, Geschichte des öffentlichen Rechts, Bd. II, S.182 mit weiteren Nachweisen.

87 Klaus Kröger, Friedrich Schmitthenners Bedeutung für die deutsche Staatsrechtslehre, in: Hermann Avenarius u.a. (Hrsg.), Festschrift für Erwin Stein zum 80. Geburtstag, Bad Homburg 1983, S. 171 ff.

88 Friedrich Schmitthenner, Grundlinien des allgemeinen oder idealen Staatsrechtes, Gießen 1843, ND Hamburg 1966, S. 291 ff.

89 Hans Fenske, Gewaltenteilung, S. 949.

90 Heinz Müller-Dietz, Das Leben des Rechtslehrers und Politikers Karl Theodor Welcker, Freiburg i.Br. 1968, S. 16 ff.

lediglich einen ersten Band.[91] Allerdings machte er sich durch seinen Einsatz für Pressefreiheit einen Namen, indem 1830 eine Petitionsschrift an die Bundesversammlung in Frankfurt am Main richtete.[92]

Carl Theodor Welcker ist einer der schärfsten Kritiker der staatlichen Verhältnisse im Vormärz. Sein politisches Engagement, aber auch seine Veröffentlichungen vor allem im gleichnamigen Staatslexikon machen ihn zu einem der profiliertesten Liberalen im Vormärz. Seine organische Staatsauffassung weist ihn dabei als einen Repräsentanten des historisch-organischen Liberalismus aus.[93] Als weiterer Vertreter dieser Richtung käme noch Paul Achatius Pfizer in Betracht. Über die Einordnung seines Werks gehen die Meinungen freilich auseinander.[94] Während Hartwig Brandt diesen als „bedeutenden staatstheoretischen Kopf" bezeichnet[95], bescheinigt ihm Michael Stolleis weder analytische Schärfe noch Durchsetzungsfähigkeit als Politiker.[96] Pfizer nimmt in seinen Schriften jedenfalls vor allem zu staatsrechtlichen und politischen Inhalten Stellung.[97] Er beschäftigt sich weniger mit staatstheoretischen Fragen und setzt sich daher auch nicht mit dem Gewaltenteilungsprinzip auseinander. Bei der Auswahl wurde daher Welcker bevorzugt, da dieser mehr zur Sache sagt und durch seine Eigenschaft als Herausgeber des Staatslexikons vorzugswürdiger erschien.

---

91 Carl Theodor Welcker, Das innere und äußere System der praktischen natürlichen und römisch-christlich-germanischen Rechts-, Staats- und Gesetz-Gebungslehre, Bd. I, Stuttgart 1829.

92 Heinz-Dietrich Fischer; Rainer Schöttle (Hrsg.), Kampf um publizistische Libertät. Schriften und Aktivitäten zu Konzeption, Realisierung und erneuter Einbuße von Pressefreiheit 1830-1833, Bochum 1981, S. X.

93 Rainer Schöttle, Politische Freiheit für die deutsche Nation, Carl Welckers politische Theorie, Baden-Baden 1985, S. 52 ff.

94 Christian Kennert, Die Gedankenwelt des Paul Achatius Pfizer, Berlin 1986, S. 9 ff.

95 Hartwig Brandt, Landständische Repräsentation, S. 268.

96 Michael Stolleis, Geschichte des öffentlichen Rechts, Bd. II, S. 179.

97 Siehe u.a. Paul Achatius Pfizer, Zur Deutschen Verfassungsfrage, Stuttgart 1862; ders., Über die Entwicklung des öffentlichen Rechts in Deutschland durch die Verfassung des Bundes, Stuttgart 1835 und Georg Küntzel (Hrsg.), Politische Aufsätze und Briefe Paul Achatius Pfizers, Frankfurt a.M. 1924.

5. *Die „Außenseiter“*[98]

a) Robert von Mohl

Michael Stolleis charakterisiert ihn als „einen biographisch fest im württembergischen Beamten- und Honoratiorentum verwurzelten Liberalen, der zum pragmatisch-rationalistischen Flügel des Liberalismus gehörte, einen systematisch denkenden Postivisten und Empiriker des Staats- und Verwaltungsrechts, nicht aber eigentlich ein Staatstheoretiker“.[99] Robert von Mohl, der von 1799 bis 1875 lebte und während der Paulskirchenversammlung das Amt des Reichsjustizministers inne hatte, ist vor allem durch seine Geschichte und Literatur der Staatswissenschaften bekannt.[100] Dieses dreibändige Werk bietet einen umfangreichen Einblick in die Staatslehre und Staatsrechtslehre des 19. Jahrhunderts und blieb weit bis ins 20. Jahrhundert hinein auf seinem Gebiet trotz Mohls manchmal etwas apodiktischem Formulierungsstils unübertroffen. Mohl ist damit nicht nur als Teil der vormärzlichen Staatslehre Untersuchungsgegenstand dieser Arbeit. Durch seine Geschichte und Literatur der Staatswissenschaften liefert er zudem einen wichtigen Beitrag zur Forschungsgeschichte.[101]

b) Carl Salomo Zachariä

Mit Carl Salomo Zachariä (1769-1843) findet der zweite sogenannte Außenseiter Eingang in diese Untersuchung. Vor allem aufgrund seiner widersprüchlichen Positionen kommt ihm diese Rolle zu. Zum einen fordert er die Wiedereinführung der Pressezensur und vertritt die Aristokraten in der ersten Badischen Kammer, zum anderen verlangt er nach Justizgrundrechten und tritt für Gewerbefreiheit ein.[102] Zachariä, der in Heidelberg ein äußerst erfolgreiche Lehrtätigkeit entfaltete und es durch seine zahlreichen Veröffentlichungen und Gutachten

98 Die Bezeichnung „Außenseiter“ für Carl Salomo Zachariä und Robert von Mohl stammt von Hartwig Brandt, Landständische Repräsentation im Vormärz, S. 325, und wurde von Hans Boldt, Deutsche Staatslehre im Vormärz, S. 195 und Michael Stolleis, Geschichte des öffentlichen Rechts, Bd. II, S. 175 übernommen. Aufgrund der widersprüchlichen Positionen Robert von Mohls und Carl Salomo Zachariä, die eine Einordnung der beiden in die gängigen Gliederungsschemata unmöglich machen, wurde diese Kategorisierung auch in dieser Untersuchung verwendet.

99 Michael Stolleis, Geschichte des öffentlichen Rechts, Bd. II, S.173 f.

100 Robert von Mohl, Geschichte und Literatur der Staatswissenschaften, Bd. I-III, Erlangen 1855-1857, ND Graz 1960.

101 Immer noch grundlegend zu Robert von Mohl: Erich Angermann, Robert von Mohl. Leben und Werk eines altliberalen Staatsgelehrten, Neuwied 1962.

102 Michael Stolleis, Geschichte des öffentlichen Rechts, Bd. II, S.169 ff.

zu großer Bekanntheit und Wohlstand brachte, ist vor allem durch zwei grundlegende Werke berühmt geworden. Neben der zweiten Auflage seines „Handbuchs des französischen Zivilrechts", das in Frankreich und Deutschland gleichermaßen auf Anerkennung stieß[103], sind seine in zwei Auflagen erschienen „40 Bücher vom Staate" hervorzuheben.[104] Letztere Schrift unternimmt einen letzten Versuch einer umfassenden Darstellung der Staatswissenschaften, bei der u.a. auch Biologie, Klimalehre, Geographie und Psychologie Beachtung finden, bevor eine Aufspaltung in die Einzelwissenschaften erfolgte.[105] Besonders Zachariäs ambivalente Haltung zu den Forderungen der Liberalen, seine besondere Rolle als Gelehrter in der damaligen Zeit, aber auch seine herausragenden „40 Bücher vom Staate", in denen er sich u.a. ausführlich mit der Gewaltenteilung beschäftigt, machen ihn zu einer interessanten Persönlichkeit und unverzichtbar für diese Untersuchung.

6. Nicht in die Untersuchung einbezogene Autoren

Nachdem wir oben die Auswahl der jeweiligen Autoren im einzelnen begründet haben, soll im folgenden noch auf diejenigen Personen eingegangen werden, die zwar in die engere Wahl kamen, jedoch aus verschiedenen Gründen, die jeweils detailliert beschrieben werden, nicht in die Untersuchung einbezogen wurden. Hier sind Karl Ludwig Haller auf der konservativen Seite, Karl Heinrich Pölitz, Friedrich Murhard und Karl Ernst Schmid aus der Gruppe des vernunftrechtlichen Liberalismus und Paul Achatius Pfizer und Ernst Moritz aus der Gruppe des historisch-organischen Liberalismus zu nennen.

a) Die restaurative Gruppe um Haller

Bei der Autorenauswahl der konservativen Staatslehre wurde die restaurative Gruppe um Karl Ludwig Haller (1768-1854)[106] bewußt nicht in die Untersuchung einbezogen. Dieser gab mit seiner Schrift „Restauration der Staatswissen-

---

103 Carl Salomo Zachariä, Handbuch des französischen Civilrechts, Bd. I u. II, Freiburg 1808.

104 Carl Salomo Zachariä, Vierzig Bücher vom Staate, Bd. I–IV, 1820-1832; 2. Aufl., Bd. I-VII, Heidelberg 1839-1843.

105 Thomas Lang, Die Staats- und Verfassungslehre Carl Salomo Zachriaes, Frankfurt a.M. 1996, S. 25.

106 Heribert Raab, Johann Franz Anton von Olry und Karl Ludwig von Haller. Ein Beitrag zur Geschichte der Restauration, in: Dieter Albrecht u.a. (Hrsg.), Festschrift für Max Spindler zum 75. Geburtstag, Münschen1969, S. 685-707.

schaft"[107] zwar ein Programm vor, das „der Epoche ihren Namen gab".[108] Allerdings war Hallers Konservatismus dermaßen ausgebildet, daß er seine staatstheoretischen Erwägungen seiner politischen Meinung unterordnete. Schriften wie das als Resonanz auf die französische Julirevolution veröffentlichte Werk „Satan und die Revolution"[109] vermitteln einen Eindruck von dieser extremen Grundhaltung. Haller sah sich aufgrund einer göttlichen Berufung veranlaßt, eine Art Endkampf mit dem damaligen, seiner Meinung nach satanischen Zeitgeist führen zu müssen.[110] Hartwig Brandt meint daher zu recht, daß Hallers Denken „einen seltsam zeitfremden, [...] fossilen Charakter" trage.[111] Aufgrund dessen wurde sein Werk auch nur in geringem Maße rezipiert. Michael Stolleis spricht hier von einer „Herauslösung einzelner Argumente und einer Verwendung seiner allen Revolutionsgegnern willkommenen Stichworte".[112]

Hallers Werk ist daher von vornherein für eine Untersuchung, die sich dem Gewaltenteilungsprinzip widmet, keine ergiebige Quelle, da er dieses aufgrund seiner politischen Ansicht kategorisch ablehnte.[113]

b) Nichtausgewählte Autoren aus der Gruppe des vernunftrechtlichen Liberalismus

Zur Richtung des vernunftrechtlichen Liberalismus wird ferner noch Karl Heinrich Ludwig Pölitz gezählt, der vor allem aufgrund seiner Sammlung europäischer Verfassungen[114] und seines umfangreichen Werkes „Die Staatswissenschaften im Lichte unserer Zeit"[115] große Bekanntheit erlangte. Jedoch wurde aufgrund dessen, daß die Anzahl der zu untersuchenden Autoren bei der Darstellung der Gemeinsamkeiten und Unterschiede begrenzt war, davon abgesehen, ihn ebenfalls dort einzubeziehen.

---

107 Karl Ludwig von Haller, Restauration der Staatswissenschaft oder Theorie des natürlich-geselligen Zustandes der Chimäre des künstlich-bürgerlichen entgegengesetzt, Bd. I-IV, Winterthur 1816-1825.

108 Michael Stolleis, Geschichte des öffentlichen Rechts in Deutschland, Bd. II, S. 144.

109 Karl Ludwig von Haller, Satan und die Revolution, Luzern 1834.

110 Zu Hallers Leben siehe: Ewald Reinhard, Karl Ludwig von Haller, der „Restaurator der Staatswissenschaft", Münster 1933.

111 Hartwig Brandt, Landständische Repräsentation, S. 59.

112 Michael Stolleis, Geschichte des öffentlichen Rechts, Bd. II, S. 144.

113 Karl Ludwig von Haller, Restauration der Staatswissenschaft, Bd. I, 2. Aufl. Winterthur 1820, ND Aalen 1964, S. 23 u. 245.

114 anonym (Karl Heinrich Ludwig Pölitz), Die Constitutionen der europäischen Staaten seit den letzten 25 Jahren, Bd. I-IV, Leipzig-Altenburg 1817-1825.

115 Karl Heinrich Ludwig Pölitz, Die Staatswissenschaften im Lichte unsrer Zeit, Band I-V, Leipzig 1823-1824.

Des weiteren wurde darauf verzichtet, Friedrich Murhard in den Abschnitt Gemeinsamkeiten und Unterschiede der verschiedenen Gewaltenteilungsmodelle einzubeziehen. Murhard, der von 1779 bis 1853 lebte, war kurhessischer Privatgelehrter und ursprünglich Mathematiker, der sich erst in den Freiheitskriegen für staatsrechtlich-politische Themen interessierte. Insofern läßt sich sein Werk eher als das eines politischen Journalisten charakterisieren, denn das eines Staatsrechtlers und Juristen. Als sein bedeutendstes Werk gilt sein Verfassungskommentar zur kurhessischen Verfassung von 1831, den er 1834 veröffentlichte.[116] Allgemein wird er zu den Vertretern des vernunftrechtlichen Liberalismus gezählt.[117] Dies läßt sich vor allem mit seiner geistigen Nähe zu Rotteck begründen, die so weit ging, daß er bestimmte Positionen wörtlich übernahm. Hartwig Brandt spricht daher von Murhard als einem „Parteigänger Rottecks", der diesem „in manchen Fragen bis in die letzten Gedankenwindungen hinein folgt".[118] Und schon Robert von Mohl bemängelt bei ihm die „große Unbedeutendheit eigener Gedanken ohne selbständigen Wert".[119] Da Murhard sich geistige Anleihen bei Rotteck holte, und seine Schriften eher als politischer Journalismus zu qualifizieren sind, ist Rotteck vorzugswürdiger als Murhard, der bei der Auswahl somit ausscheidet.

Die Einbeziehung Karl Ernst Schmids (1774-1852) in die Teile „Strukturen der Gewaltenteilungsdiskussion" und „Die Einordnung der Gewaltenteilung in die frühkonstitutionelle Staatslehre" war zunächst erwägenswert, da sein Anteil an der Allgemeinen Staatslehre im Vormärz aus heutiger Sicht nicht zu unterschätzen ist. Schließlich geht die Lehre von der Gewaltenteilung nach Funktionen, die sich im frühen 20. Jahrhundert durchsetzte, u.a. auf ihn zurück.[120] Jedoch galt es hier, Persönlichkeiten der vormärzlichen Staatslehre als Untersuchungsgegenstand heranzuziehen, die schon damals in der Fachwelt eine herausragende Stellung inne hatten, um in einem Gesamtbild die großen Linien und Strömungen zeigen zu können. Einzelmeinungen fanden hier zunächst keine Berücksichtigung. Schmid genoß zu seinen Lebzeiten kein großes Ansehen, was sich schon daran erkennen läßt, daß Landsberg ihm eine „geringere Wirksamkeit in syste-

---

116 Friedrich Murhard, Grundlage des jetzigen Staatsrechts der Kurfürstenthums Hessen. Dargestellt nach Maßgabe der einzelnen Paragraphen der Verfassungs-Urkunde vom 5. Januar 1831, 2 Bde, Kassel 1834, 1835.

117 Michael Stolleis, Geschichte des öffentlichen Rechts, Bd. II, S. 166 f.; ADB 23 (1866) 62 f.; Hans Boldt, Deutsche Staatslehre im Vormärz, S. 161 ff.

118 Hartwig Brandt, Landständische Repräsentation im deutschen Vormärz, S. 266.

119 Robert von Mohl, Geschichte und Literatur der Staatswissenschaften, Bd. I, S. 309.

120 Carl Schmitt, Das „allgemeine deutsche Staatsrecht" als Beispiel rechtswissenschaftlicher Systembildung, in: ZgStW 100 (1940), S. 5-24 (13). Siehe hierzu das Kapitel „Die Lösung des Problems: Gewaltenteilung nach ‚Funktionen'" S. 204 ff.

matisch fachwissenschaftlichen Werken" bescheinigt[121]. Auch heute zählt er trotz seiner Rolle bei der Formulierung und Entwicklung der Funktionsteilung zu den eher unbekannten liberalen Autoren.[122] Es wurde daher darauf verzichtet, ihn an dieser Stelle als Untersuchungsgegenstand heranzuziehen. Da Schmid jedoch mit der von ihm und Friedrich Schmitthenner vorgenommenen Teilung des Staatsgewalt nach Funktionen einen unschätzbaren Beitrag in der Diskussion um die Gewaltenteilung leistete, wird im Teil „Die Lösung des Problems: Gewaltenteilung nach ‚Funktionen'" näher auf ihn und seine Verdienste eingegangen.[123]

c) *Nichteinbezogene Autoren aus der Gruppe des historisch-organischen Liberalismus*

Paul Achatius Pfizer (1801-1867) wird dem Umkreis des Rotteck-Welckerschen Staatslexikons und des „süddeutschen Liberalismus" zugerechnet und war von 1831 bis 1838 Oppositionsführer in der württembergischen Abgeordnetenkammer. In der Bürgerlichen Revolution von 1848 spielte er ebenfalls als württembergischer Kultusminister im Märzministerium sowie als Abgeordneter im Paulskirchenparlament eine bedeutende Rolle.[124] Als sein bekanntestes Werk gilt sein „Briefwechsel zweier Deutscher"[125], in dem er sich für die nationale Einigung Deutschlands unter Preußischer Federführung einsetzt. Bei der Beurteilung von Pfizers Schriften gehen die Meinungen allerdings auseinander. Während Hartwig Brandt ihn als „bedeutenden staatstheoretischen Kopf" bezeichnet,[126] bescheinigt ihm Michael Stolleis fehlende analytische Schärfe.[127] Bei der Durchsicht seiner Schriften konnten jedenfalls keine verwertbaren Ausführungen zur Gewaltenteilung entdeckt werden.[128] Damit schied Pfizer als zu untersuchender Autor aus.

---

121 Landsberg, III/2, Noten 33.

122 Michael Stolleis, Geschichte des öffentlichen Rechts, Bd. II, S. 167 f.

123 Siehe hierzu das Kapitel „Die Lösung des Problems: Gewaltenteilung nach ‚Funktionen'".

124 Hartwig Brandt, Landständische Repräsentation im deutschen Vormärz, S. 268 ff.; Michael Stolleis, Geschichte des öffentlichen Rechts, Bd. II, S. 178 f.; Hans Boldt, Deutsche Staatslehre im Vormärz, S. 161 f.

125 Paul Achatius Pfizer, Briefwechsel zweier Deutschen, Stuttgart 1831.

126 Hartwig Brandt, Landständische Repräsentation im deutschen Vormärz, S. 268.

127 Michael Stolleis, Geschichte des öffentlichen Rechts, Bd. II, S. 179.

128 Paul Achatius Pfizer, Briefwechsel zweier Deutschen, Stuttgart 1831; ders., Gedanken über das Ziel und die Aufgabe des deutschen Liberalismus, Tübingen 1832; ders., Über das staatsrechtliche Verhältniss Württembergs zum Deutschen Bunde, Straßburg-Tübingen 1832; ders., Über die Entwicklung des öffentlichen Rechts in

Das gleiche gilt auch für Ernst Moritz Arndt (1769-1860), den Hartwig Brandt „das populäre Sprachrohr nationaler Hochstimmung in Deutschland nach 1813" nennt, und der als „rhetorischer Wegbereiter für einen antirationalistischen Liberalismus" gilt.[129] Eine Durchsicht seiner Werke ließ ebenso keine theoretische Auseinandersetzung mit dem Gewaltenteilungsprinzip erkennen.[130] Dieses Ergebnis korrespondiert im übrigen der von Hartwig Brandt vorgenommenen Einschätzung, daß Ernst Moritz Arndt eher politisch motiviert, denn theoretisch fundiert schrieb.[131]

7. *Ergebnis*

Die oben vorgenommene Autorenauswahl kam somit zu folgendem Ergebnis:

Friedrich Julius von Stahl, G. W. F. Hegel und Romeo Maurenbrecher bieten unter dem Gesichtspunkt der Gewaltenteilung den vielversprechendsten Einblick in die konservative Staatslehre im Vormärz. Die Autorengruppe um Haller fiel aufgrund des polemischen, wenig wissenschaftlichen und sehr politischen Stils ihrer Schriften aus der engeren Auswahl heraus.

Aus der Richtung des vernunftrechtlichen Liberalismus finden Sylvester Jordan, Karl von Rotteck und Johann Christian von Aretin Eingang in die Untersuchung. Karl Heinrich Pölitz, Friedrich Murhard und Karl Ernst Schmid scheiden aus o.g. Gründen aus. Von den Vertretern des sogenannten historisch-organischen Liberalismus werden Friedrich Christoph Dahlmann, Friedrich Schmitthenner und Carl Theodor Welcker untersucht. Paul Achatius Pfizer und Ernst Moritz Arndt fallen aufgrund ihrer mangelnden Beschäftigung mit dem Gewaltenteilungsprinzip aus dem Raster heraus. Robert von Mohl und Carl Salomo Zachariä bieten aufgrund ihrer umfangreichen Veröffentlichungen und vertieften Auseinandersetzung mit dem Problem der Gewaltenteilung gerade vor dem Hintergrund ihrer Sonderrolle in der damaligen Staatslehre einen vielversprechenden Einblick in die damalige wissenschaftliche Auseinandersetzung um verschiedene Gewaltenteilungsmodelle. Die beiden werden somit als „Außenseiter" in die Untersuchung mit einbezogen.

Deutschland durch die Verfassung des Deutschen Bundes, Stuttgart 1835; ders., Gedanken über Recht, Staat und Kirche, Stuttgart 1842.

129 Hartwig Brandt, Landständische Repräsentation im deutschen Vormärz, S. 174 f.

130 Ernst Moritz Arndt, Über künftige ständische Verfassungen in Teutschland, 1814.

131 Hartwig Brandt, Landständische Repräsentation im deutschen Vormärz, S. 174.

II. Staatstheoretische Hintergründe und Modelle

1. Einleitung

Nachdem in der Einführung Fragestellung, methodisches Vorgehen und der Forschungsstand dargelegt sowie in der Autorenwahl der zu untersuchende Personenkreis festgelegt wurden, soll nun in dem folgenden Kapitel die staatstheoretische Ausgangslage der Gewaltenteilungsdiskussion im Vormärz nachgezeichnet werden. Während eingangs bereits auf die historischen und politischen Umstände nach dem Wiener Kongreß eingegangen wurde[132], soll hier durch eine Bestandsaufnahme die theoretischen Voraussetzungen der Auseinandersetzung dargestellt und zusammengefaßt werden. Die in diesem Kapitel aufgezeigten Grundlagen des Streits um die Gewaltenteilung bieten einen anschaulichen Einstieg in den Inhalt und Verlauf der Diskussion.

Mit dem Untergang des Alten Reichs, der sich in der Niederlegung der Krone durch Kaiser Franz II. manifestierte, den gesamteuropäischen Verwerfungen, ausgelöst durch Napoleons Kriege und Feldzüge, und die geistesgeschichtliche Wende von der Aufklärung hin zum Historismus ging zwar eine Epoche zu Ende, gleichwohl setzte sich dieser Bruch nicht unmittelbar in der Staatstheorie fort. Die Einflüsse der Methodik der Reichspublistik waren noch viele Jahre in der Staatslehre spürbar; die Übergänge waren hier eher fließend.[133] In dem sich anschließenden Kapitel „Die Spuren der Reichspublizistik in der vormärzlichen Diskussion" wird nun untersucht, wie sich diese mit ihrer Methodik und ihren Begriffen auf die vormärzliche Gewaltenteilungsdiskussion auswirkten. Dem folgt unter der Überschrift „Die klassische Lehre" eine kurze Darstellung der von Montesquieu und Kant gelegten Grundlagen zur Gewaltenteilungsproblematik. Anschließend zeigt das Kapitel „Die Fortführung in Frankreich – der Monarch als ‚pouvoir neutre'", wie Benjamin Constant mit dem von ihm entwickelten Gewaltenteilungsmodell versuchte, die Problematik des Dualismus zwischen Monarchen und Parlament aufzulösen. Seine Konzeption stand somit auch der deutschen Staatslehre im Vormärz, die sich mit dem gleichen Problem konfrontiert sah, zur Verfügung und bot sich als Instrumentarium zu dessen Bewältigung an. Es soll hier geklärt werden, inwieweit Constants Vorarbeiten von der deutschen Staatslehre rezipiert wurden.

132 Siehe das Kapitel „Fragestellung und methodisches Vorgehen".

133 Michael Stolleis, Geschichte des öffentlichen Rechts, Bd. II, S. 83 f.

2. *Die Spuren der Reichspublizistik in der vormärzlichen Diskussion*

a) Einführung

Heute assoziiert man mit Gewaltenteilung unweigerlich ein System von gegenseitiger Gewaltenverschränkung und -kontrolle. Dieses „checks-and-balances-Prinzip", welches zum ersten Mal in der US-amerikanischen Verfassung verwirklicht wurde, ist auch tragendes Fundament des Grundgesetzes und wird als solches auch immer wieder durch die Rechtsprechung des Bundesverfassungsgerichts herausgestellt.[134]

Im Vormärz verstand man unter Gewaltenteilung aber offensichtlich etwas völlig Anderes: Bei vielen Autoren, auch denen, die Gewaltenteilung an sich ablehnten, tauchen die Bezeichnungen ausübende, gesetzgebende und richterliche Gewalt bei den damals weit verbreiteten Gliederungsversuchen der Staatsgewalt in verschiedene Rechte und Kompetenzen wieder auf. Durchsucht man die Werke der damaligen staatsrechtlichen Literatur, so fällt auf, daß auf Gewaltenteilung meistens in zwei völlig verschiedenen Themenkomplexen eingegangen wird. Zum einen beschäftigten sich die Autoren mit der staatsphilosophischen Gewaltenteilungsdiskussion, zum anderen versuchten sie die Staatsgewalt unter Ordnungsgesichtspunkten in Rechte und Kompetenzen aufzuteilen. Diese Gliederungsversuche stehen in der Tradition der Reichspublizistik, die die einzelnen Rechte oder auch Regalien zwischen Kaiser und Fürsten aufteilte und sich mit der konfliktreichen Frage, welche Rechte wem im Reich zustanden, wissenschaftlich auseinandersetzte. Die Begriffe iurisdictio, regalia maiora und Reservatrechte wurden hierbei zur Unterstützung der kaiserlichen Position herangezogen, während die Vertreter der territorialstaatlichen Seite die Termini suprema potestas, Landeshoheit und regalia minora bemühten.[135] Auch nach dem Ende des Reichs wurde diese Arbeitsweise fortgeführt. Das ergibt sich wohl daraus, daß die personellen Übergänge von der späten Reichspublizistik zu den Autoren der Staatslehre des Vormärzes fließend waren. Der Ausdruck Gewaltenteilung hatte demnach einen Begriffsinhalt, den man heute mit Gewaltengliederung oder Gewaltenaufteilung bezeichnen würde. Auf den folgenden Seiten soll nun untersucht werden, inwieweit bei den ausgewählten Autoren noch die oben skizzierte Methodik der Reichspublizistik nachzuweisen ist, bzw. diese vom Verständnis der Gewaltenteilung als Mittel der gegenseitigen Hemmung und Kontrolle überlagert wird.

---

134 BVerfGE 9, 267 (278); BVerfGE 34, 52 (59); BVerfGE 49, 89 (124).

135 Michael Stolleis, Geschichte des öffentlichen Rechts, Bd. I, S. 170 ff.

b) Johann Ludwig Klüber

Ein anschauliches Beispiel dafür, daß sich der Übergang von der Reichspublizistik zur Staatslehre des Vormärzes ohne Brüche vollzog, liefert Johann Ludwig Klüber. Wie in der Einleitung bereits gesagt, beschäftigt sich Klüber nicht theoretisch mit den Problem der Gewaltenteilung, sondern nähert sich diesem eher empirisch, indem er vorhandene Rechte und Kompetenzen zwischen Hoheitsträgern aufteilt. Aus diesem Grund wurde er grundsätzlich nicht in diese Untersuchung einbezogen.[136] Die Tatsache, daß Klüber sich weniger als Theoretiker denn als Praktiker dem Staatsrecht nähert, macht ihn für eine staatstheoretische Arbeit grundsätzlich weniger interessant. Um das oben beschriebene Phänomen besser verdeutlichen zu können, lohnt sich aber gerade deshalb ein Blick in seine Schriften. Klüber stellt in seinem „Öffentlichen Recht des Teutschen Bundes und der Bundesstaaten“ eine Vielzahl von Gliederungsmöglichkeiten der sogenannten „StaatsHoheitsrechte“ dar. Auffallend ist hier, daß er Gewalten, Rechte und das, was man heute unter Kompetenzen verstehen würde, unter diesem Oberbegriff vermischt: *„Die einzelnen Rechte, welche zusammen die Staatshoheit bilden, und deren Ausübung, als Mittel zu dem Zweck, zu der Staatsverwaltung gehört, heissen StaatsHoheitsrechte (Majestät- oder Souverainetätrechte, Regierungsrechte, Regalien, Gewalten, jura majestatis s. regiminis, jura regia s. regalia, pouvoirs)“*.[137]

Die Art und Weise, wie hier sich die Termini selbst noch in der vierten Auflage des Buchs aus dem Jahr 1840 überlagern, ist vor dem Hintergrund des Stands der Diskussion um die Gewaltenteilung erstaunlich. Der Begriff der Regalien, der auf das hohe Mittelalter zurückgeht und dann in erster Linie in der Verfassungsdiskussion der Reichspublizistik vorkam, reiht sich scheinbar selbstverständlich ein unter Begriffe wie Gewalt und „pouvoir“, die schon damals Gegenstand eigener Diskussionen waren. Insbesondere „pouvoir“ war mit der französischen Verfassungsdiskussion um die von Abbé Sieyès geprägten Begriffe „pouvoir constituant“ und „pouvoir constitué“, also der Unterscheidung von verfassungsgebender, souveräner Gewalt und deren Ausübung eng verknüpft. Dieses Defizit läßt sich nicht nur mit Klübers Lebensdaten erklären; er verstarb im Jahr 1837 und erlebte somit die Verfassungsdiskussion im Vormärz erst im letzten Lebensdrittel. Ursache für diese Phänomen scheint vielmehr die Tatsache gewesen zu sein, daß damals ein anderes Verständnis des Begriffs Gewaltenteilung vorgeherrscht haben muß. Gerade der aus obigen Zitat hervorgehende parallele Gebrauch der Termini Staatshoheitsrechte, Regierungsrechte, Regalien

136 Siehe hierzu „Autorenauswahl im Feld der Gewaltenteilungsdiskussion“.
137 Johann Ludwig Klüber, Öffentliches Recht, § 99, S. 110.

und Gewalten in einem sehr weit verbreiteten mehrfach aufgelegten Werk zeigt, daß die Begriffe Gewalt und Gewaltenteilung noch keineswegs die Bedeutung hatten, die wir ihnen heute zumessen.

Michael Stolleis charakterisiert Klübers Rolle in der Staatslehre mit der Aussage: „Im Grunde ist er Reichspublizist geblieben, ausgestattet mit einer enormen Literaturkenntnis und der Fähigkeit, große Stoffmassen zuverlässig zu komprimieren."[138] Jedoch kann man Klüber auch nicht einfach mit dem Etikett „veraltet" versehen und ihn aus diesem Grund ignorieren. Unter dieser Fragestellung soll ein Blick in die Schriften der anderen Autoren daher klären, ob diese bei der Gewaltenteilungsproblematik mit den Begrifflichkeiten ähnlich ungenau arbeiteten.

c) Romeo Maurenbrecher

Schaut man in Romeo Maurenbrechers „Grundsätze des heutigen Staatsrechts" von 1837, fällt auf, daß dieser ähnlich vorgeht wie Klüber. Maurenbrecher lehnt Gewaltenteilung grundsätzlich ab, da er davon ausgeht, daß die Staatsgewalt unteilbar sei.[139] Diese eine Staatsgewalt spricht er praktisch vollständig dem Regenten zu. Gleichwohl untergliedert er diese. Dabei stellt er in dem Kapitel „Vom Begriff und von der Eintheilung der Hoheitsrecht überhaupt" fest, daß die Staatsgewalt oder Souveränität ein Inbegriff von mehreren einzelnen Rechten sei. Diese Rechte bezeichnet er dann ohne weitergehende Differenzierung als Hoheits-, Souveränitäts-, Regierungsrechte, Regalien, Gewalten und pouvoirs.[140] Auch diese Stelle zeigt somit den parallelen Gebrauch dieser Begriffe. Dies ist angesichts der Tatsache um so bemerkenswerter, daß Maurenbrechers Grundsätze erst 1837 erschienen, demnach deutlich nach dem Untergang des Alten Reichs. Maurenbrecher gebrauchte somit alte, längst überkommene Begrifflichkeiten. Dies kann aber nicht mit einer konservativen Grundhaltung begründet werden, da beispielsweise Hegel bei der Beschreibung seines Gewaltenteilungsmodells präzise formuliert und keine Ausdrücke wie Regalien, Regierungs- oder Hoheitsrechte parallel zu den einzelnen Gewalten verwendet.[141] Offensichtlich hat der Gebrauch dieser Begriffe auch etwas mit der unterschiedlichen Arbeitsweise der Autoren zu tun. Hegel hat als Philosoph selbstverständlich einen anderen Zugang zur Gewaltenteilungsproblematik als der Staatslehrer Maurenbre-

---

138 Michael Stolleis, Geschichte des öffentlichen Rechts, Bd. II, S. 83.

139 Siehe hierzu das Kapitel „Anpassung der Gewaltenteilungsmodelle an das monarchische Prinzip: Die Bildung einer übergeordneten oder höchsten Gewalt".

140 Romeo Maurenbrecher, Grundsätze, S. 49.

141 Siehe hierzu das Kapitel „Anpassung der Gewaltenteilungsmodelle an das monarchische Prinzip: Die Bildung einer übergeordneten oder höchsten Gewalt".

cher, der offensichtlich noch in den Kategorien der Reichspublizistik dachte und mit deren Vokabular operierte.

d) Kritik Friedrich Schmitthenners

Diese Praxis des unreflektierten Vermischens von Rechten, Kompetenzen und einzelnen Gewalten stößt sogar schon auf zeitgenössische Kritik, wenn etwa Schmitthenner in diesem Zusammenhang ausführt: *„Es ist leicht in unsern gewöhnlichen Lehrbüchern nachzuweisen, wie hier gegen die bestimmtesten Gesetze der Logik verstoßen wird, indem die Theile einer Partition, z.B. beschließende und executive Gewalt, oder die Systeme, zu denen die Staatsgewalt sich organisiert, wie Regierung, Gesetzgebung und Gerichte, als Arten einer Division behandelt, Glieder aus Nebeneintheilungen, z. B. Privilegien- und Münzregale, nebeneinander gestellt, Dinge, die gar nicht contraria sind, z.B. Sicherheits- und Wohlfahrtspolizei, als disjunctive Theilungsglieder aufgeführt und sehr verschiedene Ausdrücke wie Gewalten, Regierungsrechte, Hoheiten als gleichbedeutend gebraucht werden.“*[142]

Schon Schmitthenner erkannte demnach die Defizite der damaligen Gewaltenteilungsdiskussion, indem er bemängelt, daß viele Gliederungen gegen die Gesetze der Logik verstoßen. Konkret kritisiert er hier die willkürliche Vermischung verschiedener Begriffe und Begriffsebenen. Dabei unterscheidet er zwischen den Termini Partition, unter der er eine Einteilung oder Verteilung versteht, Division im Sinne von abgrenzender Teilung, System und Nebeneinteilung, also verschiedenen Ordnungsbegriffen und -mustern, die seiner Meinung nach bunt gemischt werden. Gleichartige Gegenstände würden so als Gegensatzpaare dargestellt. Besonders aufschlußreich ist aber, daß er auch schon damals den unreflektierten Gebrauch des Terminus Gewalt zusammen mit Begriffen der Reichspublizistik, wie Regierungsrecht oder Hoheit, rügt. Insofern war ihm die diesem Kapitel zugrunde liegende Problematik, daß die Nachwirkungen der Reichspublizistik und die daraus resultierenden begrifflichen Unschärfen den Verlauf der Gewaltenteilungsdiskussion negativ beeinflußten, bewußt. Allerdings muß konstatiert werden, daß seine Kritik ungehört verhallte. Jedenfalls sind diesbezügliche kritische Stimmen in der damaligen Staatslehre selten zu finden, während der beliebige Gebrauch der einzelnen Begriffe häufig anzutreffen ist.

142 Friedrich Schmitthenner, Grundlinien, S. 291.

e) *Carl Salomo Zachariä*

Selbst bei Befürwortern des dreigliedrigen Gewaltenteilungsmodells zeigt sich diese Eigenart. Carl Salomo Zachariä spricht sich in Band 1 bis 3 seiner „Vierzig Bücher vom Staate“ für eine unabhängige Justiz aus, mischt aber unter der Überschrift „Von den Rechten der Machtvollkommenheit“ wieder alle Begriffe. Danach differenziert er „formale“ und „materiale“ Rechte. Bei den formalen Rechten unterscheidet er zwischen gesetzgebender und vollziehender Gewalt, wobei er letztere in richterliche und vollziehende Gewalt im engeren Sinn aufteilt.[143] Wie kann aber einerseits die Judikative eine Unterart der Exekutive darstellen, wenn sich andererseits Zachariä an anderer Stelle gerade für eine unabhängige Justiz einsetzt?[144] Ein bloßes Versehen seitens des Autors ist hier ausgeschlossen. Eine Erklärung hierfür könnte darin liegen, daß in dem einen Kapitel die einzelnen Rechte, Gewalten oder auch Regalien, wie Zachariä sie selbst nennt, ganz in der Tradition der Reichspublizistik gegliedert werden, und sich das andere Kapitel mit Gewaltenteilung im eigentlichen Sinn beschäftigt. Zachariä trennt diese Themenkomplexe zwar und geht somit nicht wie Klüber, Maurenbrecher und andere vor, indem er alle Begrifflichkeiten vermengt, jedoch deckt auch er nicht den Widerspruch auf, der einer solchen zweigeteilten Darstellung ohne nähere Kommentierung innewohnt. Eine Erklärung hierfür könnte sein, daß Zachariä in einem so umfassenden Werk wie seinen Vierzig Bücher vom Staate, das Michael Stolleis als „das letzte große Exemplar seiner Gattung“ charakterisiert[145], möglichst die gesamte Bandbreite der damaligen Staatslehre abbilden möchte und sich somit ebenso zur aktuellen Gewaltenteilungsdiskussion äußert, wie zu den Nachwirkungen der Reichspublizistik, die, wie oben geschildert, noch damals präsent waren.

Durch seine grundsätzlich positiv zu würdigende Intention, in seinem Kompendium möglichst viel Stoff zu sammeln, stellt er die beiden Themenkomplexe unkommentiert nebeneinander und baut so einen großen Widerspruch innerhalb seines Werks auf. So ist bei Carl Salomo Zachariä besonders gut zu erkennen, wie sich die Gliederungsmodelle der Reichspublizistik mit dem dreiteiligen Gewaltenteilungsmodell, wenn auch nicht vermischen, so doch gegenseitig überlagern.

---

143 Carl Salomo Zachariä, Vierzig Bücher vom Staate, Bd. I-III, S. 119.

144 Carl Salomo Zachariä, Vierzig Bücher vom Staate, Bd. I-III, S. 238: *„Die richterliche Gewalt muß in der konstitutionellen Monarchie von den andern nicht blos gesondert, sondern unabhängig seyn.“*

145 Michael Stolleis, Geschichte des öffentlichen Rechts, Bd. II. S. 171.

f) Sylvester Jordan

Sylvester Jordan führt zu dem Problem der Abgrenzung und Einteilung der einzelnen Hoheitsrechte sowie zum unterschiedlichen Gebrauch u.a. des Begriffs Gewalt aus:

„In Ansehung der Klassification und Eintheilung der Rechte der Staatsgewalt, welche man Regalien im weiteren Sinne, Hoheiten, Gewalten, Hoheits-, Majestäts-, Regierungs- oder Herrscherrechte etc. nennt, wiewohl diese Benennungen, genau genommen, keineswegs völlig identisch sind, weichen die Ansichten der Staatsrechtslehrer auffallend voneinander ab. [...] Es ist daher auch nicht wohl möglich, die Hoheitsrechte auf eine allgemein befriedigende Weise einzutheilen und zu klassificiren; dagegen aber auch kein Versuch einer solchen Eintheilung oder Klassification völlig verwerflich oder überflüssig, weil ein jeder zur Vervollkommnung der Lehre mehr oder weniger, mittel- oder unmittelbar beiträgt."[146]

Auch Jordan ist sich offensichtlich der Problematik bewußt. Er kritisiert hier jedoch nicht die anderen Publizisten, sondern kommt vielmehr zu der Einsicht, daß die verschiedenen Hoheitsrechte nicht in zufriedenstellender Weise klassifiziert werden können. Gleichwohl sieht er in jedem, auch unzureichenden Versuch einer Einteilung einen Gewinn für die Staatslehre. Jordan äußert sich hier auffallend moderat, geradezu beschwichtigend. Seine Bemerkung, die man als vermittelnde Meinung charakterisieren kann, bestätigt, daß der Begriff „Gewalten" mit der Bezeichnung „Regalien im weiteren Sinne" mehr oder weniger gleichgesetzt wurde und somit das Erbe der Reichspublizistik im ganzen Vormärz noch unmittelbar spürbar war.

g) Karl von Rotteck

Rotteck, der ein eigenes Gewaltenteilungsmodell nach objektiven und subjektiven Kriterien entwickelt, widmet sich nichtsdestoweniger im Kapitel „Lehre von den einzelnen Hoheiten" den einzelnen Einteilungen der Staatsgewalt, auch wenn er diesen Gliederungsversuchen kritisch gegenübersteht: *„An positiven Juristen, an Hofpublizisten und Kameralisten hat es auch niemals gefehlt, welche solche Speculationen in Schutz nahmen, das bereichernde Gewerbe der Staatsverwaltung durch Hinzufügung der fremdartigsten Geschäfte oder Thätigkeitssphären erweiterten, und jede faktische Anmaßung mit dem Namen eines Rechts und eines Hoheitsrechtes belegten. Wir enthalten uns hiernach der Aufzählung solcher, theils dem Vernunftrecht durchaus fremder, theils in den nach einem*

---

146 Sylvester Jordan, Versuche, S. 211 f.

wissenschaftlichen Theilungsgrund aufgestellten Gewalten schon mitbegriffener Hoheiten."[147]

Rotteck stellt hier klar, daß er die Gliederungsversuche als überkommen ablehnt. Die Einteilung und Beschäftigung mit den einzelnen Hoheitsrechten habe vor allem interessierten Kreisen zu machtpolitischen Zwecken gedient. Ohnehin seien die einzelnen Hoheitsrechte bereits in den einzelnen Gewalten enthalten. Obwohl Rotteck ein eigenes Gewaltenteilungssystem entwirft[148], und somit als innovativer Publizist angesehen werden kann, widmet er der „Lehre von den einzelnen Hoheiten" gleichwohl ein Kapitel in seinem Lehrbuch des Vernunftrechts. Dies ist besonders bemerkenswert, da er, wie oben gezeigt, ausführt, die Aufzählung von einzelnen Hoheitsrechten widerspreche gerade dem Vernunftrecht. Es wäre hier daher auch denkbar gewesen, daß er diese offensichtlich veraltete Thematik aufgrund dieses Widerspruchs hätte unerwähnt lassen können. Rotteck räumt den Hoheitsrechten aber, trotz aller Kritik, ein eigenes Kapitel ein. Diese Tatsache läßt nur einen Schluß zu: Offensichtlich beschäftigte dieses Thema die damalige Staatslehre noch dermaßen, daß es sich auch Kritiker nicht erlauben konnten, hierzu keine Meinung zu haben. Rotteck kann sich dieser Diskussion nicht entziehen, obwohl er sich durch seine eigene Gewaltenteilungskonzeption von der restlichen Staatslehre absetzen möchte.

h) Die übrigen Autoren und Ergebnis

Das nicht widerspruchsfreie Nebeneinander von Gliederungen von Hoheitsrechten im Stil der Reichspublizistik und Äußerungen zur Gewaltenteilung zeigt, daß beide Gegenstände wichtige Themenbereiche in der zeitgenössischen Staatslehre waren. Hegel, Stahl und insbesondere Welcker bilden hier eine Ausnahme, da bei Ihnen keine Übernahme der Methodik der Reichspublizistik in irgendeiner Form feststellbar ist. Jedoch führen auch Aretin und Dahlmann Rechte und Pflichten des Königs in der konstitutionellen Monarchie in langen Katalogen genau auf.[149] Insofern scheinen hier noch die oben beschriebenen Gliederungsschemata der vergangenen Reichspublizistik durch. Die mehr oder weniger parallel geführten Diskussionen über den Gebrauch der Ordnungsmuster der Reichspublizistik und die Gewaltenteilung lassen sich demnach in der Staatslehre im Vormärz deutlich nachweisen. Fraglich ist, warum die Autoren in den sich z.T. überschneidenden Begrifflichkeiten keinen Widerspruch sahen. Carl Salomo Za-

---

147 Karl von Rotteck, Lehrbuch, Bd. II, S. 158.

148 Siehe das Kapitel „Karl von Rottecks Modell einer Unterscheidung zwischen objektiver und subjektiver Gewaltenteilung".

149 Johann Christian von Aretin, Staatsrecht, Bd. II, S. 177 ff.; Friedrich Christoph Dahlmann, Die Politik, S. 76 ff.

chariä ist als Liberaler auch über jeglichen Verdacht erhaben, mit der Darstellung der Ordnungsmuster der Reichspublizistik verbände sich eine von ihm für gut befundene Restauration der überkommenen Zustände, wie die Wiederherstellung des Feudalismus oder des Absolutismus. Die politische Ausrichtung der einzelnen Autoren spielte für das oben beschriebene Phänomen offensichtlich keine Rolle. Auffallend ist vielmehr, daß der Parallelgebrauch in großen Enzyklopädien und staatsrechtlichen Sammelwerken vorkam, nämlich Zachariäs „Vierzig Bücher vom Staate", Klübers „Öffentliches Recht", und Maurenbrechers „Grundsätze des heutigen deutschen Staatsrechts". Diese Werke, die allesamt das Ziel verfolgten, möglichst viel Stoff der damaligen Staatslehre und Staatsrechtslehre zusammenzufassen und darzustellen, zeigen somit beide Gegenstände nebeneinander. Hier war offensichtlich Vollständigkeit wichtiger als innere Logik und Widerspruchsfreiheit. Daß diese Problematik bereits damals erkannt wurde, bestätigen die Aussagen Rottecks, Jordans und vor allem Schmitthenners. Klüber, Zachariä und Maurenbrecher kann aber nicht unterstellt werden, sie hätten diesen Widerspruch nicht erkannt. Diese Erklärung wäre zu einfach. Man muß vielmehr davon ausgehen, daß sich die Autoren über diese Problematik im klaren waren. Der bewußte parallele Gebrauch der Begrifflichkeiten verdeutlicht, daß das Erbe der Reichspublizistik noch die ganze Staatslehre im Vormärz durchzog. Es war demnach für die oben genannten Staatslehrer, z.T. ausgesprochen liberale Köpfe, wichtiger, auf dieses Erbe einzugehen, als durch eine widerspruchsfreie Argumentation und Darstellung die Gewaltenteilungsdiskussion voranzutreiben. Dies läßt jeweils auf den persönlichen Stellenwert, den die Auseinandersetzung um die Gewaltenteilung für diese Autoren hatte, schließen. Daß der sich überschneidende Gebrauch der jeweiligen Termini den Verlauf und die Voraussetzungen der Gewaltenteilungsdiskussion durch begriffliche Widersprüche negativ beeinflußte, liegt dabei auf der Hand. Dieses Defizit nahm man offensichtlich billigend in Kauf.

3. Die klassische Lehre

a) Montesquieu

Der Begriff der Gewaltenteilung ist heute das Schlagwort für Montesquieus Werk „De l'esprit des loix" geworden. Dabei stellt diese Thematik nur einen Baustein seines Gedankengebäudes dar, das er in dieser Schrift entwirft. Montesquieu erörtert die Gewaltenteilung lediglich im sechsten Kapitel des elften Buchs im Rahmen einer Untersuchung, die sich mit der Frage auseinandersetzt, in welchem Verhältnis der Staatsaufbau eines Landes zur politischen Freiheit des

Einzelbürgers steht. Unter dieser Fragestellung führt er eine Analyse der englischen Verfassung durch.[150]

Gegenstand der nachfolgenden Ausführungen soll hier lediglich eine kurze Zusammenfassung des Inhalts dieses England-Kapitels sein, um den Ausgangspunkt, an dem die Diskussion über die Gewaltenteilung ihren Anfang nahm, zu skizzieren.

Stefan Korioth hat in seinem wichtigen Aufsatz „‚Monarchisches Prinzip' und Gewaltenteilung – unvereinbar?", auf den bereits im Forschungsstand hingewiesen wurde, die Grundzüge von Montesquieus Ansatz im England-Kapitel fruchtbar gemacht.[151]

Montesquieu unterscheidet demnach zunächst drei sogenannte pouvoirs, die der gesetzgebenden, vollziehenden und richterlichen Funktion entsprechen, die es seiner Auffassung nach grundsätzlich in jedem Staat gebe.

Er führt hierzu aus: *„Sobald in ein und derselben Person oder derselben Beamtenschaft die legislative Befugnis mit der exekutiven verbunden ist, gibt es keine Freiheit. Es wäre nämlich zu befürchten, daß derselbe Monarch oder derselbe Senat tyrannische Gesetze erließe und dann tyrannisch durchführte. Freiheit gibt es auch nicht, wenn die richterliche Befugnis nicht von der legislativen und von der exekutiven Befugnis geschieden wird."*[152]

Mit dieser Aussage am Beginn des Kapitels stellt Montesquieu sogleich eine Verbindung zwischen der Unterscheidung der verschiedenen „pouvoirs" und dem Problem der politischen Freiheit her. Demnach könne es nur Freiheit geben, wenn diese drei „pouvoirs" organisatorisch und personell getrennt seien, da jeder Inhaber der Staatsmacht zu deren Mißbrauch neige. Demzufolge befaßt sich Montesquieu mit der Frage, wie diese drei „pouvoirs" oder staatlichen Funktionen auf die vorhandenen sozialen Kräfte und politischen Mächte verteilt werden sollen. Der richterlichen Gewalt kommt in diesem Zusammenhang eine Sonderstellung zu. Sie soll nach Montesquieus Darfürhalten keine politische Herrschaft von Menschen über Menschen bedeuten. Inhaltlich sei sie nur der Mund, der die Buchstaben des Gesetzes ausspreche. Außerdem dürfe sie nicht auf Dauer von einer bestimmten Menschengruppe ausgeübt und müsse von Exekutive und Legislative getrennt werden.[153] Besonders bemerkenswert ist, daß Montesquieu nur

---

150 Montesquieu, Vom Geist der Gesetze, Stuttgart 1994, S. 216 ff.

151 Stefan Korioth, „Monarchisches Prinzip" und Gewaltenteilung – unvereinbar? Zur Wirkungsgeschichte der Gewaltenteilungslehre Montesquieus im deutschen Frühkonstitutionalismus, in: Der Staat, 37. Band, Berlin 1998, S. 27 ff.

152 Montesquieu, Vom Geist der Gesetze, S. 216 f.

153 *„Richterliche Befugnis darf nicht einem unabsetzbaren Senat verliehen werden, vielmehr muß sie von Personen ausgeübt werden, die nach einer vom Gesetz vorgeschriebenen Weise zu gewissen Zeiten im Jahr aus dem Volkskörper ausgesucht*

im Zusammenhang mit der Stellung der Judikative den Begriff „séparation", d.h. Trennung oder Abspaltung in personeller, organisatorischer und funktioneller Hinsicht gebraucht. Das Verhältnis zwischen Legislative und Exekutive organisiert Montesquieu hingegen völlig anders. Diese dürfen seiner Meinung nach keinesfalls vereinigt sein und müssen auf Monarch, Volk und Adel verteilt werden. Hier spricht Montesquieu von einer „distribution", demnach einer Aufteilung der mit diesen Funktionen verbundenen Befugnisse, und nicht wie im Zusammenhang der Judikative von einer „séparation", einer gegenseitigen Isolierung. Exekutive, Legislative und Judikative stehen somit nicht wie drei gleichartige Teile isoliert nebeneinander. Gerade an dieser Stelle wird klar, daß Montesquieu hier eher ein Ausbalancieren der einzelnen Gewalten vor Augen hatte und keine strikte Trennung oder Teilung.[154] Im Detail sieht sein Staatsideal folgendermaßen aus: Die gesetzgebende Gewalt, die aufgrund des Steuerungsinstruments der Gesetzgebung den beiden anderen Gewalten überlegen sei, müsse in die Hände des Volkes gelegt werden. Damit der Adel, den Montesquieu als den privilegierten Stand betrachtet, nicht seiner besonderen Freiheiten und Rechte bei der Gesetzgebung beraubt werde und auch dort seinen Einfluß geltend machen könne, sieht Montesquieus Konzeption zwei gleichberechtigte Kammern vor, die des Volkes und die des Adels, die gemeinsam an der Gesetzgebung mitwirken.[155] Der Monarch ist durch sein absolutes Vetorecht gegen Gesetzesbeschlüsse und das Recht zur Einberufung der beiden Kammern in die Legislative integriert. Die Exekutive liegt in den Händen des Königs und wird durch ihre Gesetzesbindung kontrolliert und begrenzt. Gerade an dieser Verbindung von Exekutive und Legislative, die durch die Aufteilung zwischen Krone, Adel und Bürgertum und dem Bindeglied Gesetz erreicht wird, kann man deutlich sehen, daß Montesquieu eher eine Gewaltenbalance oder Gewaltenverteilung vorschwebte als eine streng durchgeführte Gewaltenteilung. Seine Intention ist es daher nicht, durch eine starke Position des Parlaments die Macht des Monarchen

---

werden. Sie sollen ein Tribunal bilden, das nur so lange besteht, wie die Notwendigkeit es verlangt.“ (Montesquieu, Vom Geist der Gesetze, Stuttgart 1994, S. 218).

154 Stefan Korioth, „Monarchisches Prinzip" und Gewaltenteilung – unvereinbar?, S. 33 f.

155 *„Stets gibt es im Staat Leute, die durch Geburt, Reichtum oder Auszeichnungen hervorragen. Wenn sie aber mit dem Volk vermengt würden und wie die andern bloß eine Stimme besäßen, so würde die gemeinsame Freiheit für sie Sklaverei bedeuten. Sie hätten keinerlei Interesse an der Verteidigung der Freiheit, denn die meisten Beschlüsse wurden zu ihren Ungunsten gefaßt. Ihre Teilnahme an der Gesetzgebung muß daher ihrer anderweitigen Vorrangstellung innerhalb des Staates angemessen sein. Das trifft zu, wenn sie eine Körperschaft bilden, die das Recht hat, Unternehmungen des Volkes auszusetzen, genauso wie das Volk das Recht hat, die ihrigen auszusetzen“* (Montesquieu, Vom Geist der Gesetze, S. 221).

einzuschränken. Vielmehr setzt er der absoluten Monarchie als der Staatsform seiner Zeit - er veröffentlichte „De l'esprit des loix" im Jahr 1748 - das Modell einer gemäßigten Monarchie entgegen, die den verschiedenen Machtfaktoren im Staat Freiraum gewährt, und kommt auf diese Weise zu einem kunstvollen System der „Verteilung und Verschränkung".[156] Werner Kägi charakterisiert in seinem Aufsatz „Zur Entstehung, Wandlung und Problematik des Gewaltenteilungsprinzips" dieses gegenseitige Zusammenwirken als „Participation".[157] Montesquieus Verdienst besteht darin, noch unter dem Einfluß ständischen Denkens und vor der Existenz geschriebener Verfassungen ein Modell konzipiert zu haben, durch das die Herstellung staatlicher Handlungsfähigkeit mit der Sicherung individueller Freiheit in Einklang gebracht werden kann. Sein am besten als Gewaltenverteilungslehre zu bezeichnendes Vorgehen gewährleistet hier beides, indem es Wege für einen Interessenausgleich der verschiedenen gesellschaftlichen Gruppen ermöglicht. Dabei bedient er sich keines starren und mechanischen Ordnungsprinzips, welches die Staatsmacht aufspaltet und zergliedert. Vielmehr geht es ihm hier um eine Zuordnung der Gewalten.[158] Lothar Gall beschreibt Montesquieus Staatsideal daher besonders anschaulich als „Forum, auf dem die verschiedenen sozialen Kräfte um die Gestaltung der politischen Ordnung ringen".[159]

Obwohl Montesquieu, wie wir gesehen haben, keineswegs die strikte Trennung von Exekutive, Legislative und Judikative propagierte, als er das berühmte Kapitel über England schrieb,[160] hatte sich dieses Bild von einer strengen Teilung der drei Einzelgewalten im Vormärz schon längst durchgesetzt. Als im Jahr 1753 die erste deutschsprachige Übersetzung von „De l'esprit des loix" von Abraham Gotthelf Kästner herauskam, an die sich weitere Übersetzungen aus den Jahren 1782, 1785 und 1799 anschlossen, stand aber neben anderen Gesichtspunkten vor allem die Frage nach den Voraussetzungen für eine optimale

---

156 Stefan Korioth, „Monarchisches Prinzip" und Gewaltenteilung – unvereinbar?, S. 35.

157 Werner Kägi, Zur Entstehung, Wandlung und Problematik des Gewaltenteilungsprinzips, Zürich 1937, S. 54.

158 Siehe zu Montesquieus Ideal der monarchischen Mischverfassung auch: Ulrike Seif, Der mißverstandene Montesquieu: Gewaltenbalance, nicht Gewaltentrennung, in: ZNR 22 (2000), S. 149-166 (151 ff.)

159 Lothar Gall, Benjamin Constant. Seine politische Ideenwelt und der deutsche Vormärz, 1963, S. 182.

160 Max Imboden, Montesquieu, S. 3 ff.; Regina Ogorek, De l'Esprit des légendes, in: RJ Bd. 2 (1983), S. 277 ff.; Ulrike Seif, Montesquieu, in: ZNR 22 (2000), S. 149-166.

Gesetzgebung im Vordergrund.[161] Dies wird schon am Titel der ersten Übersetzung deutlich, der da heißt: *„Des Herrn von Montesquieu Werk von den Gesetzen, oder von dem Verhältniß, welche die Gesetze zur jeder Regimentsverfassung, den Sitten, dem Landstriche, der Religion, der Handlung u.s.f. haben sollen [...].“* Daneben spielte auch Montesquieus Klimalehre eine gewisse Rolle. Jedenfalls wurde sie in der zweiten Hälfte des 18. Jahrhunderts noch viel, wenn auch oft ablehnend kommentiert.[162] Seine Zeitgenossen sahen sein Buch als das Werk eines Philosophen, Denkers und Schriftstellers. Es hatte noch nicht den Rang einer staatsrechtlichen Abhandlung, den es gegen Ende des 18. Jahrhunderts erhielt. Bei Montesquieu steht vor allem das menschliche Handeln in seinen verschiedenen Ausprägungen im Mittelpunkt, das jeweils von Klima, Religion, Gesetze, Sitten und Gebräuchen bestimmt wird (Milieu-Theorie). Das von Montesquieu im Stil eines Essays verfaßte Buch, das bewußt auf eine streng systematische Form verzichtete, eroberte die Salons und wurde als Nachschlagewerk und Enzyklopädie verwendet. Selbst Friedrich der Große beschäftigte sich eingehend mit dem „Geist der Gesetze“ in seinen Schriften.[163] Die Interessen- und Interpretationsziele änderten sich jedoch bald mit der Entstehung des Konstitutionalismus und der weiteren Entwicklung in Staats- und Staatsrechtslehre. Das dreiteilige Gewaltenteilungsmodell verselbständigte sich vom übrigen Inhalt des Buches, so daß fortan der Name Montesquieu vor allem damit in Verbindung gebracht wurde. Ab wann dies der Fall war, ist allerdings umstritten. Während man bisher die Meinung vertrat, diese Entwicklung beginne mit dem Ausbruch der Französischen Revolution[164] oder sogar erst im Vormärz[165], hat

161 Nachweise und nähere bibiliographische Hinweise bei: Heinz Mohnhaupt, Deutsche Übersetzungen, in: Paul-Ludwig Weinacht (Hrsg.), Montesquieu – 250 Jahre „Geist der Gesetze“, Baden-Baden 1999, S. 135-152 (140).

162 Johann Friedrich Reitemeier, Ueber Gesetzgebung, insbesondere in den Deutschen Reichsstaaten. Mit Rücksicht auf den neuen Plan der Russisch-Kayserlichen Gesetzcommission und mit Entwickelung der ersten Grundsätze des positiven Rechts, Frankfurt a.d.O. 1806, S. 21 f.

163 Frank Herdmann, Montesquieu im Urteil Friedrichs des Großen und der Berliner Akademie, in: Paul-Ludwig Weinacht (Hrsg.), Montesquieu – 250 Jahre „Geist der Gesetze“, Baden-Baden 1999, S. 123-134 (124 ff.).

164 Rudolf Vierhaus, Montesquieu in Deutschland. Zur Geschichte seiner Wirkung als politischer Schriftsteller im 18. Jahrhundert, in: ders., Deutschland im 18. Jahrhundert. Politische Verfassung, soziales Gefüge, geistige Bewegungen, Göttingen 1987, S. 26 ff.; Heinz Mohnhaupt, Montesquieu und die legislatorische Milieu-Theorie, in: Gerhard Lingelbach / Heiner Lück (Hrsg.), Deutsches Recht zwischen Sachsenspiegel und Aufklärung. Rolf Lieberwirth zum 70. Geburtstag, Frankfurt a.M. 1991, S. 177-1991 (177).

165 Frank Herdmann, Montesquieurezeption in Deutschland im 18. und beginnenden 19. Jahrhundert, Hildesheim 1990, S. 239.

die neuere Forschung gezeigt, daß sich verschiedene Autoren, wie Johann Heinrich Gottlob von Justi, Albrecht von Haller u.a. schon im 18. Jahrhundert mit Montesquieus Gewaltenteilungslehre beschäftigten[166].

b) Kant

Wie oben gezeigt, definierte Montesquieu kein Gewaltenteilungsmodell, welches aus drei isolierten Gewalten besteht, sondern setzte sich anhand der englischen Verfassung mit der Frage auseinander, in welchem Verhältnis der Staatsaufbau eines Landes zur politischen Freiheit des Einzelbürgers steht. In diesem Zusammenhang entwickelte er ein Modell der Gewaltenverteilung und -ausbalancierung. Gleichwohl setzte sich aber das Bild von Montesquieu als Schöpfer des dreiteiligen Gewaltenteilungsmodells durch.[167] Es ist daher fraglich, wie es im Lauf der Zeit zu einer solchen Verfestigung dieser holzschnittartigen Einordnung von Montesquieu als dem „Vater" des dreiteiligen Gewaltenteilungsmodells kommen konnte. Diese Vorstellung war bereits im Vormärz allgemeine Meinung, wie in dieser Untersuchung schon mehrfach zum Ausdruck kam.[168] Ein maßgeblicher Grund für diese Entwicklung könnte darin liegen, daß Kant sich in seiner Rechtsphilosophie ausführlich mit der Gewaltenteilung auseinandersetzte und sich entschieden für das dreiteilige Modell aussprach. Kant hätte insofern eine Art Fürsprecherfunktion. Diese Vermutung äußert auch Stefan Korioth in seinem Aufsatz „‚Monarchisches Prinzip' und Gewaltenteilung – unvereinbar?" wenn er schreibt: „Vielleicht machte sich aber auch der Einfluß Kants geltend, dessen Gewaltenteilungslehre die strikte Unabhängigkeit jeder Gewalt von den jeweils anderen betont hatte. Jeder Staat weise drei Gewalten als voneinander unabhängige moralische Person auf."[169] Hans Fenske meint hingegen in seinem Aufsatz „Gewaltenteilung" in den „Geschichtlichen Grundbegriffen": „[...] und wenn sein Eintreten [Kant] für die Gewaltenteilung trotz seiner Autorität keine größeren Wirkungen hatte, so war das in der Vergröberung der politischen Diskussion im Gefolge der Revolution begründet."[170] War dem wirklich

166 Uwe Wilhelm, Der deutsche Frühliberalismus. Von den Anfängen bis 1789, Frankfurt a.M. 1995, S. 182 ff.

167 Max Imboden, Montesquieu, S. 3 ff.; Werner Kägi, Gewaltenteilung, in: Max Imboden (Hrsg.), Verfassungsrecht und Verfassungswirklichkeit, Festschrift für Hans Huber zum 60. Geburtstag, S. 149 ff. (152); Regina Ogorek, De l'Esprit des légendes, in: RJ Bd. II (1983), S. 277 ff. (297 f.).

168 Siehe S. 23 f.

169 Stefan Korioth, „Monarchisches Prinzip" und Gewaltenteilung – unvereinbar?, in: Der Staat, 37. Band, Berlin 1998, S. 48.

170 Hans Fenske, Gewaltenteilung, S. 940.

so oder hat nicht eher Korioth mit seiner These recht? Für letzteres spricht auch die Aussage Mohls in dessen „Geschichte und Literatur der Staatswissenschaften“, die heute immer noch einen guten forschungsgeschichtlichen Überblick bietet. Im Kapitel „Montesquieu's Lehre“ schreibt er: *„Von zahlreichen Anhängern Montesquieu's und von der späteren gemässigt demokratischen Schule wurde der Gedanke geradezu als eine Art von staatlicher Offenbarung, als das Ei des Columbus in Verfassungs- und Freiheitsfragen betrachtet. In Deutschland ist die Lehre namentlich von Kant und seiner Schule vertreten und allgemein verbreitet, [...]“*[171]

Es stellt sich die Frage, wie sich diese Verfestigung des dreiteiligen Gewaltenteilungsmodells durch Kant nachweisen läßt. Die allgemeine Kant-Rezeption mit ihren verschiedenen Aspekten ist ein unüberschaubares Gebiet. Eine Auseinandersetzung mit dieser würde den Umfang dieser Arbeit sprengen. Der Nachweis der diesem Kapitel zugrunde liegenden These könnte aber dadurch gelingen, indem man dem Syllogismus-Vergleich Kants nachgeht.

Nach Kants Verständnis ist die Legislative der Obersatz, die Exekutive der Untersatz und die Judikative die Konklusion eines logischen Schlusses. Er schreibt: *„Ein jeder Staat enthält drei Gewalten in sich, d.i. allgemein vereinigten Willen in dreifacher Person (trias politica): die Herrschergewalt (Souveränität), in der des Gesetzgebers, die vollziehende Gewalt, in der des Regierers (zu Folge dem Gesetz) und die rechtsprechende Gewalt (als Zuerkennung des Seinen eines jeden nach dem Gesetz) in der Person des Richters (potestas legislatoria, retoria et iudiciaria) gleich den drei Sätzen in einem praktischen Vernunftschluß: dem Obersatz, der das Gesetz jenes Willens, dem Untersatz, der das Gebot des Verfahrens nach dem Gesetz, d. i. das Princip der Subsumtion unter denselben, und dem Schlußsatz, der den Rechtsspruch (die Sentenz) enthält, was im vorkommenden Falle Rechtens ist.“*[172]

Aus diesem Vergleich geht eindeutig hervor, daß Kant mit Gewaltenteilung etwas völlig Anderes verbindet als Montesquieu. Dieser Unterschied läßt sich am besten verdeutlichen, wenn man gerade das von Montesquieu konstruierte komplizierte Zusammenwirken von Exekutive und Legislative Kants Entwurf gegenüberstellt. Bei Montesquieu sind Exekutive und Legislative gegenüber der Judikative weniger scharf getrennt. Er spricht bezüglich Exekutive und Legislative von „distribution“, während er die Abtrennung der Judikative von den beiden anderen Gewalten als „séparation“ charakterisiert. Außerdem wirken in der

---

171 Robert von Mohl, Geschichte und Literatur, Bd. I, S. 273.

172 Immanuel Kant, Metaphysik der Sitten, Rechtslehre (Gesammelte Schriften. 6) Hrsg. Königlich Preußische Akademie der Wissenschaften, Berlin, Reimer, 1914, § 42 (2), S. 313.

Legislative, wie oben beschrieben, Krone, Adel und Volk auf komplexe Art und Weise zusammen. Montesquieu beschreibt dieses Zusammenspiel als ein Ringen der verschiedenen sozialen Kräfte um die Gestaltung der politischen Ordnung.[173] Kant hingegen zeichnet die Konturen der verschieden Gewalten ungleich schärfer, wenn er in diesem Zusammenhang von der Person des Gesetzgebers, der Person des Regierers und der Person des Richters spricht. Diese Zuordnung einer einzelnen Gewalt an eine bestimmte Person, auch sei sie hier nur imaginärer Natur, führt automatisch zu einer klaren Spaltung der Staatsgewalt in drei selbständige, sich gegenüberstehende Teile. Diese Isolierung der Einzelgewalten wird durch den Vergleich mit dem Vernunftschluß noch kontrastreicher: Jeder Teil eines solchen, Obersatz, Untersatz und Schlußsatz ist unabdingbar, um zu einem Ergebnis zu kommen. Fehlt auch nur einer dieser unterschiedlichen Teile, läßt sich kein Schluß ziehen. Damit macht Kant deutlich, daß alle drei Gewalten sich gegeneinander klar abgrenzen lassen, in sich abgeschlossen sind, aber auch alle einen unverzichtbaren Teil eines Ganzen darstellen. Seine Gewaltenteilungskonzeption unterscheidet sich daher grundlegend von der Montesquieus. Gerade Kants Vergleich konnte sich aufgrund seiner Anschaulichkeit und Plastizität aber besser durchsetzen als Montesquieus kompliziertes Modell einer Gewaltenverteilung und –ausbalancierung.

Sylvester Jordan läßt sich offensichtlich gerade von diesem Bild des Vernunftschlusses inspirieren, wenn er schreibt:

„In formaler Hinsicht läßt sich an der Staatsgewalt eine dreifache Art der Thätigkeit unterscheiden. Der Form nach kann sie sich nämlich äußern: 1) als Vernunft, [...] (gesetzgebende Gewalt, potestas legislatoria) 2) als Verstand, [...] (richterliche Gewalt, potestas judiciaria), 3) als Wille [...] (befehlende oder regierende Gewalt, potestas rectoria).“[174]

Jordan übernimmt hier zwar nicht die Begriffe Kants wie Obersatz, Untersatz und Schlußsatz, jedoch gebraucht auch er Termini, wie Vernunft, Verstand und Wille, die allesamt Kennzeichnen des menschlichen Handelns sind. Auch diese Begriffe sind in sich abgeschlossen und stehen sich gegenüber. Ein Modell einer Ausbalancierung und Verteilung der verschiedenen Gewalten zwischen den einzelnen sozialen Funktionsträgern wie bei Montesquieu ist hier nicht erkennbar. Jordan beschreibt statt dessen ein Modell mit drei separaten Teilen, die isoliert nebeneinander stehen, und folgt so dem Beispiel Kants. Ein Indiz für die Beeinflussung Jordans durch Kant und nicht durch Montesquieu ist auch, daß Jordan zur „trias politica“ u.a. Kant zitiert, Montesquieu aber außen vor läßt.

---

173 Siehe hierzu das Kapitel „Die klassische Lehre - Montesquieu.

174 Sylvester, Jordan, Versuche, S. 213.

Friedrich Schmitthenner bedient sich ebenfalls zur Beschreibung der trias politica des Bildes vom Handeln eines von der Vernunft geleiteten Menschen. Allerdings untermauert er damit das dreiteilige Gewaltenteilungsmodell, bei dem die Judikative als dritte Gewalt durch die aufsehende Gewalt ersetzt wurde:

„Bei dieser Eintheilung schweben offenbar drei Momente vor, die sich in jedem vernünftigen Handeln einer Person unterscheiden lassen. Die gesetzgebende Gewalt ist das Moment des freien Entschlusses, die ausführende dasjenige der Handlung, durch welche der Entschluß in die Wirklichkeit tritt, und die aufsehende endlich dasjenige der wachen Vernunft in Entschluß und That.“[175]

Ganz im Sinne Kants steht auch hier der Mensch im Mittelpunkt des Vergleichs. Der gesetzgebenden Gewalt entspricht demnach der freie Entschluß, der ausführenden die Handlung und der aufsehenden die Vernunft. Hier sind die Parallelen zu Jordans Gegenüberstellung offensichtlich, auch wenn im Detail zahlreiche Unterschiede bestehen. Während Jordan dem Wille die Exekutive, der Vernunft die Legislative und dem Verstand die Judikative zuordnet, gliedert Schmitthenner anders, indem er dem Entschluß die Legislative, der Handlung die Exekutive und der Vernunft der Aufsehende Gewalt zuweist. Daß Schmitthenner hier von einem anderen Gewaltenteilungsmodell ausgeht, indem er die Legislative als dritte Gewalt durch die aufsehende Gewalt oder Inspektive ersetzt, soll hier keine Rolle spielen. Im Vordergrund steht das von beiden gewählte Bild des Menschen, dessen Handeln durch die Vernunft bestimmt wird. Die Parallelen zu Kant sind offensichtlich.

Auch Schmalz, ebenfalls Befürworter eines dreiteiligen Gewaltenteilungsmodells mit Inspektive als dritter Gewalt, unterscheidet seine drei Gewalten nach dem dreifachen Denkvermögen des Menschen. In seinem Handbuch der Rechtsphilosophie von 1807 stellt er einen Vergleich an, indem er die Inspektive Gewalt dem Verstand zuordnet, zwischen Legislative und Vernunft sowie zwischen Exekutive und Urteilskraft eine Analogie herstellt.[176]

Auch wenn die Bilder nicht identisch sind, und sich die Gewaltenteilungsmodelle, die sie verdeutlichen sollen, maßgeblich unterscheiden, so läßt sich doch folgendes festhalten: Das Inbezugsetzen der Notwendigkeit von Gewaltenteilung mit dem Handeln eines vernunftgeleiteten Menschen wurde von Kant geprägt und später vielfach rezipiert, wenn auch in abgewandelter Form. Als Folge der Übernahme dieses Argumentationsmusters hat sich das dreiteilige Gewaltenteilungsmodell in der Diskussion verfestigt. Dabei übernahm man auch Kants Gewaltenteilungsverständnis, welches von isolierten in sich abgeschlosse-

175 Friedrich Schmitthenner, Grundlinien, S. 293 f.

176 Theodor Schmalz, Handbuch der Rechtsphilosophie, Halle 1807, ND Aalen 1970, S. 289.

nen Gewalten und damit einem starren Organisationsprinzip ausgeht, und sich somit deutlich von Montesquieus Konzeption unterscheidet, die eine Ausbalancierung und Verteilung der Gewalten auf die bestimmenden sozialen Gruppen im Staat mit dem Ziel eines Interessenausgleichs beinhaltet. Kants Syllogismus-Vergleich wurde sogar in der vormärzlichen Gewaltenteilungsdiskussion für andere Gewaltenteilungsmodelle, wie bei Schmitthenner und Schmalz, übernommen und verselbständigte sich, obwohl sich sein Ideal vom dreiteiligen Gewaltenteilungsmodell bestehend aus Exekutive, Legislative und Judikative nicht im Vormärz durchsetzen konnte.

4. Die Fortführung in Frankreich – Benjamin Constant: Der Monarch als „pouvoir neutre"

Benjamin Constant legte mit seiner viergliedrigen Gewaltenteilungskonzeption die staatstheoretische Grundlage für die Charte Constitutionelle von 1814. Diese Verfassung, mit der die Herrschaft der Bourbonen neu etabliert wurde, diente in der Zeit der Restauration nach dem Wiener Kongreß als Vorbild für ganz Europa. Somit rückte auch deren geistiger Vater in den Mittelpunkt des damaligen Interesses der Staatslehre.[177]

Gegenstand dieses Kapitels sind zwei Fragen, zum einen auf welches Echo Constants Gewaltenteilungsmodell in der Staatslehre in Deutschland stieß, zum anderen, ob seine vermittelnde Position, die eine Alternative zum monarchischen Prinzip bot und gleichzeitig die Rolle des Monarchen im Staat betonte, als solche erkannt und in die heimische Staatslehre integriert wurde.

Zwar war Constant nicht am Verfassungsentwurf der Charte direkt beteiligt, jedoch veröffentlichte er ebenfalls im Jahr 1814 sein Werk „Réflexions sur les constitutions, la distribution des pouvoirs et les garanties dans une monarchie constitutionelle", welches sogleich größte Aufmerksamkeit in der damaligen französischen Staatslehre erregte und die Rolle eines liberalen Kommentars zur Charte Constitutionelle übernahm.[178] Vor allem die dem Monarchen durch Constant zugewiesene Stellung im konstitutionellen Staat wurde sogleich in der da-

177 Zur Biographie Benjamin Constants siehe: Kurt Kloocke, Benjamin Constant: Une biographie intellectuelle, Genève 1984; Dennis Wood, Benjamin Constant: A biography, London 1993. Zur Bedeutung von Benjamin Constants Rolle in der Staatslehre im Vormärz ist vor allem das grundlegende Werk Lothar Galls „Benjamin Constant; seine politische Ideenwelt und der deutsche Vormärz" hervorzuheben, das Leben, Werk und Rezeption darstellt.

178 E. Laboulaye (Hrsg.), Cours de politique constitutionelle (C. d. p.) Bd. 1, Paris 1861, S. 165 ff.

maligen Verfassungsdiskussion aufgegriffen. Constant vertrat die Auffassung, daß der Dualismus zwischen Monarch und Parlament zu permanenten Konflikten führe, die letztendlich eine Gefährdung des Bestands der Monarchie zur Folge hätten. Biancamaria Fontana faßt in ihrer Arbeit mit dem Titel „Benjamin Constant and the post-revolutionary mind“ seine Motivation wie folgt zusammen: „Predictably, Constant's description of the characteristics and functions of these powers was greatly influenced by the recent French experience. In his reconstruction, which relied heavily upon Necker's influential and unduly neglected work of 1792, Du Pouvoir exécutif dans les grands états, the most destructive feature of the revolutionary constitutions was precisely the confusion of the attributions of the legislative and executive powers. It is true that the Declaration of Rights had solemnly proclaimed the separation of the powers: but this abstract statement did not help to establish a vivable relationship between the two, and in practice after the collapse of the monarchy they had found themselves dangerously united in the legislative body, the National Assembly.“[179]

Um der drohenden Gefahr des erneuten Scheiterns einer Verfassung, wie der französischen von 1792, vorzubeugen, entwickelte er ein Konzept, mit dem der König seine Machtposition sichern konnte bei gleichzeitiger Innehabung einer übergeordneten Stellung fernab den Widrigkeiten des poltischen Tagesgeschehens.[180]

Constant formulierte daher mit dem „pouvoir neutre“ eine vierte, königliche Gewalt: Um einer Machtanhäufung des Monarchen als alleinigem Träger der Exekutive entgegenzuwirken, die sich noch vergrößern würde, wenn man die königliche Immunität berücksichtigt, trennt er den „pouvoir royal“ vom „pouvoir exécutif“. Der „pouvoir royal“ steht nach Constant über den anderen drei staatlichen Gewalten und bildet eine gesonderte Autorität, den „pouvoir neutre“. Er begründet diese Trennung damit, daß eine Verbindung von politischer Autorität und aktiver politischer Macht stets den Staat korrumpiert habe und bemängelt, daß im Staatsrecht nie genau zwischen „auctoritas“ und „potestas“ unterschieden wurde.[181] Die Lehre vom „pouvoir neutre“ hatte somit im wesentlichen zwei Aufgaben: Zum einen sollte das Gleichgewicht der Gewalten erhalten bleiben, zum anderen sollten die durch die Verfassung geschützten Rechte der Bürger geschützt werden.

Der Krone sollte nach Constants Lehre die oberste schiedsrichterliche Autorität im Staatsleben zukommen. Ihre Aufgabe sei es, über die Einhaltung der

179 Biancamaria Fontana, Benjamin Constant and the post-revolutionary mind, London 1991, S. 60.
180 Lothar Gall, Benjamin Constant, S. 190.
181 Principes de politique, in: Oeuveres, S. 1114 f.

Verfassung, das Gleichgewicht der Gewalten und die Rechtssicherheit des einzelnen zu wachen. Constant billigt in seinem Verfassungsentwurf dem Monarchen das Recht zu, Minister zu berufen und zu entlassen. Außerdem müsse dieser die Möglichkeit erhalten, das Parlament durch ein Vetorecht sowie durch das Recht, dieses aufzulösen und Neuwahlen anzusetzen, in die Schranken zu weisen. Ferner solle der König noch die Befugnis haben, Richter einzusetzen, über Krieg und Frieden zu entscheiden, Titel und Ehren zu verleihen, sowie das Gnadenrecht auszuüben.[182] Diese doch große Machtfülle des Monarchen zeigt, daß dessen Rolle in Constants Konzeption außerordentlich groß ist und sich in der Verfassungspraxis keineswegs auf eine rein repräsentative Funktion beschränkt.

Sein Beitrag zum konstitutionellen Staatsrecht liegt vor allem darin, daß er einen dritten Weg zur Einbeziehung des Monarchen in den konstitutionellen Staat anbietet. Damit zeigt er eine Alternative zum monarchischen Prinzip auf. In Constants Konzeption hat der Monarch die ausgleichende Rolle eines Unparteiischen inne, der über die Verfassung, das Gleichgewicht der Gewalten und den Rechtsfrieden wacht. Gleichzeitig bleibt dem Monarchen aber genug Autorität, daß er sich nicht, wie Rousseau formulierte, auf den obersten Staatsbeamten reduzieren lassen muß.[183]

Aus dem Kreis der hier näher betrachteten Publizisten haben sich Rotteck, Aretin und Klüber explizit zu Constant geäußert:

Karl von Rotteck beschäftigt sich in seinem Vernunftrecht auch ausführlich mit dessen Gewaltenteilungsmodell und widmet ihm sogar ein eigenes Kapitel („Benjamin de Constant's Lehre").[184] Allerdings wirft er ihm vor, daß *„hier mit Verletzung der logischen Regeln zweierlei Theilungsgründe, nämlich nach den Gewaltsphären und nach den Persönlichkeiten, denen sie anzuvertrauen sind, unter einander geworfen werden, weßhalb die Theilungsglieder sich nicht wechselseitig ausschließen, auch daß hier eine Hauptgewalt, nämlich die gesetzgebende, ganz ausgelassen und an deren Stelle [...] die repräsentative gesetzt wird [...].*[185]

Da Rotteck sowohl mit Constants Konzeption als auch mit dem monarchischen Prinzip unzufrieden war, entwickelte er eigenes Gewaltenteilungsmodell, bei dem er zwischen subjektiver und objektiver Gewaltenteilung unterschied. Auf dieses Modell wird im Kapitel „Anpassung der Gewaltenteilungsmodelle an das monarchische Prinzip: Die Bildung einer übergeordneten oder höchsten Gewalt – Die Vorgaben des Art. 57 WSA" noch näher eingegangen.[186]

182 Aufzählung der einzelnen Recht bei: Lothar Gall, Benjamin Constant, S. 200.
183 Lothar Gall, Benjamin Constant, S. 173.
184 Karl von Rotteck, Lehrbuch, Bd. II, S. 218 ff.
185 Karl von Rotteck, Lehrbuch, Bd. II, S. 219.
186 Siehe hierzu S. 130 ff.

Aretin äußert sich ähnlich kritisch über Constant, wenn er in seinem „Staatsrecht der konstitutionellen Monarchie" schreibt: *„Nachdem die Revolution ihren Kreislauf vollendet, und Ludwig XVIII. seine octroyierte Charte an die Grundsätze der Constitution von 1791 angeknüpft hatte, ward die Theorie vom Pouvoir royal wieder hervorgezogen und künstlicher ausgebildet. Der berühmte Publizist Benj. Constant machte es zum Pouvoir régulateur et modérateur, und glaubte einen Schlußstein gefunden zu haben, setzte aber den jetzt bis auf fünf vermehrte Gewalten eine neue, sechste bei, das Pouvoir municipal."*[187]

Wie bei dem obigen Zitat deutlich wird, setzt sich Aretin sehr ausführlich mit Constants Lehre auseinander. Dabei spart er nicht mit z.T. polemischer Kritik, wenn er meint, Constant habe als ein Apostel des *„herrschenden Vorurteils"* der Gewaltenteilungslehre, deren *„Widersprüche mit dem pouvoir neutre zu lösen gesucht"*, indem er, die in England formulierten Prärogative in einen neuen, eigenen *„pouvoir royal umtaufte"*. *„Was ist aber mit diesem neuen Worte gewonnen"*, fragt Aretin und antwortet: *„Nichts als ein Zusatz, der die alte Theorie [der Gewaltenteilung] aufhebt und der neuen [von der Einheit der Staatsgewalt] das Wort spricht, indem hierin schon das Anerkenntnis liegt, daß man mit der Gewaltenteilung nicht auszulangen vermag."* Nachdem er die *„sogenannten Prärogative des konstitutionellen Monarchen"* – eine Formulierung, die man in England erfunden habe, *„um das System der Gewaltentrennung zu retten"* – ausführlich geschildert hat, verwirft er sie als *„durchaus verfassungswidrig"*. Constant spreche einerseits dem Monarchen Rechte ab, die ihm als regierendem Staatsoberhaupt in jeder Verfassung gewährleistet sein müßten, andererseits aber solche zu, die mit einer vernünftigen Beschränkung der königlichen Macht unvereinbar seien.[188] Aretins Ausführungen bezeugen somit seine völlige Verständnislosigkeit gegenüber Benjamin Constants Ansatz, den er für unvertretbar erachtet.

Klüber schreibt zum Themenkomplex „pouvoir neutre" in seinem „Öffentlichen Recht des Teutschen Bundes und der Bundesstaaten", daß sich die Stellung der süddeutschen Fürsten immer mehr zu der einer „aufsehenden Gewalt" entwickele, wie sie Constant beschrieben habe. Sie handelten nicht mehr selber, sondern beschränkten sich darauf, die Handlungen von Regierung und Parlament zu kontrollieren.[189] Von dieser Aussage darf man allerdings nicht auf eine vertiefte Auseinandersetzung mit Constant schließen. Es sind hier doch Zweifel angebracht, ob Klüber Benjamin Constants Konzept überhaupt voll umfänglich überblickte, wenn er an einer Stelle seines Öffentlichen Rechts beklagt, daß sich

187 Johann Christian von Aretin, Staatsrecht, S. 163.
188 Johann Christian von Aretin, Staatsrecht, S. 77, 88, 179, 199 ff.
189 Johann Ludwig Klüber, Öffentliches Recht, S. 532 ff.

in Süddeutschland die Fürsten immer mehr zur einer aufsehenden Gewalt entwickeln, wie sie Constant beschrieben habe, und gleichzeitig den Terminus „aufsehende Gewalt“ in Zusammenhang mit dem Gewaltenteilungsmodell nach Schmalz benutzt. Es bestehen daher Bedenken, ob er beide völlig unterschiedlichen Konzepte nicht unzulässigerweise miteinander in Verbindung brachte. Jedenfalls handelt er die Staatsgewalt in den drei Unterkapiteln Inspektive, Exekutive und Legislative ab. Bei der Inspektive wiederum belegt er seine Aussage mit den Schriften von Schmalz und Tittmeier.[190]

Der Blick durch die diesbezüglichen Äußerungen von Rotteck, Aretin und Klüber zeigt das oben beschriebene Defizit auf. Die Rolle des monarchischen Prinzips war unangefochten. Eine Erklärung für dieses Phänomen liegt wohl, wie Lothar Gall feststellt, nicht nur darin, daß diese Doktrin eine staatstheoretische Form für eine bestimmte politische Idee darstellt, sondern „daß sie darüber hinaus ganz reale, historisch begründete Machtverhältnisse in den deutschen Staaten widerspiegelt“.[191] Man darf nicht vergessen, daß die Machtposition der Bourbonen durch die Französische Revolution massiven Schaden erlitten hatte. Dies war in Deutschland nicht der Fall, da die einzelne Dynastien trotz aller Wirren fortwährend an der Macht blieben.

Als Ludwig der XVIII. von den Alliierten eingesetzt wurde, war er entscheidend durch die Revolution geschwächt. Er verfügte weder über eine loyale Beamtenschaft noch über ein ihm ergebenes Militär. Das Volk stand ihm kritisch gegenüber, da es in ihm einen Vertreter des „Ancien Régime“ sah. In der Tagespolitik geriet er in die Auseinandersetzung zwischen „Ultras“ und den Kräften des „Fortschritts“ und übte somit gezwungenermaßen die ihm von der Verfassung zugedachte Rolle des Vermittlers aus. In Deutschland sah die Situation ganz anders aus. Die Fürstenhäuser konnten nach wie vor auf ihren Beamtenapparat und ihre Heere bauen. Außerdem waren sie im Deutschen Bund fest verankert, der durch die beiden Großmächte Preußen und Österreich-Ungarn maßgeblich gestützt wurde.[192] Auf die repressiven Maßnahmen, die die Regime aufgrund der Karlsbader Beschlüsse trafen und von Frankfurt am Main aus überwachen ließen[193], wurde oben schon eingegangen.[194]

Aber nicht nur die Stellung der Fürsten sprach gegen Constants Konzeption. Auch die im Vergleich zum französischen Absolutismus, wo die Generalstände zwischen 1614 und 1789 nicht mehr einberufen wurden, starke Position der Landstände behinderte eine etwaige Umsetzung. Dies klingt auf den ersten Blick

190 Johann Ludwig Klüber, Öffentliches Recht, S. 552.
191 Lothar Gall, Benjamin Constant, S. 179.
192 Lothar Gall, Benjamin Constant, S. 190.
193 Ernst Rudolf Huber, Deutsche Verfassungsgeschichte, Bd. I, S. 732 ff.
194 Siehe hierzu das Kapitel „Fragestellung und methodisches Vorgehen“.

erstaunlich. Es gibt hierfür aber eine durchaus plausible Erklärung. In Deutschland gab es immer eine Auseinandersetzung in der Frage, wer die Staatsgewalt inne habe, das Parlament oder der Monarch. Man kann insofern von einem Dualismus zwischen Monarchen und Parlament sprechen, der zumindest im süd-, und südwestdeutschen Raum immer existierte.[195] Es ging daher fortwährend um die Machtfrage zwischen beiden Polen. Insofern war es in gewisser Weise undenkbar, daß der Monarch sich auf eine neutrale Position zurückzog und sich auf seine Stellung als „Hüter der Verfassung“ besann.[196] Auf konservativer Seite läßt sich hier anhand einer Aussage Romeo Maurenbrechers belegen, wie ungeeignet daher Constants Modell den Zeitgenossen für Deutschland vorkam. Die Regierung wurde gleichgesetzt mit dem Monarchen, eine Beschränkung dessen Rang auf eine neutrale Rolle als Schiedsricher erschien vielen als abwegig.[197] Romeo Maurenbrecher schrieb daher als Vertreter der konservativen Staatslehre: *„Diese Gewalt ist aber keine Kraft, die durch sich selbst wirkt, sondern sie setzt ein Wesen (Subjekt) voraus, das sie ausübt. Die Staatsgewalt ausüben heisst: regieren, und das zur Ausübung berechtigte Subjekt heisst darnach: die Regierung, der Souverain, der Regent, die Obrigkeit u.s.w.“*[198]

Unter diesen Voraussetzungen konnte das intelligente Gewaltenteilungsmodell nach Benjamin Constant mit dem pouvoir neutre als vierter Gewalt, das durch geschicktes Ausbalancieren den Machtverhältnissen in einer konstitutioneller Monarchie entgegenkam, in Deutschland praktisch keine große Rolle spielen. Theoretisch bot es allerdings einen im Vergleich zum monarchischen Prinzip neuen Ansatz, der es verdient hätte, in der damaligen Staatslehre größere Beachtung zu finden. Deren Auseinandersetzung mit Benjamin Constant ist vor dem Hintergrund, den dieses Modell an Anregungen hätte liefern können, außerordentlich oberflächlich geblieben.

---

195 Ernst Rudolf Huber, Deutsche Verfassungsgeschichte, Bd. I, S. 314 ff.

196 Vgl. Gerhard Dilcher, Vom ständischen Herrschaftsvertrag zum Verfassungsgesetz, in: Der Staat, 27. Band, Heft 2, Berlin 1988, S. 161 ff.

197 Lothar Gall, Benjamin Constant, S. 196.

198 Romeo Maurenbrecher, Grundsätze, S. 35.

C Die Einordnung der Gewaltenteilung in die frühkonstitutionelle Staatslehre

I. Die Auseinandersetzung mit historischen Vorbildern des Auslandes

1. Die Vereinigten Staaten von Amerika

a) Einleitung und Diskussionsstand

„Amerika, du hast es besser
Als unser Kontinent, das alte,
Hast keine verfallenen Schlösser
Und keine Basalte.
Dich stört nicht im Innern
Zu lebendiger Zeit
Unnützes Erinnern
Und vergeblicher Streit."[199]

Die Sehnsucht Johann Wolfgang von Goethes nach einem basalt- und d.h. geschichts- und traditionslosen Raum, der eine tabula rasa der alten europäischen Kultur verheißt, zählt zu jenen literarischen Amerika-Betrachtungen des 19. Jahrhunderts, die die Vereinigten Staaten noch als große Alternative und Entwurf eines anderen Lebens feierten. Dieses von Goethe im Jahr 1827 verfaßte und an Carl Friedrich Zelter gerichtete Gedicht gibt in besonders anschaulicher Weise das deutsche Amerikabild im Vormärz wieder:

Es herrschte die allgemeine Ansicht vor, daß die Vereinigten Staaten aufgrund des Fehlens jeglichen historischen Erbes ihren Einwohnern ein leichteres Leben ermöglichten.[200] Inwieweit die USA aber auch ein politisches Vorbild für liberale Kräfte waren, ist indes umstritten. In den letzten Jahrzehnten war diese Frage mehrfach Gegenstand umfangreicher Darstellungen. Während Eckhardt G. Franz in seiner im Jahr 1958 veröffentlichten Arbeit mit dem Titel „Das Amerikabild der deutschen Revolution von 1848/49: zum Problem der Übertragung gewachsener Verfassungsformen" noch einen prägenden Einfluß der amerikani-

---

199 Goethes Werke [Weimarer Ausgabe], hg. im Auftrag der Großherzogin Sophie von Sachsen, Weimar 1887-1920, Bd. V, 1, Gedichte, S. 137.
200 Johannes Urzidil, Das Glück der Gegenwart. Goethes Amerikabild, Zürich 1958.

schen Verfassung auf das liberale Denken im Vormärz festellt, formuliert dies Günter Moltmann in seiner Studie „Atlantische Blockbildung im 19. Jahrhundert. Die Vereinigten Staaten und der deutsche Liberalismus während der Revolution von 1848/49“ schon vorsichtiger und vertritt Franz‘ Auffassung nur noch mit Einschränkungen.[201] Erich Angermann kommt in seinem Aufsatz „Der Deutsche Frühkonstitutionalismus und das Amerikanische Vorbild“ zu dem Schluß, daß die USA in der damaligen Diskussion lediglich dann eine Rolle spielten, wenn eigene Absichten argumentativ untermauert werden sollten, der eigentliche Modellcharakter der Verfassung jedoch nicht erkannt wurde.[202] Die neuere Forschung ist sich hingegen weitgehend einig, daß im Vormärz und in der Paulskirchenversammlung das Verständnis für die amerikanischen Verfassungszusammenhänge fehlte, und somit schon Grundvoraussetzungen für eine Vorbildfunktion der amerikanischen Verfassungvorstellungen nicht gegeben waren.[203] Diese Auffassung, die in Bezug auf die vormärzliche Staatslehre und deren Sicht der US-amerikanischen Verfassung von Unverständnis und Unkenntnis spricht, scheint mehr als gewagt, wenn man berücksichtigt, wie ausführlich man sich zu Beginn des 19. Jahrhunderts mit ausländischen Verfassungen beschäftigte. Michael Stolleis spricht in seinem Aufsatz „Nationalität und Internationalität: Rechtsvergleichung im öffentlichen Recht des 19. Jahrhunderts“ sogar von einem „Zeitalter der Vergleichung“.[204] Warum sollte hier gerade die amerikanische Verfassung unberücksichtigt bleiben? Der Erklärungsversuch der neueren Forschung, der über das Argument einer fehlenden Kenntnis der Verfassungszusammenhänge nicht hinaus kommt, ist sicherlich unzureichend.

---

201 Eckhardt G. Franz, Das Amerikabild der deutschen Revolution von 1848/49. Zum Problem der Übertragung gewachsener Verfassungsformen, Heidelberg 1958; Günter Moltmann, Atlantische Blockpolitik im 19. Jahrhundert. Die Vereinigten Staaten und der deutsche Liberalismus während der Revolution von 1848/49, Düsseldorf 1973.

202 Erich Angermann, Der Deutsche Frühkonstitutionalismus und das Amerikanische Vorbild, in: HZ 219 (1974), S. 4.

203 Hermann Wellenreuther, Die USA. Ein politisches Vorbild der bürgerlich-liberalen Kräfte des Vormärz? in: Elvert, Jürgen; Salewski, Michael (Hrsg.), Deutschland und der Westen im 19. und 20. Jahrhundert, Teil 1: Transatlantische Beziehungen, Stuttgart 1993, S. 23 ff. (S. 35 f.); Michael Dreyer, Die Verfassung der USA. Ein Modell für deutsche Verfassungsentwürfe des 19. Jahrhunderts? in: Elvert, Jürgen; Salewski, Michael (Hrsg.), Deutschland und der Westen im 19. und 20. Jahrhundert, Teil 1: Transatlantische Beziehungen, Stuttgart 1993, S. 225 ff.

204 Michael Stolleis, Nationalität und Internationalität: Rechtsvergleichung im öffentlichen Recht des 19. Jahrhunderts, in: ders., Konstitution und Intervention, Studien zur Geschichte des öffentlichen Rechts im 19. Jahrhundert, Frankfurt a.M. 2001, S. 170 ff.

In diesem Kapitel soll nun untersucht werden, inwiefern die amerikanische Verfassung konkret bei der Diskussion über das dreiteilige Gewaltenteilungsmodell eine Rolle spielte, und ob diese als Vorbild einer in die Praxis umgesetzten Gewaltentrennung erkannt wurde, oder ob man sich tatsächlich nur unzureichend mir ihr beschäftigte. Diese Frage ist gerade in Bezug auf den Aspekt der Gewaltenteilung besonders interessant, da, wie bereits dargestellt, die Meinung vorherrschte, eine gewaltenteilig organisierte Verfassung führe ins Chaos. Die Vereinigten Staaten hätten hier als Gegenbeispiel dienen können.

b) Robert von Mohl – ein Experte der US-amerikanischen Verfassung?

Einen guten Einstieg in diese Betrachtung bietet das Jugendwerk Robert von Mohls „Das Bundes-Staatsrecht der Vereinigten Staaten von Nord-Amerika" aus dem Jahr 1824. Zwar reicht dieses Buch nicht an das Niveau von Mohls späteren Werken heran, auch blieb es bei einem ersten Band des ursprünglich mehrbändig angelegten Titels. Jedoch war es lange Zeit die einzige Monographie, die sich mit der US-amerikanischen Verfassung im deutschen Vormärz beschäftigte.[205] Mohl stellt in seinem Buch vor allen Dingen Einzelbestimmungen dar. Er analysiert weder die großen Verfassungszusammenhänge, noch untersucht er geistesgeschichtliche Hintergründe. Eine Aussage zur Gewaltenteilung findet sich hier nicht. Obwohl Mohl aufgrund der von ihm beschriebenen zahlreichen Details der US-Verfassung als deren Kenner angesehen werden muß, unterläßt er es, die USA als Beispiel eines funktionierenden Staates, der das dreiteilige Gewaltenteilungsmodell umgesetzt hat, zu charakterisieren. Selbst im Jahr 1870, 46 Jahre nach dem Erscheinen des „Bundes-Staatsrechts" ist Mohl noch immer der Auffassung, daß alle Verfassungen, die den Gedanken der Gewaltenteilung umgesetzt hätten, mangelhaft seien und sich negativ auf das Staatsleben auswirkten. Er schreibt:

„Die Unrichtigkeit dieses Gedankens [Gewaltenteilung] *ist zwar jetzt fast allgemein in der Wissenschaft anerkannt; jedoch erst nachdem er die größten Verwirrungen in der Lehre und den größten Schaden im Leben angerichtet hatte. Sind doch zahlreiche Verfassungen auf seiner Grundlage angelegt worden mit immer gleich schlechten Wirkungen für Ordnung und Freiheit."*[206]

Die Verfassung der Vereinigten Staaten sieht er demnach zunächst nicht als positives Beispiel für die Richtigkeit des dreiteiligen Gewaltenteilungsprinzips an, obwohl er sich mit ihr eingehend beschäftigt hat. Horst Dippel schreibt da-

205 Robert von Mohl, Das Bundes-Staatsrecht der Vereinigten Staaten von Nord-Amerika, Erste Abteilung, Verfassungs-Recht, Stuttgart-Tübingen 1824.
206 Robert von Mohl, Encyclopädie der Staatswissenschaften, Freiburg 1872, S. 121.

her: „Andere Grundsätze der amerikanischen Verfassung, darunter etwa das Prinzip der Gewaltentrennung und das System der checks and balances, interessierten Mohl nur eher am Rande, und was er zu ihnen zu sagen wußte, war in seinen Einzelheiten mitunter unzutreffend oder, wie im Fall der judical review – Marbury v. Madison lag immerhin bereits über zwanzig Jahre zurück – Ausdruck offensichtlicher Unkenntnis."[207]

Diese Aussage läßt zusammen mit den eingangs skizzierten neueren Forschungsergebnissen den Eindruck entstehen, Mohl und auch die anderen Staatslehrer hätten sich zu wenig mit der US-amerikanischen Verfassung beschäftigt, sei es mangels einschlägiger Literatur oder anderen Gründen. Diese Behauptung trifft auf Mohls Buch „Das Bundes-Staatsrecht der Vereinigten Staaten von Nord-Amerika" aus den o.g. Gründen sicherlich zu. Jedoch ist dies nicht die einzige Schrift, in der er sich mit der US-amerikanischen Verfassung auseinandersetzte. Von diesem Jugendwerk abgesehen, veröffentlichte er noch drei umfangreiche Aufsätze über das US-amerikanische Verfassungsrecht in der von Mittermaier und Zachariä herausgegebenen „Kritischen Zeitschrift für Rechtswissenschaft und Gesetzgebung des Auslandes". Im ersten Aufsatz aus dem Jahr 1835 bespricht er auf 26 Seiten Storys Verfassungskommentar.[208] Im zweiten Aufsatz, den er 1836 schrieb, äußert er sich dezidiert zu Benjamin L. Olivers „The rights of an American Citizen" und Alexandre de Toquevilles „De la Démocratie en Amérique".[209] Schließlich verfaßt er 1840 eine Kritik zu einem Sammelband von John Marshalls Schriften über die US-amerikanische Verfassung.[210] Gerade die Rezension von diesen staatsrechtlichen Werken läßt auf eine umfassende Beschäftigung mit den US-amerikanischen Verfassungszusammenhängen, auch über das „Bundes-Staatsrecht der Vereinigten Staaten" hinaus, schließen. Im folgenden wollen wir daher einen vertieften Blick in diese Aufsätze unter dem Gesichtspunkt Gewaltenteilung werfen.

Die Besprechung von Olivers und Toquevilles Werken beginnt Mohl mit demokratiekritischen Anmerkungen. Dabei unterstellt er den Befürwortern der Republik, daß diese aus rein egoistischen Motiven handelten. Sie wollten sich nicht für ihre Ziele einsetzen, sondern aufgrund ihrer Bequemlichkeit keinen Beitrag zum Staatswesen leisten. Gleichwohl stellt er in diesem Aufsatz die besondere Bedeutung der US-amerikanischen Verfassung heraus:

---

207 Horst Dippel, amerikanische Verfassung, S. 29.

208 Robert von Mohl, Nordamerikanisches Staatsrecht, in: Kritische Zeitschrift für Rechtswissenschaft und Gesetzgebung des Auslandes, 7 (1835), S. 1-26.

209 Ders., Amerikanisches Staatsrecht, in: Kritische Zeitschrift für Rechtswissenschaft und Gesetzgebung des Auslandes, 8 (1836), S. 359-387.

210 Ders., Nordamerikanisches Staatsrecht, in: Kritische Zeitschrift für Rechtswissenschaft und Gesetzgebung des Auslandes, 12 (1840), S. 161-185.

„[...] darüber ist aber wohl kein Zweifel, daß für den Rechtsgelehrten die genaue Erforschung der rechtlichen Zustandes der Vereinigten Staaten von höherem Interesse seyn muß. Sind sie allerdings nur das Prototyp der keineswegs sehr großartigen und herzerhebenden friedfertigen Modification des Demokratismus, und gewähren sie somit nur dem kahlen Verstande eine Befriedigung: so ist die durch Gewalt ungestörte, und durch manche, hier nicht weiter zu berührende, innere Gründe begünstigte consequente Ausbildung des ganzen Rechts- und Staatslebens zur vollständigen Belehrung drüber, was von der Demokratie in den modernen Verhältnissen zu erwarten steht, besonders tauglich."[211]

In diesem Zitat wird einerseits Mohls kritische Haltung gegenüber Demokratiebestrebungen deutlich, andererseits stellt er heraus, daß gerade die Vereinigten Staaten ein besonders instruktives Bild eines Staates böten, der auf dem Demokratieprinzip aufbaue. Diese Äußerung zeigt, Mohl mangelte es in Bezug auf die US-Verfassung weder an Interesse noch an Kenntnissen. Die Beschäftigung mit den Vereinigten Staaten beschränkt sich aber nicht nur auf Fragen der Demokratie und des Republikanismus. Anhand mehrerer Fundstellen lassen sich Mohls Kenntnisse über die Gewaltenteilung als tragendes Prinzip der US-Verfassung belegen. Schon auf der ersten Seite seiner Besprechung des Sammelbandes von John Marshalls Veröffentlichungen betont Mohl die besondere Rolle einer unabhängigen Justiz in den Vereinigten Staaten, indem er schreibt: *„Für den vorliegenden Zweck genügt es, auf zweierlei aufmerksam zu machen. Erstens, daß in den Vereinigten Staaten (wie in England) von einer Administrativjustiz keine Rede ist, und daß somit auch alle dem öffentlichen Rechte angehörigen Rechtsstreitigkeiten den Gerichten vorgelegt werden. Zweitens, daß die Verfassung der V. St., der Theorie der drei Gewalten huldigend, die Gerichte als eine der gesetzgebenden und der ausübenden Gewalt vollkommen coordinirte dritte Staatsgewalt bestellt hat, welche nur die Verfassung über sich anerkennt, und namentlich materiell verfassungswidrige, wenn schon formell untadelhafte Gesetze als unverbindlich betrachten kann und muß, somit durch Nichtanwendung derselben ihnen alsbald jede Bedeutung und Kraft entzieht."*

Aus dieser Aussage geht hervor, daß Mohl sich sehr wohl mit der Gewaltenteilung beschäftigt und eine Verbindung zwischen einer selbständigen Judikative als dritter Gewalt und einer unabhängigen Justiz sieht. Er geht im Kontext der Gewaltenteilung auch auf die Administrativjustiz ein. Wie wir im Kapitel „Justizstaatslehre, Administrativjustiz und Unabhängigkeit der Gerichte" noch sehen werden, sprachen sich die Vertreter der Justizstaatslehre nicht unbedingt auch für das dreiteilige Gewaltenteilungsmodell aus. Um so mehr ist hier her-

---

211 Ders., Amerikanisches Staatsrecht, in: Kritische Zeitschrift für Rechtswissenschaft und Gesetzgebung des Auslandes, 8 (1836), S. 366.

vorzuheben, wie Mohl beides in Zusammenhang bringt, obschon er ein Verfechter der Administrativjustiz war.

Mohl war demnach selbstverständlich klar, daß der US-Verfassung das dreiteilige Gewaltenteilungsmodell als tragendes Prinzip zugrunde liegt.

Auch zur Frage, ob die Vereinigten Staaten in dieser Beziehung eine Vorbildfunktion inne hatten, äußert sich Mohl in seiner Besprechung von Storys Verfassungskommentar. Er nimmt dabei zum Recht der Justiz Stellung, nicht nur die Rechtmäßigkeit von Maßnahmen der Verwaltung, sondern auch die Verfassungsmäßigkeit von formellen Gesetzen überprüfen zu können:

„Ref. ist zwar, trotz der höchst gelungenen Ausführung des Verfassers [Story], weit entfernt, diese Einrichtung als eine aus der unabhängigen Stellung der richterlichen Gewalt mit Folgerichtigkeit und Nothwendigkeit in dem Rechtsstaate hervorgehende zu betrachten, auch möchte er die positive Nachahmung der amerikanischen Einrichtung keineswegs anrathen: allein zu den interessantesten und kühnsten Versuchen des neueren Staatsrechts muß er sie doch rechnen. Sie mag freilich diejenigen deutschen Rechtsgelehrten, welche in dem gegenwärtig so lebhaft geführten Streite, ob die Gerichte das Recht haben, die Gesetzmäßigkeit einer bloßen Verordnung zu prüfen, sich gegen ein solches Recht auszusprechen geneigt sind, sehr in Erstaunen und Schrecken setzen, da sie schon in diesem wahrlich weit geringeren Rechte die Zerstörung aller Ordnung und den gewissen Untergang der Regierungen sehen. [...] Von einem Nachtheile, welchen diese Einrichtung für die Vereinigten Staaten je gehabt hätte, ist nichts bekannt geworden, obgleich die Regierungsgewalt des Präsidenten weit geringer ist als die eines Monarchen, und obgleich der häufige Wechsel seiner Person weit weniger die Befolgung eines gleichen und sichernden Systems bei der Besetzung der Richterstellen gestattet. Dieser Punkt ist übrigens zu umfassend, als daß er hier in irgend einer genügenden Vollständigkeit besprochen werden könnte; doch wollte Ref. nicht unterlassen, ihn wenigstens anzudeuten, weil in dem eben genannten gelehrten Streite auf diese merkwürdige Einrichtung in den V. St. Noch gar keine Rücksicht genommen worden ist.[212]

Aus diesem Zitat können drei Schlüsse gezogen werden: Erstens, Mohl steht als Liberaler einem aus der Unabhängigkeit der Judikative hervorgehenden umfassenden richterlichen Prüfungsrecht kritisch gegenüber. Zweitens erkennt er zweifellos dessen positiven Auswirkungen auf das US-amerikanische Staatswesen an. Drittens sieht auch er das oben beschriebene Defizit in der deutschen Staatslehre, die die Vereinigten Staaten in der damaligen Diskussion über die Administrativjustiz nicht in ausreichendem Maße als Beispiel heranzieht. Somit

212 Ders., Nordamerikanisches Staatsrecht, in: Kritische Zeitschrift für Rechtswissenschaft und Gesetzgebung des Auslandes, 7 (1835), S. 23 f.

kann die Behauptung, Mohl habe die Bedeutung der Gewaltentrennung und das Prinzip der gegenseitigen Gewaltenverschränkung (checks and balances-Prinzip) nicht richtig erkannt, eindeutig widerlegt werden. Diese drei Aufsätze zeugen davon, wie Mohl sich auch nach seinem Bundes-Staatsrecht von 1824 mit den Vereinigten Staaten intensiv beschäftigte. Umfang und Inhalt dieser ausführlichen Abhandlungen lassen auf eine vertiefte Kenntnis der US-amerikanischen Verfassungsgrundsätze und aktuellen Entwicklungen schließen. Wenn Mohl die Vereinigten Staaten als Modell für Deutschland ablehnt, so hat dies jedenfalls nicht den Grund, daß er diese nicht richtig kennen würde und die Zusammenhänge und Grundprinzipien der Verfassung nicht verstanden hätte. Was bewog Mohl aber dann zu seiner ablehnenden Haltung? Er schreibt hierzu: *„Wenn nun unzweifelhaft als unerläßliche Bedingungen der stellvertretenden Volksherrschaft eine gänzliche Abwesenheit von aristokratischer Bildung der Gesellschaft und der Gesinnung, und eine Gewöhnung an die Herrschaft des Gesetzes anstatt der Menschen anzunehmen sind, so folgt schon daraus die gänzliche Unfähigkeit manches andern Volkes zu dieser Regierungsform, namentlich aber aller europäischen Nationen. Ref. [Mohl] hat die Träume Solcher, welche die Einführung dieser Regierungsweise in Europa für möglich und wünschenswerth erachten, lediglich als einen Beweis gänzlichen Mangels an Menschenkenntnis betrachten können. Zahlreiche Beispiele der Geschichte sind da, um ihm zur Unterstützung zu dienen. [...] Erst nach einigen Geschlechtern wäre eine solche gänzliche Umwandlung des innersten Volkscharakters zu erwarten, indessen müßte aber das stützlose Gebäude längst in sich zerfallen oder von außen umgeworfen seyn. – Sind diese Ansichten die richtigen, so folgt daraus, daß man sehr wohl die Verfassung der Vereinigten Staaten im Ganzen als ein Meisterstück, d.h. als höchst passend für ihre Verhältnisse, betrachten, und doch jedem Versuche einer Ausdehnung auf wesentlich andere Zustände gänzlich abgeneigt seyn kann.“*[213]

Hier wird Mohls Intention deutlich: Grundsätzlich schätzt er die Verfassung der Vereinigten Staaten und spricht sogar von einem „Meisterstück“. Jedoch stelle diese für Europa aufgrund des historischen Erbes kein praktikables Modell dar. Mohl lehnt daher eine Übertragung der Grundsätze der US-Verfassung nicht aufgrund mangelnder Kenntnis ab, sondern aus der Überzeugung heraus, daß diese im alten Europa mit seinen jahrhundertealten Monarchien fehl am Platze seien. Er hält das dreiteilige Gewaltenteilungsmodell nicht auf Deutschland übertragbar und entscheidet sich somit bewußt dagegen.

---

213 Ders., Nordamerikanisches Staatsrecht, in: Kritische Zeitschrift für Rechtswissenschaft und Gesetzgebung des Auslandes, 7 (1835), S. 16.

c) *Carl Salomo Zachariä*

Ob sich Carl Salomo Zachariä bewußt oder unbewußt gegen das dreiteilige Gewaltenteilungsmodell entscheidet, kann hier nicht geklärt werden. Es ist jedenfalls auffällig, daß er in seinem Aufsatz mit dem Titel „Constitution der Vereinigten Staaten (Nordamerika)" aus dem Jahr 1836, seiner umfangreichsten Veröffentlichung zum US-amerikanischen Verfassungsrecht, tragende Prinzipien der US-Verfassung beschreibt, die streng durchgeführte Gewaltenteilung jedoch unerwähnt läßt und das, obwohl er allgemein als Befürworter der Gewaltenteilung gilt.[214] An anderer Stelle betont er den Modellcharakter der Vereinigten Staaten für Deutschland und die Schweiz bezüglich der Aufteilung der Kompetenzen zwischen Bund und Einzelstaaten, läßt die Gewaltenteilung aber auch außen vor.[215] Zachariä unterscheidet sich von Mohl zwar dadurch, daß er grundsätzlich Gewaltenteilung gutheißt, jedoch unterstreicht er seine Auffassung nicht durch die Hervorhebung des offensichtlich gut funktionierenden amerikanischen Beispiels.

d) *Carl Theodor Welckers Sonderrolle*

Eine Ausnahme hierzu stellt Welcker dar, der in seinem Artikel „Cabinets-Justiz" in der zweiten Auflage des Staatslexikons von 1846, in dem er sich mit der Gewaltenteilung auseinandersetzt, die Vorbildfunktion der USA hervorhebt. Dabei führt er die wachsende Prosperität des noch relativ jungen Staates gerade auf die streng durchgeführte Gewaltentrennung zurück. Er schreibt: *„[Dort gibt es den] Staatsgrundsatz, die Vollziehungs-, die Gesetzgebungs- und die Richterthätigkeit zu trennen und selbständig zu organisieren. Ein halbes Jahrhundert hindurch besteht auch wirklich diese Organisation ungestört und begründet [...] unbestreitbar ein vorher in der Weltgeschichte beispiellose Freiheit und zunehmende Blüthe und Macht des Staates."*[216]

Welcker spielt auch hier eine Sonderrolle, wenn er in der US-amerikanischen Verfassung ein Modell für eine gelungene Umsetzung des dreiteiligen Gewaltenteilungsprinzips sieht, das auch für Deutschland Vorbildcharakter besitze. Mit dieser Auffassung hat er in der damaligen Staatslehre eine Ausnahmestellung.

---

214 Carl Salomo Zachariä, Constitution der Vereinigten Staaten. (Nordamerika.), in: Kritische Zeitschrift für Rechtswissenschaft und Gesetzgebung des Auslandes, 8 (1836), S. 1-34.

215 Carl Salomo Zachariä, Constitution der Vereinigten Staaten, in: Kritische Zeitschrift für Rechtswissenschaft und Gesetzgebung des Auslandes, 8 (1836), S. 33.

216 Carl Theodor Welcker, in: Rotteck-Welcker, Staats-Lexikon, Bd. II, Art. „Cabinets-Justiz", S. 779.

Diese besondere Position, die er in dieser Frage einnimmt, korrespondiert im übrigen mit seiner Vorstellung von einem dreiteiligen Gewaltenteilungsmodell, in dem sich die einzelnen Gewalten gegenseitig hemmen und miteinander verschränkt sind. Welcker spricht sich in seinem Artikel „Gleichgewicht der Gewalten“ im von ihm mit herausgegebenen Staatslexikon nicht nur für Gewaltenteilung aus, sondern er favorisiert ein *„inneres politisches organisches Gleichgewicht“*, eine *„Theilung und ein Gegengewicht oder ein Gleichgewicht der Gewalten“* oder auch ein *„organisiertes System gegenseitiger Mäßigung und gegenseitiger Vereinbarung“*.[217]

Im Gegensatz zu großen Teilen auch der liberalen Staatslehre sieht Welcker in der gegenseitigen Hemmung der einzelnen Staatsgewalten demnach keine Blockade, die die Funktion des Staates in existentieller Weise beeinflussen könnte, sondern gerade ein zentrales Funktionsprinzip der Gewaltenteilung, durch das sich die einzelnen Gewalten gegenseitig die Waage halten und insgesamt das optimale Funktionieren des Staatswesens gewährleistet wird. Genau dies suchten schließlich auch die amerikanischen Verfassungsväter in ihrem Entwurf zu verwirklichen. Insofern kann Welckers Ansatz als äußerst durchdacht charakterisiert werden und zeichnet sich durch seine ihm inne wohnende Konsequenz aus, die ihn geradezu als innovativ beschreiben läßt. Somit kommt ihm hier in der damaligen Gewaltenteilungsdiskussion eine Außenseiterposition zu. Diese zeigt sich auch darin, daß er den Vorgaben des Art. 57 WSA nicht entsprechen will, indem er eine höchste Gewalt konstruiert, sondern sich konsequent für ein dreigliedriges Gewaltenteilungsmodell nach Montesqueu einsetzt. Hierzu sei auf das Kapitel „Anpassung der Gewaltenteilungsmodelle an das monarchische Prinzip: Die Bildung einer übergeordneten oder höchsten Gewalt – Carl Theodor Welckers Ausnahmeposition“ verwiesen“.

e) Ergebnis

Robert von Mohl beschäftigt sich eingehend mit der US-amerikanischen Verfassung und kann daher auch aufgrund seiner einschlägigen Veröffentlichungen als Kenner derselben bezeichnet werden. Dabei ist ihm durchaus bewußt, daß die Verfassung der Vereinigten Staaten das dreiteilige Gewaltenteilungsmodell umsetzt. Zwar sieht er in den USA einen Musterstaat, trotzdem erkennt er hier jedoch kein Vorbild für Europa. Carl Salomo Zachariä beschäftigt sich ebenfalls mit dem US-amerikanischen Verfassungsrecht, untermauert seine Meinung als Vertreter des dreiteiligen Gewaltenteilungsmodells jedoch auch nicht mit einem

---

217 Carl Theodor Welcker, Art. Gleichgewicht der Gewalten, in: Staats-Lexikon, Band VI, S. 40.

Verweis auf das offensichtlich gute Funktionieren des amerikanischen Staatswesens.

Die anderen untersuchten Autoren äußern sich zur Frage der Vorbildfunktion der US-amerikanischen Verfassung praktisch nicht. Auch hier war offensichtlich kein Bedarf vorhanden, eigene staatstheoretische Positionen durch einen Blick über den Atlantik auf die neue Welt zu begründen. Es kann hier allerdings nicht von einem Defizit gesprochen werden, das auf mangelnde Quellenkenntnis oder fehlendes Interesse zurückzuführen wäre. Die Ursachen dieses Umstandes liegen tiefer. Historische Kontinuität und Geschichtlichkeit wurden im Vormärz zum zentralen Ansatz der gesamten Staatslehre und zum grundlegenden Prinzip, wie es Hegel und die Historische Schule propagierten. Man entfernte sich von den Prinzipien der Aufklärung und damit auch dem dreiteiligen Gewaltenteilungskonzept Montesquieus und Kants sowie dessen Schülern.[218] Die Nichtbeachtung der US-amerikanischen Verfassung rührt daher nicht von deren Unkenntnis her. Sie wurde vielmehr bewußt nicht als Modell in Betracht gezogen, da die damalige Staatslehre eine Übertragung ihrer Prinzipien auf Europa aufgrund des historischen Erbes der Monarchien für nicht durchführbar erachtete. Nur Welcker stellt hier eine Ausnahme dar, indem er als Anhänger des dreiteiligen Gewaltenteilungsprinzips auf dessen gelungene Verwirklichung in der US-amerikanischen Verfassung verweist und deren Vorbildcharakter für Deutschland betont.

2. Großbritannien

a) Einleitung

Beschäftigt man sich mit dem Englandbild der Staatslehre im Vormärz, so scheint dies vor allem im Vergleich zu Frankreich eher positiv ausgesehen zu haben. Dieser Eindruck entsteht zumindest bei der Durchsicht der einschlägigen Sekundärliteratur. So schreibt F. Gunther Eyck in seinem Aufsatz „English and French Influences on German Liberalism before 1848" über die Sicht der Liberalen auf England: *„So far from being French-oriented, many of the meridinal and occidental German liberals before 1848 were emphatically Anglophile. Very often this Anglophilism was related in inverse proportion to a Francophobe attitude on the part of the same persons."*[219] Und Theodor Wilhelm führt in seiner

218 Siehe hierzu das Kapitel „Organismusvorstellungen als Versuch einer sprachlich bildhaften Bewältigung".

219 F. Gunther Eyck, English und French Influences on German Liberalism, in: Journal of the History of Ideas, Bd. 28, 1957, S. 313 ff. (341).

Untersuchung „Die englische Verfassung und der vormärzliche deutsche Liberalismus" aus: *„Die Neigung, auf fremde Verfassungsvorbilder zurückzugreifen, wird bald so stark, dass man ohne solche Muster keine deutsche Konstitution mehr bilden zu können glaubt. Nun hatte sich durch Montesquieu's Hinweis auf die englische Verfassung die unbestimmte politische Sehnsucht des Kontinents zum ersten Mal einen festeren Halt bekommen. Seither bildet gerade der englische Staat einen festen Bestandteil bei allen verfassungstheoretischen Versuchen des Festlandes, [...]."*[220]

Gegenstand dieses Kapitels soll keine breite Darstellung des Englandbildes der hier untersuchten elf Autoren sein. Vielmehr soll der Frage nachgegangen werden, ob England tatsächlich gerade von der liberalen Staatslehre als Vorbild betrachtet, und inwieweit hierbei auf Montesquieu eingegangen wurde, der in seinem berühmten Kapitel, in dem er vermeintlich ein dreiteiliges Gewaltenteilungsmodell entwickelte, das englische Staatswesen beschrieb. Dieses Kapitel in seinem Werk „Geist der Gesetze" hat insofern eine besondere Rolle gespielt, als es von vielen einerseits als Fehlinterpretation des englischen Systems kritisiert wurde, andererseits aber offensichtlich auch viele dazu anregte, sich näher mit dem englischen Staatswesen zu beschäftigen. Hier soll untersucht werden, warum Montesquieus Beschreibung der englischen Verfassung so vehement abgelehnt wurde, wenn gleichzeitig Englands historisch gewachsenes Staatsgefüge vielen Liberalen vermeintlich als positives Beispiel diente. Fraglich ist daher, ob vielleicht einige der hier behandelten Autoren nicht zu England als Beispiel einer funktionierenden Gewaltenteilung Stellung bezogen haben.

b) Die konservative Staatslehre

(1) Friedrich Julius von Stahl

Von den hier drei untersuchten Vertretern der konservativen Staatslehre beschäftigt sich Friedrich Julius von Stahl am intensivsten mit der englischen Verfassung. Dabei fällt auf, daß er diese grundsätzlich nicht abfällig kommentiert, obwohl sie doch seinem Bild von einem in die Staatspraxis umgesetzten monarchischen Prinzip so gar nicht entspricht. Stahl zieht daher die englischen Verhältnisse als Gegenbeispiel zur Verdeutlichung seiner Vorstellungen vom monarchischen Prinzip heran. Dabei stellt er diesem das sogenannte parlamentarische Prinzip entgegen, das in Großbritannien vorherrsche: *„Der eigentliche und spezifische Gegensatz gegen das monarchische Prinzip ist deshalb vielmehr das*

---

220 Theodor Wilhelm, Die englische Verfassung und der vormärzliche deutsche Liberalismus, Stuttgart 1928, S. 2.

parlamentarische Princip, wie wir ihm diesen Namen geben wollen, d. i. die überwiegende Stellung des Parlaments gegenüber dem Könige, die sich in England ausgebildet hat und natürlich in den auf Volkssouveränetät gegründeten Verfassungen nicht in geringerem, sondern in höherem Grade angestrebt wird. Die Beleuchtung dieser Stellung des englischen Parlaments wird daher die sichere Erkenntniß des monarchischen Prinzips vorbereiten."[221]

Den Hauptunterschied zwischen Großbritannien und dem Deutschen Bund, wo das monarchische Prinzip fest verankert wurde, sieht Stahl in der starken Position des englischen Parlaments. Ihm komme rechtlich sogar eine Art Mitsouveränität zu. Dies drücke sich in dessen Initiativrecht aus. Aufgrund des weiten englischen Gesetzesbegriffs, der ein umfangreiches parlamentarisches Zustimmungserfordernis nachsichziehe, sei das Parlament mit einer großen Machtfülle ausgestattet.[222] Ein anderes Beispiel für die Umsetzung des parlamentarischen Prinzips in England ist für ihn die weitgehende Ministerverantwortlichkeit. Dieser Grundsatz der Verantwortlichkeit der Minister, der die Kehrseite zur Unverantwortlichkeit des Souveräns darstelle, hält er aber auch in Deutschland für wichtig, allerdings in abgeschwächter Form. Zum einen dürften die Minister nur für die Gesetzmäßigkeit ihrer Handlung einstehen und nicht auf auch für die Zweckmäßigkeit. Zum anderen dürfe die Regel, daß die Minister ihr Amt niederlegten, wenn sie überstimmt würden oder gegen sie ein Mißtrauensvotum liefe, nicht als absolute Norm gelten.[223]

Insgesamt betrachtet, beschäftigt sich Stahl ausführlich mit dem konstitutionellen System in England.[224] In der englischen Verfassung sieht er auch eine Nationalvertretung, die er im Gegensatz zu den partikular ständischen Volksvertretungen in Deutschland wähnt.[225] Die englische Verfassung bewertet er grundsätzlich positiv und bescheinigt ihr einen besonderen konstitutionellen Charakter. Er schreibt: „*Wir können dies auch als den konstitutionellen Charakter bezeichnen, diesen Begriff dann in einem andern Sinne genommen als in dem jetzt üblichen, nach welchem er eine Theilung der Staatsgewalt und Beschränkung des Königs auf die bloße Exekutive bezeichnet. Hierin ist England Träger eines weltgeschichtlichen Fortschrittes und wir zeichnen daher in dem Folgenden die Umrisse solcher staatlichen reichsständischen Verfassung nach dem Vorbilde Englands.*"[226]

221 Friedrich Julius von Stahl, Philosophie des Rechts, Bd. II, S. 373 f.
222 Friedrich Julius von Stahl, Philosophie des Rechts, Bd. II, S. 374.
223 Friedrich Julius von Stahl, Die Revolution und die constitutionelle Monarchie, Berlin 1849, S. 97 ff.
224 Friedrich Julius von Stahl, Philosophie des Rechts, Bd. II, S. 343.
225 Friedrich Julius von Stahl, Philosophie des Rechts, Bd. II, S. 344.
226 Friedrich Julius von Stahl, Philosophie des Rechts, Bd. II, S. 343 f.

Wihelm Füßl betont daher in seiner grundlegenden Arbeit über Stahl und dessen Staatslehre, daß dieser sich vom englischen Staatsrecht beeinflussen lassen und es teilweise rezipiert habe. Diese Einwirkung könne man vor allem daran feststellen, daß sich Stahl trotz seiner dezidiert konservativen Auffassung im Gegensatz zu anderen restaurativen Theoretikern immer für eine Vertretung des Volkes durch die Stände ausgesprochen habe. Die Auseinandersetzung Stahls mit dem englischen Verfassungssystem sieht Füßl vor allem deshalb als wichtig an, da sich dieser dadurch nicht nur auf die französischen Verhältnisse als Negativbeispiel beziehe. Durch die intensive Beschäftigung mit den politischen Zusammenhängen in Großbritannien kommt Stahl vielmehr zu fundierten Aussagen über die konstitutionelle Monarchie, indem er die Gegensätze zu England herausarbeite.[227] Tatsächlich stellt Stahl die englische Verfassungswirklichkeit durchweg positiv dar, ohne diese jedoch als direktes Vorbild für Deutschland zu übernehmen. Er sieht vielmehr in ihr ein Gegenmodell zum Deutschen Bund, anhand dessen die Unterschiede zu diesem besonders anschaulich aufzeigbar seien. Stahl ließ sich demnach für seine Staatslehre von England inspirieren, ohne jedoch einen bestimmten Staatsaufbau oder staatsrechtliche Bestimmungen kopieren zu wollen.

(2) G. W. F. Hegel

Durchsucht man das Hegelsche Werk nach Äußerungen zu den politischen Verhältnissen in England, stößt man unweigerlich auf seinen Aufsatz über die englische Reformbill, den er kurz vor seinem Ableben im Jahr 1831 in der allgemeinen preußischen Staatszeitung veröffentlichte.[228] Gegenstand dieser Abhandlung ist die englische Parlamentsreform, bei der u.a. die Wahlkreise reformiert wurden. 143 von 200 sogenannten Rotten Boroughs fielen an neue städtische Wahlkreise. Damit spielte die Bevölkerungsverteilung zwischen den stark wachsenden Städten und dem Land nun auch bei der Einteilung der Wahlkreise im Unterhaus eine Rolle. Außerdem vergrößerte sich die Anzahl der Wahlbevölkerung durch die Ausweitung des Wahlrechts auf alle Hausbesitzer um die Hälfte. Hegel nimmt zu dieser Entwicklung dermaßen kritisch Stellung, daß nur drei Viertel seiner Schrift tatsächlich publiziert wurde. Der letzte Teil über die Verteilung der Gewalten wurde auf königlichen Befehl hin nicht gedruckt, da die Polemik Hegels gegen England so stark war, daß man aus außenpolitischen Gründen eine Kürzung für geboten hielt.[229] Trotz dieser Zensur nimmt Hegel in seinem Auf-

227 Wilhelm Füßl, Friedrich Julius Stahl, S. 41.
228 Allgemeine preußische Staatszeitung, 1831, Nr. 115-116, 118.
229 Theodor Wilhelm, englische Verfassung, S. 77.

satz noch immer eine äußerst distanzierte Haltung gegenüber den Neuerungen, die die Reformbill mit sich bringt, ein und übt scharfe Kritik. Gleichzeitig benennt er aber auch die Mißstände, die das bisherige englische Wahlsystem in sich barg. Vor allem schreibt er abfällig über die Tatsache, daß sich die Mehrheit der Anzahl der Sitze bei rund 150 Großgrundbesitzern befand, und diese Stimmen auch noch als Handelsgegenstand galten. Hegel meint daher zu diesem korrupten System: *„Es wird schwerlich irgendwo ein ähnliches Symptom von politischer Verdorbenheit eines Volkes aufzuweisen sein."*[230]

Interessant ist, daß er sich in Zusammenhang mit Montesquieus Beschreibung der englischen Verhältnisse und Gewaltenteilung äußert. Hegel führt dabei eine Tatsache der englischen Verfassungstradition an, um Montesquieus Modell zu widerlegen. Er sieht in dem Faktum, daß Mitglieder der englischen Regierung auch Abgeordnete sind, einen Beweis dafür, daß eine streng durchgeführte Gewaltenteilung, bei der in der Regierung keine Parlamentsmitglieder beteiligt sind, zu einer Aufhebung der Einheit des Staates führe. Daß die Vereinigten Staaten hier als Gegenbeweis hätten dienen können, läßt er freilich außer Betracht:

„Es gehört zu den falschen Ansichten vom Staate, wenn man die Regierungsmitglieder, wie etwa die konstituierende Versammlung tat, von den gesetzgebenden Körpern ausschließen will. In England müssen die Minister Mitglieder des Parlaments sein, und dies ist insofern richtig, als die Teilnehmer an der Regierung im Zusammenhang und nicht im Gegensatze mit der gesetzgebenden Gewalten stehen sollen. Die Vorstellung von der sogenannten Unabhängigkeit der Gewalten hat den Grundirrtum in sich, daß die unabhängigen Gewalten dennoch einander beschränken sollen. Aber durch diese Unabhängigkeit wird die Einheit des Staates aufgehoben, die vor allem zu verlangen ist."[231]

Hegel sieht hier Montesquieus Gewaltenteilungsmodell in der Staatspraxis dadurch durchbrochen, daß Minister auch gleichzeitig Mitglieder des Parlaments sein müssen. Diesen Umstand befindet er gleichwohl grundsätzlich für gut, um eine personelle Verbindung zwischen Exekutive und Legislative sicherzustellen. Das dreiteilige Gewaltenteilungsmodell hält er damit aber für widerlegt. Hegels Englandbild ist vor allem durch seine scharfe Kritik an den herrschenden politischen und sozialen Zuständen geprägt. Es spricht für Hegels geistige Schärfe, wenn er nicht einfach das dreiteilige Gewaltenteilungsmodell ablehnt und dessen englisches Vorbild aber diesbezüglich unkommentiert läßt. Hegel sieht Großbritannien grundsätzlich kritisch, und ähnlich wie Stahl erkennt auch er im engli-

---

230 G. W. F. Hegel, Über die englische Reformbill, in: Werke in 20 Bänden, Frankfurt a.M. 1970, Bd. XI, S. 84.

231 G. W. F. Hegel, Grundlinien der Philosophie des Rechts, § 300, S. 467.

schen Staatswesen kein Vorbild für Deutschland. Jedoch ist Stahl mit seinen Kommentaren hier durchweg zurückhaltender als Hegel.

(3) Romeo Maurenbrecher

Maurenbrecher setzt sich in seinen Schriften kaum mit dem politischen System Englands auseinander. In seinem Werk „Grundsätze des heutigen Staatsrechts“ finden sich keinerlei Anhaltspunkte, die auf eine Beschäftigung mit dem englischen konstitutionellen System schließen lassen. Dies trifft ebenso auf sein Buch „Die deutschen regierenden Fürsten und die Souverainität“ zu, in dem Maurenbrecher die Theorie der Staatssouveränität zu widerlegen versucht und sich für das Prinzip der Fürstensouveränität ausspricht.[232] Daß er als konservativer Staatslehrer das englische politische System in seinen Publikationen offensichtlich weitgehend unberücksichtigt läßt, muß schon als auffällig bezeichnet werden. Berücksichtigt man hier noch die Tatsache, daß sich die hier untersuchten anderen Vertreter der konservativen Staatslehre, Stahl und Hegel, ausführlich mit England auseinandersetzen und sich im übertragenen Sinn an dem britischen konstitutionellen System „reiben“ und abarbeiten, um ihre Vorstellungen einer konstitutionellen Monarchie zu erläutern, so läßt sich Maurenbrechers weitgehende Ignorierung des englischen Verfassungssystems als Besonderheit festhalten.

c) Der vernunftrechtliche Liberalismus

(1) Sylvester Jordan

Sylvester Jordan bildet unter den Liberalen insofern eine Ausnahme, als er sich bei seinen Ausführungen über *„die vollkommenste Staatsform“* in seinem „Versuche über allgemeines Staatsrecht“ dagegen ausspricht, ausländische Vorbilder bei deutschen Verfassungsfragen heranzuziehen. Dies ist insbesondere im Vergleich zu Welcker der Fall, für den die englische Verfassung Modellcharakter besitzt.[233] Jordan hingegen unterläßt es bewußt, ausländische Verfassungen als Vorlage zu verwenden. Er geht denn auch, wenn er in seinem Staatsrecht seine Vorstellungen von einer idealen Verfassung präsentiert, mit keinem Wort auf Frankreich oder Großbritannien ein. Vielmehr kritisiert er andere Gelehrte in ei-

---

232 Romeo Maurenbrecher, Die deutschen regierenden Fürsten und die Souverainität, Frankfurt a.M. 1839.

233 Carl Theodor Welcker, Art. Englands Staatsverfassung, in: Staats-Lexikon, Bd. II, S. 420.

ner polemischen Art und Weise scharf und spricht in diesem Zusammenhang von einer „übertriebenen Nachäfferei".[234] Er führt hierzu aus: „*Hiernach läßt sich von selbst bemessen, was von der Annahme einer fremden Verfassung zu halten sei. Ist die Nachahmung schon überhaupt ein Beweis von Geistesarmuth oder wenigstens von geistiger Trägheit, so kann sie einem Volke noch überdieß in politischer Hinsicht höchst nachteilig werden, abgesehen davon, daß eine fremde Verfassung für die einheimischen Verhältnisse niemals völlig passend sein wird. Ein Volk wird nämlich durch die Annahme einer fremden Verfassung gleichsam sich selbst entfremdet, in ein fremdes Land versetzt und zu dem fremden Volke, dessen geistige Superiotät es durch eine solche Annahme unzweideutig anerkennt, in das Verhältniß eines Schülers zu seinem Lehrer gebracht; ein Verhätniß, welches die politische Unterwerfung um so leichter herbeiführen kann, als es die geistige bereits begründet hat.*"[235]

Diese Haltung ist besonders interessant vor dem Hintergrund, daß Jordan für die Deutschen „*nach ihrem jetzigen Culturstande, nach ihren geschichtlichen Verhältnissen und den gemachten Erfahrungen, die erbliche Einherrschaft mit repräsentativer Regierungsform (repräsentative, auch constitutionelle Erbmonarchie) die relativ beste Staatsform*" ansah.[236]

Demnach drängt sich Großbritannien geradezu als Beispiel auf. Jordan weist jedoch alle ausländischen Vorbilder zurück und besinnt sich auf die nationale Eigenständigkeit. Fraglich ist daher, ob die Warnung Jordans vor der Übernahme fremder Verfassungen einzeln dasteht, oder ob die Liberalen im Vormärz doch generell skeptischer gegenüber einer Orientierung am englischen Vorbild eingestellt waren, als heute allgemein vermutet wird.

(2) Karl von Rotteck

„*Das Beispiel Englands und seiner glorreichen Revolution ward ein Gemeingut der ganzen civilisierten Welt, und die, Tag für Tag sich mehrenden, Früchte der fortwährend emsiger betriebenen philosophischen wie historischen Studien waren eben so viele Materialien zum Bau der geläuterten Staatslehre.*"

Diese enthusiastische Einschätzung der englischen Verfassungsentwicklung gibt Karl von Rotteck im zweiten Band seines Lehrbuchs des Vernunftrechts und der Staatswissenschaften ab.[237] Es scheint somit zunächst so, als sei England Rottecks großes Vorbild einer funktionieren konstitutionellen Monarchie. Daß er

234 Sylvester Jordan, Versuche, S. 176.
235 Sylvester Jordan, Versuche, S. 174.
236 Sylvester Jordan, Versuche, S. 177.
237 Karl von Rotteck, Lehrbuch, Bd. II, S. 37.

einer Übertragung des englischen Verfassungssystems nach Deutschland gleichwohl kritisch gegenüberstand, beweist die Bemerkung, mit der er die zahlreichen Bewunderer der englischen Verfassung als Gegner der liberalen Ideen brandmarkt. Diese seien *„verständig genug, um die Unmöglichkeit einzusehen, dieselben völlig zu unterdrücken [...] diesen Politikern erscheint die englische Verfassung gewissermaßen als ein annehmbarer Vergleichsvorschlag mit dem Geiste der Zeit, oder als ein Beschwichtigungs- und Beschwörungsmittel für die kühn aufstrebenden Forderungen der Völker, als eine treffliche Hemmung des gefürchteten Voranschreitens."*[238]

Diese Aussage ist ausgesprochen interessant, da Rotteck das Berufen auf die englische Verfassung nicht als Ausdruck einer liberalen Gesinnung, sondern offenbar als Argumentationsreservoir für Konservative sieht. Offensichtlich wurde das englische Staatswesen von vielen Liberalen doch nicht so geschätzt, wie es in der heutigen Forschung dargestellt wird. Es gab demnach auch unter den Liberalen viele Skeptiker und Kritiker der englischen Verhältnisse. Überhaupt wendet sich Rotteck gegen eine Verklärung der britischen Verfassung und nutzt seine Besprechung einer deutschen Übersetzung von George Custances „A concise view of the Constitution of England" in der Leipziger Literaturzeitung zu einer umfassenden Kritik, bei der er die starke Position des englischen Parlaments abfällig kommentiert. Er spricht in diesem Zusammenhang von einer *„furchtbaren Allmacht des Parlaments"*, einer *„durchaus verkehrten, bizarren, blos auf historischen, nicht auf vernünftigen Rechtsgründen ruhenden Zusammensetzungsart"*, durch die *„Unlauterkeit und Corruption desselben gar nicht vermieden werden"* könne.[239] Insgesamt sieht er in der englischen Verfassung *„ein Erzeugniß von Begebenheiten, nicht aber der frei schaffenden Vernunft"*. Sie sei lediglich ein *„Stückwerk, eine nach und nach, und zwar meist während barbarischen Jahrhunderte und unter dem wechselnden Einflusse mancherlei Leidenschaften, Interessen und Gewaltthaten, entstandene Anhäufung von einzelnen Grundsätzen, Bestimmungen, Vorsichtsmaßregeln und künstlichen Heilmitteln."*[240]

Rotteck zieht daher den Schluß: *„[...] so haben gleichwohl die großentheils zur politischen Mündigkeit gereiften oder reifenden europäischen Nationen des neunzehnten Jahrhunderts keinen Grund mehr, die englische Verfassung als ein zur unbedingten Nachahmung geeignetes Vorbild der Trefflichkeit zu betrachten, oder der Realisierung Dessen, was die vorangeschrittene politische Wissenschaft*

238 Herrmann von Rotteck (Hrsg.), Dr. Carl von Rotteck's nachgelassene Schriften mit Biographie und Briefwechsel, Band 2, Pforzheim 1841, S. 96.

239 Herrmann von Rotteck (Hrsg.), Rotteck's nachgelassene Schriften, Bd. II, S. 99.

240 Herrmann von Rotteck (Hrsg.), Rotteck's nachgelassene Schriften, Bd. II, S. 98.

aus Gründen des ewigen Rechts oder geprüften Klugheit fordert, darum zu entsagen, oder darum davor zurückzubeben, weil in England etwas Anderes bestehe, oder die Einführung des Geforderten verweigert werde."[241]

Rottecks Ablehnung der englischen Verfassung liegt wohl in seiner grundsätzlichen Geringschätzung des parlamentarischen Systems. Für ihn stehen Volksrepräsentation und Regierung immer als Gegenpole gegenüber. Dieser Dualismus zeichnet sich seiner Ansicht nach durch ein von beiderseitigem Mißtrauen bestimmtes feindseliges Verhältnis aus. Rotteck sieht somit die Kontrollfunktion eines Parlaments, die durch die Opposition geleistet wird, eher negativ. Wahrscheinlich spielen hier auch seine eigenen Erfahrungen in der parlamentarischen Praxis eine Rolle. So überwarf sich Rotteck mit der eigenen Fraktion, als er sich gegen eine Unterstützung der Politik des badischen Innenministers Winters aussprach, die auch als gemäßigter Beamtenliberalismus charakterisiert wird.[242] Rotteck ist insgesamt als entschiedener Kritiker einer Übernahme des englischen Verfassungssystems anzusehen. Insofern muß dem Bild widersprochen werden, die Verhältnisse in England hätten für viele Liberale Vorbildcharakter besessen. Wie wir bereits gesehen haben, nahm auch Jordan in der Frage, ob England eine Vorbildfunktion zukomme, eine abwehrende Haltung ein. Auch die Äußerung Rottecks, in der er Befürworter der englischen Verfassung als Gegner des Liberalismus kritisiert, sollte bei der Frage, welchen Stellenwert England in der liberalen Staatslehre hatte, Anlaß sein, das heutige Bild auf seine Richtigkeit hin zu überprüfen. Des weiteren ist hier festzuhalten, daß Rotteck und Jordan bei ihren Englandbetrachtungen nicht auf Montesquieus Gewaltenteilungskonzeption eingehen. Dies unterscheidet sie von Hegel, der sich als Konservativer viel ausführlicher mit dem Themenkomplex Montesquieu und englische Verfassung beschäftigt und dabei, wie bereits gezeigt, versucht, dessen Modell anhand von Beispielen aus der Verfassungspraxis zu widerlegen.

(3) Johann Christian von Aretin

Aretin beschäftigt sich im ersten Band seines „Staatsrechts der constitutionellen Monarchie" ausführlich mit der englischen Verfassung. Er setzt sich dabei intensiv mit Montesquieus Gewaltenteilungsmodell und dessen Beschreibung des politischen Systems Englands auseinander. Immer wieder unternimmt er den Versuch, Montesquieus Einteilung der Gewalten anhand von praktischen Beispielen zu widerlegen. So führt er als Argument dafür, daß die Trennung der Gewalten

241 Herrmann von Rotteck (Hrsg.), Rotteck's nachgelassene Schriften, Bd. II, S. 100.
242 Ursula Herdt, Verfassungstheorie, S. 206.

in England eben nicht konsequent umgesetzt sei, die Tatsache an, daß das Oberhaus zugleich auch die richterliche Gewalt ausübe.[243] Er stellt folgendes fest:

„Die englische Verfassung und ihre Nachbilder beruhen auch keineswegs auf Theilung oder Trennung der Gewalt, sondern auf der Beschränkung der Monarchie durch Aristokratie und Demokratie, und auf dem vereinigten Zusammenwirken dieser drei im Staate vorhandenen Hauptinteressen."[244]

Aretin analysiert aber nicht nur mit das dreiteilige Gewaltenteilungsprinzip, sondern diskutiert unter der Überschrift „Von der sogenannten Prärogative des constitutionellen Monarchen" auch davon abweichende Modelle. Dabei stellt er die Theorie von der sogenannten königlichen Prärogative vor. Dabei werden alle monarchischen Rechte, die sich nicht der Exekutive zuordnen lassen, unter einem Begriff zusammengefaßt. Diese Auffassung, so Aretin, finde sich vor allem in Großbritannien. In Frankreich, so führt er weiter aus, habe sich Benjamin Constants Modell vom pouvoir royal durchgesetzt. Diese Theorie findet er zunächst einleuchtend, so daß er näher auf sie eingeht: *„Durch reifes Nachdenken habe ich mich von ihrer Richtigkeit überzeugt, und will sie, da der Gegenstand neu genug ist, näher erörtern. Wenn die drei bekannten Gewalten sich durchkreuzen, anstoßen, hemmen, so müssen sie durch eine höhere Gewalten den gehörigen Schranken gehalten werden."*[245] Constant versuchte durch die Konstruktion einer vierten Gewalt, dem pouvoir royal, die den anderen Gewalten übergeordnet ist, der besonderen Stellung des Monarchen als deren Inhaber Rechnung zu tragen. Damit sollte dieser aus dem politischen Tagesgeschäft herausgehalten werden und einen neutralen und übergeordneten Rang innerhalb der Verfassung bekleiden. Man spricht deshalb bei dieser vierten Gewalt vom pouvoir royal oder pouvoir neutre.[246]

Doch nach einer, wie Aretin selbst sagt, eingehenden Prüfung verwirft er diesen theoretischen Ansatz wieder. Dies begründet er damit, es sei praktisch unmöglich, daß der Monarch einerseits neutral bleiben, andererseits im Streitfall zwischen den anderen Gewalten als oberster Richter vermitteln soll und als solcher die jeweiligen Parteien in die Schranken zu weisen habe. Am Ende sei der Monarch auch bei diesem Konzept der höchste Gesetzgeber.[247]

Aretin setzt sich in seinen Ausführungen zur englischen Verfassungsentwicklung als ausgesprochener Gegner Montesquieus Konzeption mit dieser gleichwohl sehr intensiv auseinander. Die Besonderheiten der englischen Ver-

---

243 Johann Christian von Aretin, Staatsrecht, S. 88.
244 Johann Christian von Aretin, Staatsrecht, S. 88.
245 Johann Christian von Aretin, Staatsrecht, S. 192.
246 Lothar Gall, Benjamin Constant, S. 166 ff.; siehe hierzu das Kapitel "Die Fortführung in Frankreich – Der Monarch als "pouvoir neutre", S. 71 ff.
247 Johann Christian von Aretin, Staatsrecht, S. 194 f.

fassung und der Stellung des Monarchen sind ihm wohl bewußt, dennoch sieht er darin, wie Rotteck und Jordan, kein Modell für Deutschland. Auch Constants Konzeption, die das Problem des Dualismus zwischen Monarch und Volksvertretung auf geschickte Art zu lösen versucht, wird von Aretin ebenso verworfen. Aretin ist somit ein besonders anschauliches Beispiel für ein Defizit, das in der Staatslehre im Vormärz offensichtlich weit verbreitet war. Wie viele andere Liberale unterläßt er es, durch den Blick in andere europäische Staaten, wie Großbritannien, und eine offene Auseinandersetzung mit der ausländischen Staatslehre, wie Benjamin Constant, gangbare Alternativen zur Lösung der durch den Dualismus angelegten Blockade in vielen deutschen Territorien zu formulieren.

d) Der historisch-organische Liberalismus

(1) Friedrich Christoph Dahlmann

Dahlmann bleibt bei seiner Schilderung der englischen Verfassungsentwicklung in seiner „Politik" überraschend zurückhaltend mit persönlichen Kommentaren. Obwohl er aufgrund seines Engagements in der Frankfurter Paulskirche als ausgewiesener Liberaler gilt, unterläßt auch er es, die englische Verfassung als erstrebenswertes Vorbild darzustellen. Gleichwohl wertet er diese positiv. In dem Unterkapitel seiner Politik „das Parlament von Großbritannien" schreibt er: *„Das heutige England krankt an seiner übelgelungenen Kirchenverbesserung, seinen Armenlasten, seiner Staatsschuld, an den Veraltungen seiner Gesetzgebung im Privat- und Strafrecht, seiner Colonial-Größe, seinem Irland; allein seine Verfassungs-Organe waren nie gereinigter als jetzt und sie haben die Frische ihrer Kraft bereits durch erfolgreiche Angriffe auf mehrere dieser Übel bethätigt."*[248] Hier geht Dahlmann zwar auch auf die Probleme des britischen Staates ein, würdigt aber nichtsdestoweniger die Arbeit und das Zusammenspiel der verschiedenen Verfassungsorgane. Ansonsten beschränkt er sich in diesem Kapitel auf eine detaillierte Darstellung des britischen Staatsaufbaus. Der Name Montesquieu fällt in diesem Kontext ebenso wenig wie die der Begriff Gewaltenteilung. Außerdem geht er nicht auf die Frage ein, ob der englische Staatsaufbau den Monarchien im Deutschen Bund als Vorbild dienen könnte. Obwohl Dahlmann England insgesamt gesehen aufgeschlossen gegenübersteht, bleibt doch seine Auseinandersetzung mit der Verfassung eher blaß und kommt über eine bloße Beschreibung der Verfassungszustände nicht hinaus. Auch bei Dahlmann ist daher eine besondere Betonung und Hervorhebung Englands als Positivbeispiel einer gelungen Machtaufteilung zwischen Parlament und Monarch nicht festzustellen.

248 Friedrich Christoph Dahlmann, Politik, S. 61.

(2) Friedrich Schmitthenner

Friedrich Schmitthenner geht in seinem Hauptwerk, die „Grundlinien des allgemeinen und idealen Staatsrechtes" praktisch nicht auf England ein. Er schreibt lediglich in einer allgemeinen Übersicht im Kapitel „Übergang der Feudalmonarchie in den modernen constitutionellen Staat, namentlich in Deutschland" etwas zur geschichtlichen Entwicklung in England von der „Feudal-" zur „konstitutionellen Monarchie".[249] Dabei schildert er knapp in einer ausgesprochen pathetischen Sprache die englischen Thronkämpfe im 14. und 15. Jahrhundert:

„Mit dunkler Erschütterung aller Fundamente der Gesellschaft, mit mehrfachem Bruche des Rechts, wobei die Geister des Bösen los wurden, brach England die Feudalmonarchie. Der Adel, welcher sie trug, war in den langwierigen Kriegen mit Frankreich und in dem mörderischen Kampfe der rothen und weißen Rose fast vernichtet worden, die Bollwerke der Freiheit standen unbewacht und unbeschützt, als Heinrich, der Gründer des Hauses Tudor, das Schwert in der Hand auf den Thron stieg."[250]

Ansonsten beschäftigt sich Schmitthenner in seinem Hauptwerk nicht näher mit der englischen Verfassungsentwicklung. Dafür nehmen seine Kategorisierungs- und Einteilungsversuche der Staatsgewalt ganz in der Tradition der Reichspublizistik relativ viel Platz in Anspruch. In seinem zweiten großen Werk, den „Grundlinien der Geschichte der Staatswissenschaften, der Ethnologie und der Nationalökonomie" setzt sich Schmitthenner ebenso allenfalls oberflächlich mit der englischen Verfassungsentwicklung auseinander.

Zwar schreibt er allgemein:

„Einen entscheidenden Einfluß auf die Gestalt der Politik übte während dieses Zeitraums die englische Revolution, theils durch die Untersuchungen und heftigen Streitigkeiten über das göttliche Recht der Fürsten und die Volkssouverainetät, welche dieselbe bekleideten, theils durch die aus ihr hervorgehende Verfassung, welche später als Muster betrachtet ward."[251]

Daneben nennt er noch einige britische Vertreter der Staatslehre, zieht im übrigen aber keine größeren Rückschlüsse aus der geschichtlichen Entwicklung in Großbritannien. Friedrich Schmitthenner sieht offensichtlich im englischen politischen System kein Vorbild für Deutschland. Weder diskutiert er die britische Verfassungsentwicklung als positives Beispiel für eine gewachsene konstitutionelle Monarchie, noch beschäftigt er sich mit ihr im Zusammenhang mit der Gewaltenteilungsproblematik.

---

249 Friedrich Schmitthenner, Grundlinien, S. 206.
250 Friedrich Schmitthenner, Grundlinien, S. 206.
251 Friedrich Schmitthenner, Grundlinien, S. 81.

(3) Carl Theodor Welcker

Carl Theodor Welcker publizierte nicht nur viel über England und das dortige Staatswesen, durch seine Reisen kannte er es auch aus eigener Anschauung. Für ihn stellt sich die englische Verfassung als die freieste und glücklichste der Erde dar. Sie gewähre den Bürgern alle Güter, die eine Verfassung geben könne. Dies beruhe nicht auf den Eigentümlichkeiten von Lage und Klima, sondern, wie Montesquieu, der sonst hierauf übermäßiges Gewicht lege, schon ausgeführt habe, auf dem weisen Gleichgewicht der Gewalten, vollkommener Pressefreiheit und dem Grundsatz, daß öffentlicher Charakter nur im Sonnenschein der Publizität gedeihe.[252]

Welckers umfangreichste Schrift über das englische politische System ist der 68 Seiten lange Artikel über „Englands Staatsverfassung" im Staats-Lexikon. Auffällig ist bei seinen Ausführungen nicht nur die Tatsache, daß Welcker die englische Verfassung grundsätzlich für mustergültig hält, er nennt in ihrem Zusammenhang auch Montesquieu, ohne diesen zu kritisieren:

„Das Wesen der englischen Verfassung besteht in der menschlichen, bürgerlichen und politischen Freiheit und freien Selbstregierung aller gemeinschaftlichen Angelegenheiten unter Leitung möglichst einfacher, zweckmäßiger Gesellschaftsgewalten, die, grundvertragsmäßig aus dem gemeinschaftlichen Nationalleben hervorgehend, sich durch gesunde organische Wechselwirkung zugleich unterstützen und zugleich gegenseitig in ihren grundvertragsmäßigen Schranken halten. Diese gegenseitige Beschränkung auf die dem gesunden Staatsorganismus wesentlichen Schranken nennen die Engländer das Gleichgewicht, Montesquieu die angemessene Vertheilung der Gewalten."[253]

Welcker sieht demnach als Befürworter des dreiteiligen Gewaltenteilungsmodells dieses in England am besten umgesetzt. Während andere Autoren Montesquieu bezichtigen, er hätte die Zusammenhänge des britischen Verfassungslebens falsch verstanden, macht Welcker, wie aus obigem Zitat hervorgeht, deutlich, daß er dessen Charakterisierung des englischen Staatslebens für richtig hält und seine Auffassung teilt. Welcker erblickt im englischen Staat als einziger der hier untersuchten Autoren ein funktionierendes dreiteiliges Gewaltenteilungssystem und stimmt mit den diesbezüglichen Ausführungen Montesquieus vollkommen überein.

---

252 Carl Theodor Welcker, Miscellen über Verfassung, in: Kieler Blätter, 2. Band, 1816, S. 165-185 (169 f.).

253 Carl Theodor Welcker, Art. Englands Staatsverfassung, in: Staats-Lexikon, Band IV, S. 420.

e) Die „Außenseiter"

(1) Robert von Mohl

Von den hier untersuchten Autoren beschäftigt sich Robert von Mohl am ausführlichsten mit England und der britischen Staatslehre. Besonders in seiner „Geschichte und Literatur der Staatswissenschaften", die noch heute einen guten Überblick über die allgemeine Geschichte der Staatslehre bietet, geht er umfassend auf die Rezeption Montesquieus in Großbritannien ein. Er stellt dabei dessen besondere Rolle und die allgemeine Anerkennung, die ihm entgegengebracht wurde, heraus. Vor allem aber beschreibt er den Einfluß Montesquieus auf De Lolme und Blackstone. Zu letzterem merkt er an, daß dieser sich mehr von Montesquieus Konzeption eines allgemeinen konstitutionellen Staatsrechts beeinflussen ließ, als die tatsächlichen Gegebenheiten des englischen Verfassungssystems zu beschreiben. Er schreibt daher auch de Lolme und Blackstone einen Hauptanteil an der Verbreitung des dreiteiligen Gewaltenteilungsprinzips nach Montesquieu zu.[254] Dabei stellt Mohl die großen Verdienste von Blackstones Verfassungskommentar heraus:

„Nichts wäre ungerechter und vergeblicher, als ein allgemein verwerfendes Urtheil über Blackstone's Werk auszusprechen. Schon der grosse, und noch mehr der dauernde Beifall, welchen dasselbe in England und auswärts gefunden hat, weist auf ein wahres Verdienst hin. Es ist jetzt fast ein Jahrhundert, seitdem dieses System zum erstenmale erschien; noch immer bildet es für die Meisten die Grundlage ihrer Kenntnisse des englischen Rechtes, gilt Manchem fast als ein juristisches Evangelium; noch immer erscheint das Buch in neuen Ausgaben, Bearbeitungen, Auszügen und Uebersetzungen."[255]

Dies hält Mohl aber nicht davon ab, Blackstone für dessen Anlehnung an Montesquieus Gewaltenteilungskonzeption massiv zu kritisieren:

„Drittens und hauptsächlich aber hängt er der oben bezeichneten Lehre von Montesquieu an. Muss auch zugegeben werden, dass sie bei ihm der Form nach weniger hervortritt, so ist sie doch seine Grundanschauung, welche auf die sachliche Darstellung grossen Einfluß hat. Und jeden Falles bringt sie den unübersehbaren Nachtheil, dass die dem eigentlichen geschichtlichen Wesen der Zustände entsprechende, also allein richtige Auffassung des englischen Staates versäumt und an ihrer Stelle ein Zerrbild gegeben wird."[256]

---

254 Robert von Mohl, Geschichte und Literatur, Bd. I, S. 275 f.

255 Robert von Mohl, Geschichte und Literatur, Bd. II, S. 40.

256 Robert von Mohl, Geschichte und Literatur, Bd. II, S. 42 f.

Mohls Kritik an De Lolme geht in die gleiche Richtung. Der Genfer De Lolme brachte seine berühmte Beschreibung des englischen Verfassungssystems zuerst im Jahr 1771 in französischer Sprache in Amsterdam und später im Jahr 1775 in Englisch heraus. Diese Schrift mit dem Titel „The Constitution auf England" wurde mit einem Vorwort von Dahlmann auch ins Deutsche übersetzt und mehrfach aufgelegt.[257] Auch hier beklagt Mohl, daß sich dieser zu eng an Montesquieu orientiere und dabei das englische Recht nur als Argumentationshilfe heranziehe. Mohl beschäftigt sich insgesamt sehr intensiv mit der englischen Verfassung, was sich schon daran zeigt, daß er die britische staatsrechtliche Literatur detailliert und kenntnisreich bespricht. Bemerkenswert ist hierbei, daß er selbst Blackstones und De Lolmes Ausrichtung auf Montesquieu scharf kritisiert. Dies ist aber entsprechend seiner Ablehnung jeglicher Gewaltenteilung nur als konsequent zu bezeichnen. Das hohe Niveau der Auseinandersetzung mit England zeigt im übrigen auch, daß der Vorwurf, Mohl habe die US-amerikanischen Verfassungszusammenhänge nur unzureichend gekannt,[258] nicht zutreffen kann. Einem Wissenschaftler wie Mohl, der sich grundsätzlich dermaßen gut auch in der englischen Staatslehre auskennt, können die Zusammenhänge der Verfassung der Vereinigten Staaten nicht verborgen geblieben sein.[259]

(2) Carl Salomo Zachariä

Durchsucht man Carl Salomo Zachariäs Schriften im Hinblick auf etwaige Betrachtungen der englischen Verfassungsentwicklung, so sind allen voran seine vier Artikel in der „Kritischen Zeitschrift für Rechtswissenschaft und Gesetzgebung des Auslandes" zu nennen. Neben drei Buchbesprechungen kommentiert Zachariä auch in seinem Aufsatz „Gesetze des Britischen Parliaments v. J. 1832 für die Verbesserung der Volksvertretung in England, Wales, in Schottland und Ireland" den Inhalt und die Auswirkungen der Reform Bill von 1832. Zachariä setzt sich als Verfechter des dreiteiligen Gewaltenteilungsmodells weder mit Montesquieu auseinander, noch beschäftigt er sich mit dessen Sicht auf die englische Verfassung. In den vier vorgenannten Artikeln findet jedenfalls keine diesbezügliche vertiefte Analyse statt. Im ersten Band seiner „Vierzig Bücher vom Staate", wo Zachariä ganz klar eine Aufteilung der Staatsgewalt in Exekutive, Legislative und Judikative favorisiert, geht er ebensowenig auf England ein.

---

257 Jean Louis de Lolme, Die Constitution Englands in ihrer genetischen Entwicklung, Berlin 1848.

258 Horst Dippel, amerikanische Verfassung, S. 29.

259 Siehe zu dieser Problematik das Kapitel „Die Auseinandersetzung mit historischen Vorbildern des Auslandes - Die Vereinigten Staaten von Amerika".

Hier ist zwischen Welcker und Zachariä, die beide die einzigen klaren Befürworter des dreiteiligen Gewaltenteilungsmodells der hier betrachteten elf Autoren sind, ein deutlicher Unterschied feststellbar. Im Vergleich zu Welckers Ausführungen zum Thema Gewaltenteilung wirken die diesbezüglichen Passagen in Zachariäs Werk weniger durchdacht und nicht so konsequent wie die Welckers. Man erinnere sich beispielsweise daran, daß Zachariä, wie bereits im Kapitel „Die Spuren der Reichspublizistik in der vormärzlichen Diskussion" gezeigt, einerseits das dreiteilige Gewaltenteilungsmodell propagiert, andererseits die Judikative in einem anderen Kapitel seiner „Vierzig Bücher vom Staate", in dem er auf die einzelnen Hoheitsrechte zu sprechen kommt, einfach als Teil der Exekutiven aufführt.[260] Hierin liegt sicher eine Nachwirkung der für die Reichspublizistik typischen Gliederungen und Ordnungsschemata der einzelnen Hoheitsrechte. Die Tatsache, daß sich seine Aussagen zur Gewaltenteilung nicht auch bei seiner Einteilung der einzelnen Rechte und Kompetenzen widerspiegeln, läßt den Schluß zu, daß Zachariä die Gewaltenteilungsproblematik nicht vollumfänglich durchdrungen hatte. Die gleiche Überlegung läßt sich treffen, wenn man sieht, wie Zachariä einerseits klar für die Gewaltenteilung votiert, andererseits aber weder auf Montesquieu, noch auf dessen Vorstellungen über das englische konstitutionelle System eingeht, obwohl dies in seinen Aufsätzen zur englischen verfassungsrechtlichen Literatur und in den einschlägigen Stellen zum dreiteiligen Gewaltenteilungsmodell durchaus erwartet werden kann. Blackstone und De Lome müßten schließlich auch Zachariä bekannt gewesen sein. Dies ist ein Defizit, das hier noch einmal betont werden soll.

f) Ergebnis

Betrachtet man das Ergebnis der Durchsicht der Schriften der hier untersuchten Autoren, so fällt die Bilanz sehr differenziert aus. Es lassen sich in den jeweiligen Autorengruppen keine Übereinstimmungen bezüglich des Englandbildes feststellen. Die in der Einleitung geäußerte Vermutung, vor allem die Liberalen beriefen sich auf England als Vorbild für eine funktionierende konstitutionelle Monarchie, konnte nicht verifiziert werden. Die Qualität der Auseinandersetzung mit Montesquieus Sichtweise der englischen Verfassung ist bei allen Autoren sehr verschieden.

Auch im konservativen Lager fallen die Ansichten über England und die Beachtung, die ihm geschenkt wird, unterschiedlich aus. Während Stahl und Hegel umfassend auf diesen eingehen, beschäftigt sich Maurenbrecher praktisch nicht

260 Siehe hierzu das Kapitel „Die Spuren der Reichspublizistik in der vormärzlichen Diskussion – Carl Salomo Zachariä".

mit Großbritannien. Stahl stellt die englische Verfassungsentwicklung eher positiv dar, obwohl er sie als Gegenmodell zu dem von ihm favorisierten monarchischem Prinzip sieht. Hegel setzt sich sehr intensiv mit der englische Verfassung auseinander und versucht, durch Beispiele aus der Verfassungspraxis die durch Montesquieu vorgenommene Einteilung der Gewalten zu widerlegen.

Auch bei den Liberalen zeichnet sich weder bei den einzelnen Richtungen, noch insgesamt gesehen, eine einheitliche Tendenz ab. Für den sogenannten vernunftrechtlichen Liberalismus ergibt sich folgendes Bild:

Sylvester Jordan, der beim Ringen um eine Verfassung in Kurhessen und in der Paulskirche ausgesprochen aktiv war, lehnt es kategorisch ab, ausländische Verfassungen als Vorbild für Deutschland heranzuziehen und wendet sich in diesem Zusammenhang gegen eine *„übertriebene Nachäfferei"*.[261] Demzufolge geht er auf die Verhältnisse in Großbritannien auch nicht weiter ein. Im völligen Gegensatz dazu steht Rotteck. Dieser beschäftigt sich eingehend mit den politischen Verhältnissen in England und macht dazu ausgesprochen kritische Bemerkungen. Vor allem kommentiert er das britische Parlament abfällig, was auf seine grundsätzliche Geringschätzung des parlamentarischen Systems zurückzuführen ist. Rotteck ist daher als entschiedener Kritiker des englischen Parlamentarismus und dessen vermeintliche Vorbildfunktion für Deutschland anzusehen. Aretin befaßt sich intensiv mit Montesquieu und dessen Beschreibung des englischen politischen Systems, die er anhand von Beispielen zu widerlegen versucht, und sieht darin kein Vorbild für Deutschland. Hierin liegt eine erstaunliche Parallele zu Hegel.

Dahlmann sieht als Repräsentant des historisch-organischen Liberalismus in der britischen Verfassung kein Vorbild und beschäftigt sich in diesem Kontext ebenfalls nicht mit Montesquieu.[262] Lediglich Welcker erblickt in einer Orientierung am englischen Verfassungssystem eine Möglichkeit zur Überwindung der Probleme im Deutschen Bund. Er verteidigt als einziger der hier betrachteten Autoren die von Montesquieu anhand der englischen Verfassung durchgeführte Gewalteneinteilung. Schmitthenner beschäftigt sich kaum mit England, während Mohl als „Außenseiter" ausführlich auf die englische Verfassungsentwicklung eingeht. Zachariä äußert sich zur englischen Verfassung im Zusammenhang mit Montesquieu und Gewaltenteilung praktisch nicht, obwohl dies von ihm als einen Verfechter der dreiteiligen Gewaltenteilungsmodells zu erwarten gewesen wäre. Dies unterscheidet ihn von Welcker, der in diesem Kontext umfassend Montesquieus Sicht der englischen Verfassung schildert und seine Meinung über die Aufteilung der Staatsgewalt detailliert darlegt, die er offensichtlich umfas-

261 Sylvester Jordan, Versuche, S. 92.
262 Friedrich Christoph Dahlmann, Politik, S. 61.

send durchdacht hat, was sich wiederum in seinen Aussagen zu angrenzenden Themenkomplexen zeigt.

Der in der Einleitung beschriebene, durch die einschlägige Sekundärliteratur vermittelte Eindruck, das Englandbild vor allem der liberalen Staatslehre sei positiv gewesen, läßt sich somit nicht verifizieren. Die in der Einleitung zitierte Aussage, viele Liberale seien „emphatically Anglophile" gewesen, kann so nicht bestätigt werden. Vor allem Jordans und Rottecks kritische Ausführungen zur britischen Verfassungsentwicklung sind angesichts ihrer parlamentarischen Arbeit als Liberale erstaunlich. Sie stehen völlig konträr zu der Erwartung, die man angesichts ihrer Lebensläufe und politischer Arbeit haben könnte. Insgesamt betrachtet sind Intensität und Qualität der Diskussion über die britische Verfassung sowie der Standpunkt des jeweiligen Autors so unterschiedlich, daß bis auf die Aussage, das Englandbild sei weit weniger positiv als vermutet, kein einheitliches Ergebnis und auch betreffend der diesbezüglichen Auseinandersetzung mit Montesquieu keine zusammenhängende Linie festgehalten werden kann. Die Diskussion über den britischen Staatsaufbau hatte demnach keine Auswirkungen auf das grundsätzlich schlechte Ansehen des dreiteiligen Gewaltenteilungsmodells.

II. Organismusvorstellungen als Versuch einer sprachlich bildhaften Bewältigung

1. Einleitung

Gegenstand der nachfolgenden Ausführungen ist keine Darstellung des Organizismus oder der Lehre vom Staatsorganismus in der damaligen Staatslehre.[263] Eine solche müßte u.a. ausführlich auf die Naturphilosophie Schellings, dessen kritische Rezeption durch Hegel, die Kritik Marx' sowie auf Novalis und Adam Müller aber auch Kant eingehen und würde den Umfang dieser Arbeit sprengen.[264] In diesem Kapitel soll vielmehr untersucht werden, ob und wie die

263 Siehe hierzu: Ulrich Scheuner, Der Beitrag der deutschen Romantik zur politischen Theorie, Opladen 1980; Ernst-Wolfgang Böckenförde, Der Staat als Organismus. Zur staatstheoretisch-verfassungspolitischen Diskussion im frühen Konstitutionalismus, in: ders., Recht, Staat, Freiheit, Frankfurt a.M. 1991, S. 263 ff.

264 Siehe hierzu: Michael Wolff, Hegels staatstheoretischer Organizismus, in: Hegel-Studien, hrsg. von Friedhelm Nicolin und Otto Pöggeler, Band 19, Bonn 1984. S. 147 ff.; Wolfgang Bonsiepen, Zu Hegels Auseinandersetzung mit Schellings Naturphilosphie in der ‚Phänomenologie des Geistes', in: Ludwig Hasler (Hrsg.), Schelling: Seine Bedeutung für eine Philosophie der Natur und der Geschichte,

Staatslehre in der Auseinandersetzung mit der Gewaltenteilungsproblematik die damals weit verbreitete Organismusmetaphorik benutzte.

Der Beginn des 19. Jahrhunderts war gekennzeichnet durch einen großen staatstheoretischen Umbruch. Während zur Zeit der Aufklärung das Bild vom Staat als Maschine vorherrschte, setzte sich spätestens in Folge der Französischen Revolution die Metapher vom Staat als Organismus durch.[265] Man verband nun die Gedanken der Aufklärung und des Vernunftrechts mit dem Absolutismus, während dessen Gegner sich schon immer auf „hergebrachte" Rechte und Freiheiten beriefen. Nach der Französischen Revolution und den Schrecken der Jakobinerherrschaft kam es zur Rückbesinnung auf die Geschichte und gewachsene Strukturen. Die geistesgeschichtliche Wende ging quer durch alle Disziplinen.[266] Auf dem Gebiet der Literatur ist hier die neue „Empfindsamkeit" und die Bewegung des „Sturm und Drang" zu nennen. Auf dem Gebiet der Philosophie entwickelte sich in Abkehr von den Idealen der Französischen Revolution, die in Terror umschlug, und somit auch deren Sympathisanten erschreckte, der Deutsche Idealismus. Hier sind vor allem Schellings Naturphilosophie sowie Hegels Geschichts- und Rechtsphilosophie zu nennen. Ebenso beeinflußten Adam Müller und Novalis mit ihrer romantischen Staatsphilosophie die zeitgenössische Staatslehre.[267] Die Abkehr von den Idealen der Aufklärung setzte sich auch in der Staatstheorie fort. Es bildete sich, wie im Kapitel „Autorenauswahl; Methodisches Vorgehen" bereits dargelegt, die Gruppe des „historisch-organischen" Liberalismus heraus.[268] Diese stellte zusammen mit dem vernunftrechtlichen Liberalismus die beiden Hauptströmungen innerhalb der Staatslehre im Vormärz dar. Unter dem Oberbegriff des „historisch-organischen" oder auch „organisch-romantischen" Liberalismus lassen sich diejenigen Liberalen einordnen, die sich von der Aufklärung sowie den Ereignissen und Folgen der Französischen Revolution distanzierten. Seine Vertreter suchten nach historischen Kontinuitäten und orientierten sich stark an gewachsenen Strukturen. Im Vordergrund stand hier eher der Versuch einer konsensualen Lösung der Verfassungsprobleme. Dabei griff man auch auf das Gedankengut der Historischen

---

S. 167 ff.; Volker Stanslowski, Natur und Staat. Zur politischen Theorie der deutschen Romantik, Opladen 1979, S. 152 ff.

265 Ulrich Scheuner, Der Beitrag der deutschen Romantik zur politischen Theorie, Opladen 1980, S. 22 ff.

266 Erich Kaufmann, Über den Begriff des Organismus in der Staatslehre des 19. Jahrhunderts, Heidelberg 1908, S. 1 ff.; Michael Stolleis, Geschichte des öffentlichen Rechts, Bd. II, München 1992, S. 123 ff.

267 Hartwig Brandt, Landständische Repräsentation, S. 64 ff.

268 Siehe hierzu das Kapitel „Autorenauswahl im Feld der Gewaltenteilungsdiskussion - Methodisches Vorgehen".

Schule zurück. Die geschichtliche Tradition sollte gewahrt und gewachsene politische Ordnungen erhalten bleiben. Der Staat wurde daher mit einem natürlichen Organismus gleichgesetzt.[269]

Im folgenden soll nun der Frage nachgegangen werden, ob es bei der Verwendung der Organismusmetaphorik im Zusammenhang mit Gewaltenteilung bestimmte Gesetzmäßigkeiten und Strukturen innerhalb der jeweiligen, aber auch zwischen den einzelnen Gruppen gab. Hier sind drei Arten der Verwendung denkbar. Erstens konnte man mit Hilfe des Bildes vom Staat als Organismus Gewaltenteilung generell ablehnen. Das immer wieder vorgebrachte Argument, Gewaltenteilung zerstöre die Einheit des Staates, ist in diesem Kontext zu sehen. Da die meisten Autoren das dreiteilige Gewaltenteilungsmodell ablehnten, war dies vermutlich das am weitesten verbreitete Argumentionsmuster. Es ist aber auch denkbar, daß, zweitens, Organismusmetaphern zur argumentativen Untermauerung eigener Gewaltenteilungsmodelle dienten und somit bei dem Versuch, die Lehre von der ungeteilten, beim Monarchen liegenden Souveränität des Staates und die der verfassungsmäßig geregelten Unterscheidung und Kooperation von Teilgewalten systematisch zu vereinen, behilflich waren. Drittens könnte das dreiteilige Gewaltenteilungsmodell auch mittels Organismusmetaphern von seinen wenigen Anhängern verteidigt worden sein. Auf den folgenden Seiten soll nun geklärt werden, inwieweit sich die jeweiligen Autoren bei ihren Ausführungen zur Gewaltenteilung auf Organismusmetaphern stützten und sich die oben geäußerte Vermutung bestätigt. Grundsätzlich werden hierzu die einschlägigen Äußerungen aller hier untersuchten Autoren herangezogen. Darüber hinaus soll aber auch untersucht werden, ob die Vertreter des historisch-organischen Liberalismus Friedrich Christoph Dahlmann, Friedrich Schmitthenner und Carl Theodor Welcker in größerem Umfang auf Organismusmetaphern zurückgriffen als die übrigen Autoren, und sich ihre Gruppenzugehörigkeit zu dieser, ihrem Namen nach dem Organischen besonders zugewandten Gruppe des Liberalismus, auch anhand dieses Merkmals feststellen läßt. Im Mittelpunkt dieses Kapitels steht daher generell die Frage, inwieweit die damals weit verbreiteten Organismusvorstellungen und -metaphern als Versuch einer sprachlich bildhaften Bewältigung des Gewaltenteilungsproblems in der vormärzlichen Staatslehre gedeutet werden können.

269 Michael Stolleis, Die Historische Schule und das öffentliche Recht, in: ders., Konstitution und Intervention, Studien zur Geschichte des öffentlichen Rechts im 19. Jahrhundert, Frankfurt a.M. 2001, S. 33 ff.

2. *Die konservative Staatslehre*

a) G. W. F. Hegel

Hegel räumt dem Organischen im Zusammenhang mit der Gewaltenteilung schon in seinen frühen Schriften viel Platz ein. Jedoch begründet er mit diesem Argumentationsmuster nicht die Ablehnung der Gewaltenteilung, sondern er spricht sich für diese aus. Seine Gewaltenteilung folgt einem Organismusprinzip. Dies macht Hegel in seinen Grundlinien der Philosophie des Rechts deutlich, wenn er im Kapitel „das innere Staatsrecht" schreibt: *„Der Staat ist Organismus, das heißt Entwicklung der Idee zu ihren Unterschieden. Diese unterschiedenen Seiten sind so die verschiedenen Gewalten und deren Geschäfte und Wirksamkeiten, wodurch das Allgemeine sich fortwährend auf notwendige Weise hervorbringt und, indem es eben in seiner Produktion vorausgesetzt ist, sich erhält. Dieser Organismus ist die politische Verfassung; sie geht ewig aus dem Staate hervor, wie er sich durch sie erhält. [...]"*[270]

In diesem Zitat wird sichtbar, daß Hegel den Staat ganz bewußt mit einem Organismus gleichsetzt. Die Aussage, „der Staat ist Organismus", ist so prägnant wie eindeutig. Hinter ihr verbirgt sich eine ganzes Programm. Die Hegel-Forschung spricht daher auch von „Hegels staatstheoretischem Organizismus".[271] Es würde hier zu weit führen, auf die Einzelheiten dieses Organizismus einzugehen oder den Forschungsstand hierzu darzustellen. Jedoch soll hier festgehalten werden, daß Hegel in Zusammenhang mit seinen Darlegungen zum Staatsorganismus den einzelnen Staatsgewalten eine wichtige Stellung einräumt, indem er den Organismus als „Entwicklung der Idee zur ihren Unterschieden" charakterisiert und diese „unterschiedenen Seiten" als die Einzelgewalten beschreibt. Regierungsfunktionen und Gewalten werden somit immer wieder mit Begriffen des organischen Lebens verglichen.[272] Hier werden die Einflüsse Schellings sichtbar, dessen Naturphilosophie und Theorie vom Organismus als Einheit verschiedener Funktionen von Hegel kritisch rezipiert wurde.[273] Dieser

---

270 G.W.F. Hegel, Grundlinien der Philosophie des Rechts § 269, S. 415.

271 Michael Wolff, Hegels staatstheoretischer Organizismus, in: Hegel-Studien, hrsg. von Friedhelm Nicolin und Otto Pöggeler, Band 19, Bonn 1984, S. 147 ff.

272 Ludwig Siep, Hegels Theorie der Gewaltenteilung, in: Hans-Christian Lucas u. Otto Pöggeler (Hrsg.), Hegels Rechtsphilosophie im Zusammenhang der europäischen Verfassungsgeschichte, S. 387 ff. (405 ff.).

273 Wolfgang Bonsiepen, Zu Hegels Auseinandersetzung mit Schellings Naturphilosophie in der ‚Phänomenologie des Geistes', in: Ludwig Hasler (Hrsg.), Schelling: Seine Bedeutung für eine Philosophie der Natur und der Geschichte, Stuttgart 1981, S. 167 ff.

Einfluß läßt sich auch bei Hegels Erläuterungen zu seinem Gewaltenteilungsmodell feststellen. Allerdings vertritt Hegel nicht die Gewaltentrias nach Montesquieu, sondern er unterscheidet fürstliche, regierende und gesetzgebende Gewalt. Auch spricht er nicht von Gewaltenteilung, sondern betont, daß *„die Gewalten nur als Momente des Begriffs unterschieden sein sollen“*.[274] Er grenzt somit zwischen den Einzelgewalten seines Konzepts deutlich schwächer ab. Zur gesetzgebenden Gewalt führt er aus, daß das Volk nicht als Gesamtheit von Individuen an dieser teilnehmen soll. Er meint: *„Diese atomistische, abstrakte Ansicht verschwindet schon in der Familie wie in der bürgerlichen Gesellschaft, wo der Einzelne nur als Mitglied eines Allgemeinen zur Erscheinung kommt. Der Staat aber ist wesentlich eine Organisation von solchen Gliedern, die für sich Kreise sind, und in ihm soll sich kein Moment als eine unorganische Menge zeigen“*.[275]

Gerade an der Stellung, die Hegel der gesetzgebenden Gewalt oder den Ständen beimißt, läßt sich sein Verständnis vom Staatsorganismus an der Ausformung einer bestimmten Gewalt konkret veranschaulichen. Wie in obigem Zitat deutlich wird, lehnt Hegel grundsätzlich die Beteiligung des gesamten Volkes an der Gesetzgebung ab, da er eine Auflösung des Staats durch „atomistische“ Ansichten der bürgerlichen Gesellschaft befürchtet. Er weist der gesetzgebenden Körperschaft daher die Funktion zu, den Staat in seiner politischen Verfassung gegen das vermeintlich atomistisch eingestellte Volk abzuschirmen oder gegenüber ihm eine Vermittlerposition einzunehmen. Er schreibt hierzu im Kapitel „die gesetzgebende Gewalt“ in seinen Grundlinien der Philosophie des Rechts: *„Als vermittelndes Organ betrachtet, stehen die Stände zwischen der Regierung überhaupt einerseits und dem in die besonderen Sphären und Individuen aufgelösten Volke andererseits. Ihre Bestimmung fordert an sie so sehr den Sinn und die Gesinnung des Staats und der Regierung als Interessen der besonderen Kreise und der Einzelnen. Zugleich hat diese Stellung die Bedeutung einer mit der organisierten Regierungsgewalt gemeinschaftlichen Vermittlung, daß weder die fürstliche Gewalt als Extrem isoliert und dadurch als bloße Herrschergewalt und Willkür erscheine, noch daß die besonderen Interessen der Gemeinden, Korporationen und der Individuen sich isolieren, oder noch mehr, daß die Einzelnen nicht zur Darstellung einer Menge und eines Haufens, zu einem somit unorganischen Meinen und Wollen, und zur bloß massenhaften Gewalt gegen den organischen Staat kommen.“*[276]

Hegel sieht demnach den Staatsorganismus durch das Volk bedroht und konzipiert seine gesetzgebende Gewalt so, daß diese als Ständeversammlung den ei-

---

274 G.W.F. Hegel, Grundlinien der Philosophie des Rechts § 272, S. 433.
275 G.W.F. Hegel, Grundlinien der Philosophie des Rechts § 303, S. 472.
276 G.W.F. Hegel, Grundlinien der Philosophie des Rechts, § 301, S. 470 f.

gensüchtigen und sezessionistischen Volkswillen entgegenwirken und zwischen den einzelnen Staatsteilen und Hoheitsträgern vermitteln kann. Die Ständeversammlung fungiert somit als Mediator zwischen Monarch und Volk, aber auch zwischen Monarch und anderen Körperschaften, wie Gemeinden und sonstigen „Korporationen". Betrachtet man diesen funktionellen Aufbau dieses politischen Gewaltenteilungssystems in Hegels Theorie, dann wird deutlich, daß seine Rede vom Staatsorganismus keine bloße Metapher ist. Vielmehr kennzeichnet Hegel mit ihr, daß das Gewaltenteilungssystem nicht nur Aggregat und auch kein System von Kräften ist, die wechselseitig ihren Wirkungskreis auf mechanische Weise einschränken. Als Organismus gedacht ist das Gewaltenteilungssystem ein Ganzes, welches seinen Zweck in sich selbst hat.

Vergegenwärtigt man sich die oben beschriebene Wechselwirkung zwischen Staatsorganismus und Gewaltenteilung am Beispiel der gesetzgebenden Gewalt, läßt sich erkennen, daß Hegel den von ihm entwickelten Saatsorganizismus dazu benutzte, sein eigenes Gewaltenteilungsmodell argumentativ zu untermauern, das sein Ideal von einem korporativen Ständestaat abbildete.[277]

b) Romeo Maurenbrecher

Maurenbrecher bemüht keine Organismusmetaphern, um sein Gewaltenteilungskonzept zu rechtfertigen. Das würde im Grunde auch nicht seinem Stil entsprechen. Seine „Grundsätze des heutigen Staatsrechts" sind streng gegliedert. Er argumentiert eher juristisch als philosophisch. Maurenbrecher definiert und ordnet. Deutlich ist sein Bemühen zu erkennen, eine umfangreiche Materie übersichtlich und strukturiert darzustellen. Lediglich im Zusammenhang mit seinen Ausführungen zur Beschränkung der gesetzgebenden Gewalt taucht das Adjektiv „organisch" auf. Er spricht von *„positiven Beschränkungen durch organische Einrichtungen"* und zählt dazu die landständischen Verfassungen, die Bundesverfassung und die Kirchenverfassung.[278] Hier ist auch gut ersichtlich, welche geringe Rolle bei ihm die Landtage spielen. Was bei den Liberalen Gegenstand großer verfassungspolitischer Kämpfe ist, taucht bei ihm als Unterpunkt auf. Maurenbrecher, der die Gewaltenteilung grundsätzlich ablehnt[279] und die seiner Meinung nach unteilbare Staatsgewalt lediglich in Exekutive, Legislative und Inspektive zu Gliederungszwecken unterscheidet[280], sieht sich offensichtlich nicht

277 Michael Wolff, Hegels staatstheoretischer Organizismus, S. 149.
278 Romeo Maurenbrecher, Grundsätze, S. 318.
279 Romeo Maurenbrecher, Grundsätze, S. 36.
280 Siehe auch: Ernst-Wolfgang Böckenförde, Gesetz und gesetzgebende Gewalt, S. 87 ff.

veranlaßt, seine Konzeption besonders argumentativ zu rechtfertigen.[281] Die Verwendung von Organismusmetaphern liegt ihm daher auch deshalb fern. Aufgrund der alles überragenden Stellung des Regenten innerhalb seines Staatsideals benötigt Maurenbrecher daneben keine Attribute, um das Zusammenspiel der verschiedenen Gruppen und Institutionen innerhalb des Staats zu charakterisieren. Dies unterscheidet Maurenbrecher grundlegend von anderen Konservativen wie beispielsweise Hegel, mit dem er zwar die gleiche politische Einstellung teilt, der jedoch zur Beschreibung seines staatstheoretischen Entwurfs in einem solchem Maße auf organische Metaphern zurückgreift, daß sich, wie oben bereits beschrieben, der Begriff „staatstheoretischer Organizismus" in der Hegel-Forschung herausgebildet hat.[282]

c) Friedrich Julius von Stahl

Stahl unterscheidet sich hier in erheblicher Weise von Maurenbrecher, obwohl er, wie dieser, der konservativen Staatslehre zuzordnen ist.[283] Er verurteilt ausdrücklich das Gewaltenteilungsmodell nach Montesquieu als zu mechanisch und kritisiert, es trage nicht den natürlichen Gegebenheiten Rechnung: *„Mit Recht sagt Rousseau von Montesquieu's Theilung der Gewalt, sie sey ähnlich, wie wenn man einen Menschen zertheilen, dem einen den Willen, dem Andern den Verstand, dem Dritten das Gedächniß geben wollte. Die Nachfolger Montesquieu's trieben den bloß mechanischen Charakter folgerichtig noch weiter. Sie beseitigen den Rest eines natürlich-aristokratischen Elements und wollen zwei gleichartige, nur nach Zufall oder Wohl getheilte Kammern, und sie beseitigen den Ersatz einer organischen Einheit."*[284] Stahl lehnt jegliche Gewaltenteilung ab. In seiner Philosophie des Rechts führt er aus, daß die Staatsgewalt ihrem Wesen nach unteilbar sei und nicht in mehrere Gewalten aufgespalten werden könne. Lediglich bei der Ausübung sei es denkbar, daß verschiedene Organe unter dem Souverän mehr oder weniger selbständig handelten, wobei diese fürstlicher Kontrolle unterlägen.[285] Stahl bedient sich der Organismusmetaphorik in seiner Rolle als Kritiker des dreiteiligen Gewaltenteilungsmodells in geradezu

281 Siehe hierzu das Kapitel „Anpassung der Gewaltenteilungsmodelle an das monarchische Prinzip durch Bildung einer übergeordneten oder höchsten Gewalt", S. 125 f.

282 Michael Wolff, Hegels staatstheoretischer Organizismus, S. 147 ff.

283 Wilhelm Füssl, Friedrich Julius Stahl, S. 13.

284 Friedrich Julius Stahl, Philosophie des Rechts, Bd. I, S. 340.

285 Siehe hierzu das Kapitel „Anpassung der Gewaltenteilungsmodelle an das monarchische Prinzip: Die Bildung einer übergeordneten oder höchsten Gewalt"; Friedrich Julius Stahl, Philosophie des Rechts, Bd. II, S. 189 f.

idealtypischer Weise, wenn er Montesquieus Konzeption in obigen Zitat als zu „mechanisch“ verwirft und als „unorganisch“ bewertet. Seine strikte Ablehnung des Naturrechts mit der Argumentation, der Staat sei eine organische Einheit und kein Mechanismus, entspricht dem oben skizzierten damaligen Zeitgeist. Man kann sogar schon von einer Aversion Stahls gegen das Naturrecht aufgrund seines vermeintlich abstrakten und formalen Charakters sprechen, die schon geradezu groteske Züge annahm. So echauffierte er sich in seiner ersten Rechtsphilosophievorlesung in Berlin dermaßen über das Naturrecht als Auslöser von Liberalismus und Revolution, daß ihn seine studentischen Zuhörer durch spontane Störaktionen aus dem Saal trieben.[286] Jedoch bemüht Stahl keine Organismusmetaphorik, um seine Gedanken zur Gewaltenteilung zu begründen. Dies nimmt auch nicht wunder, da er jegliche Gewaltenteilung ablehnt.[287] Er kennt allenfalls „Organe“, in die die unteilbare Staatsgewalt aufgegliedert sei. Eine genaue Bestimmung, welche Organe er für nötig hält, bleibt er allerdings schuldig. Er rechtfertigt dies damit, daß eine genaue Untergliederung „im Allgemeinen nicht ausführbar“ und daher „müßig und zwecklos“ sei.[288] Stahls Auffassung von einer Verfassung als Produkt von Kontinuitätslinien und geschichtlichen Entwicklungen zeigt sich vor allem in seinem Geschichtsbild, nach dem sich das Staatsrecht ohne Brüche entwickeln soll: *„Die abbrechende, a priori beginnende Konstituirung vernichtet das, was sich aus dem innersten Geiste und der Geschichte der Nation gebildet hat [...]“*[289] Stahl ist ein Beispiel dafür, daß nicht nur diejenigen Publizisten, die ohnehin zum „organisch-romantischen“ Liberalismus gezählt werden, eine romantisch verklärte Sprache gebrauchen. Diese taucht in Verbindung mit Ausführungen zur Gewaltenteilung auch in der konservativen Staatslehre auf. Insofern kann bei Stahl in dieser Beziehung von einem „Romantiker“ gesprochen werden.

3. *Der vernunftrechtliche Liberalismus*

a) Karl von Rotteck

Karl von Rottecks Modell, das zwischen objektiver und subjektiver Gewaltenteilung sowie künstlicher und natürlicher Gewalt unterscheidet, ist aufgrund dieser Einteilung schon von vornherein eng mit der Vorstellung vom Staat als Or-

---

286 Wilhelm Füssl, Friedrich Julius Stahl, S. 110 f.; Helmut Heinrichs, Die Rechtslehre Friedrich Julius Stahls, Köln 1967, S. 90 ff.
287 Ernst-Wolfgang Böckenförde, Gesetz und gesetzgebende Gewalt, S. 176 f.
288 Friedrich Julius Stahl, Philosophie des Rechts, Bd. II, S. 190.
289 Friedrich Julius Stahl, Philosophie des Rechts, Bd. II, S. 227.

ganismus verbunden. Auf die genaue Ausgestaltung dieses Konzepts soll hier aber noch nicht eingegangen werden, da Rottecks Gedankengebäude so komplex und bemerkenswert ist, daß ihm ein eigenes Kapitel gewidmet wird.[290] Hier soll nur herausgestellt werden, daß Rotteck, wird er auch von der Forschung eher der vernunftrechtlichen Linie des Liberalismus zugerechnet[291], bei der Beschreibung seines Gewaltenteilungskonzeptes ausgiebig auf staatsorganizistisches Vokabular zurückgreift. Er schreibt beispielsweise: *„Die personifizierte Staatsgewalt, wenn sie aus den vollbürtigen Gesellschaftsgliedern selbst besteht, d.h. wenn noch das natürliche Organ, die Richtung der Majorität, als juristische Erscheinung des Gesammtwillens gilt, wird gleichfalls naturgemäß nach ihrem Zweck streben und der Verletzung ihrer eigenen Glieder sich enthalten".*[292]

Hier stellt Rotteck die wichtige Rolle der Bürger eines Staats heraus. Seiner Meinung nach kann ein Zusammenleben in einem Gemeinwesen nur langfristig gelingen, wenn die Bevölkerung an der Macht partizipiert. Wenn ein Staat somit von der Mehrheit seiner Einwohner getragen wird, ist er erfolgreich. Rotteck spricht von der Majorität als natürlichem Organ und einer personifizierten Staatsgewalt, die naturgemäß nach ihrem Zweck streben wird. Dies ist ein anschauliches Beispiel dafür, wie er für die Argumentation zugunsten seines Gewaltenteilungsmodells auch organizistische Metaphern heranzieht.

b) Johann Christian von Aretin

Für Aretin existiert nur eine unteilbare Staatsgewalt.[293] Seine Ablehnung der Gewaltenteilung begründet er mit dem Argument, daß diese nur zu Verfassungskämpfen und Anarchie führe.[294] Gewaltenteilung sei auch deshalb abzulehnen, weil die ganze ungeteilte Staatsgewalt grundsätzlich beim Volk liege, welche sie an den Monarchen übertrage. Dieser herrsche dann innerhalb der Verfassungsgrenzen. Somit ist nach Aretins Ansicht alle Staatsgewalt in der Person des Herrschers vereinigt.[295] In seinen kritischen Anmerkungen zur Gewaltenteilung, in der er nur Probleme sieht, da es schon in der Theorie Schwierigkeiten bei der Einteilung der Staatsgewalten gebe, und diese dann auch nicht praktisch umge-

---

290 Siehe hierzu das Kapitel „Karl von Rottecks Modell einer Unterscheidung zwischen objektiver und subjektiver Gewaltenteilung".

291 Michael Stolleis, Geschichte des öffentlichen Rechts, Bd. II, S. 159 f.; Hartwig Brandt, Landständische Repräsentation, S. 255 ff.

292 Karl von Rotteck, Lehrbuch, S. 123.

293 Siehe auch das Kapitel „Anpassung der Gewaltenteilungsmodelle an das monarchische Prinzip: Die Bildung einer übergeordneten oder höchsten Gewalt".

294 Johann Christian von Aretin, Staatsrecht, S. 167 u. S. 172.

295 Johann Christian von Aretin, Staatsrecht, S. 166.

setzt werden könne,[296] läßt sich kein Verweis auf einen einheitlichen Staatsorganismus oder ähnliches finden. Obwohl er demnach ein scharfer Kritiker der Gewaltenteilung ist und auch das weitverbreitete Argument heranzieht, sie zerstöre die Einheit des Staates, benutzt er jedoch kein organologisches Vokabular. Somit läßt sich die in der Fragestellung geäußerte Vermutung, organologische Begründungsmuster seien vor allem zur Ablehnung der Gewaltenteilung herangezogen worden, anhand Aretins Ausführungen widerlegen. Die Ansicht, eine in die Staatspraxis umgesetzte Gewaltenteilung zerstöre die staatliche Einheit, wurde von der damaligen Staatslehre nicht unbedingt mit organizistischen Erwägungen verknüpft und begründet.

c) Sylvester Jordan

Sylvester Jordan verwendet dagegen wieder naturalistische Metaphern. Auffällig ist aber hier, daß er sich mit deren Hilfe für die Gewaltenteilung ausspricht. Er gebraucht zur Beschreibung der Gewaltentrias ein Bild, bei dem er die drei Gewalten mit dem menschlichen Wesen vergleicht, und dabei die Vernunft mit der gesetzgebenden Gewalt (potestas legislatoria) gleichsetzt. Der Verstand entspreche der richterlichen Gewalt (potestas iudiciaria) und der Wille der befehlenden oder regierenden Gewalt (potestas rectoria): *„Wie bei dem einzelnen Menschen die Vernunft, der Verstand und der Wille sich wechselseitig unterstützen und ergänzen, auf einander einwirken und nur in ihrer Vereinigung und vereinten Tätigkeit die höhere Natur des Menschen, seine geistige Einheit bilden, so ist dieses auch hinsichtlich der dreifachen Function der Staatsgewalt der Fall.“*[297]

Dieses in der damaligen Staatslehre weit verbreitete Bild zeigt, wie ein Vergleich mit der menschlichen Natur und somit eine klar organologische Metapher auch als Argument für die Gewaltentrias eingesetzt wurde. Betrachtet man das oben aufgeführte Zitat, welches das Zusammenwirken von Exekutive, Legislative und Judikative beschreibt, isoliert, so könnte man meinen, daß Jordan das dreiteilige Gewaltenteilungsmodell mittels der von ihm benutzten bildhaften Organismusmetaphorik uneingeschränkt unterstützt. Jedoch betont er gleichzeitig die besondere Rolle der Exekutive, die er als die höchste Gewalt im Staat charakterisiert.[298] Dies läßt ihn in seiner Position, die er zu dem dreiteiligen Gewaltenteilungsmodell einnimmt, unklar werden.[299] Trotz dieses Widerspruchs kann man hier anhand dieses konkreten Beispiels die in der Fragestellung for-

296 Johann Christina von Aretin, Staatsrecht, S. 172.
297 Sylvester Jordan, Versuche, S. 214.
298 Sylvester Jordan, Versuche, S. 230.
299 Siehe hierzu das Kapitel „Anpassung der Gewaltenteilungsmodelle an das monarchische Prinzip: Die Bildung einer übergeordneten oder höchsten Gewalt“.

mulierte These verifizieren, daß organologische Begründungsansätze auch zugunsten der Gewaltenteilung benutzt wurden. Gerade der Vergleich mit Aretins Argumentationsmustern ist hier besonders aufschlußreich. Aretin, der wie Jordan zur Gruppe des vernunftrechtlichen Liberalismus gezählt wird, lehnt wie oben gezeigt, die Gewaltenteilung mit der Begründung ab, sie zerstöre die Einheit des Staates und führe zu chaotischen Verhältnissen ohne eine organizistischen Parallele zu ziehen. Jordan hingegen begründet gerade seine positive Einstellung gegenüber dem Gedanken der Gewaltenteilung mit einer organologischen Metapher. Genauso wie es innerhalb einer Gruppe des Liberalismus keine Übereinstimmung bezüglich des Problems der Gewaltenteilung gab, existierte demnach auch kein gleichartiger Gebrauch von Argumentationsmustern, die auf organische Elemente zurückgriffen.

4. *Der historisch-organische Liberalismus*

a) *Friedrich Schmitthenner*

Friedrich Schmitthenner, ein „Schellingianer", dessen Ausrichtung als *„organischer Liberalismus mit konservativen Zügen"* charakterisiert wird, zählt zur Richtung des „organisch-romantischen" Liberalismus.[300] Bei der Erläuterung seines Gewaltenteilungsmodells bedient er sich in erheblichem Umfang einer organologischen Metaphorik. Nach Schmitthenner ist die Staatsgewalt grundsätzlich unteilbar, könne jedoch auf unterschiedliche Art und Weise in Erscheinung treten. Er unterscheidet nach der Art der Äußerung eine beschließende und exekutive Gewalt, nach dem Objekt eine Personal- und Territorialgewalt, nach den Seiten des Staatslebens die innere und äußere Gewalt und nach dem Moment des Staatszwecks die Rechts- und Wohlfahrtsgewalt.[301] Um Begriff und das Wesen der Staatsgewalt zu definieren, trennt er zwischen dem Grund, auf dem sie beruht, und ihrer Wirkung. Er differenziert zwischen einer äußeren, unorganischen Gewalt, die er wiederum in eine natürliche oder materielle und eine sittliche oder rechtliche gliedert, und der inneren oder organischen Gewalt, wenn diese sich durch ein organisches Verhältnis auszeichnet. Dabei setzt er sich mit dem pflanzlichen, tierischen und ethischen Organismus auseinander.[302]

300 Michael Stolleis, Geschichte des öffentlichen Rechts, Bd. II, S. 182 f.
301 Friedrich Schmitthenner, Grundlinien des allgemeinen oder idealen Staatsrechtes, Gießen 1843, ND Hamburg 1966, S. 295.
302 Friedrich Schmitthenner, Grundlinien des allgemeinen oder idealen Staatsrechtes, S. 295 f.

Schmitthenners Rückgriff auf zahlreiche Organismusmetaphern und Vergleiche mit der Tier- und Pflanzenwelt dienen vor allem dazu, seinen eigenen Gewaltenteilungsansatz zu untermauern. Er lehnt das dreiteilige Modell Montesquieus ab, begründet dies aber nicht damit, daß dieses unorganisch sei. [303] Im Vergleich zu Aretin und Jordan ergibt sich hier somit eine dritte Argumentationsmöglichkeit. Schmitthenner verteidigt sein eigenes Gewaltenteilungsmodell mit einer umfangreichen organologischen Metaphorik im Gegensatz zu Aretin, der Gewaltenteilung grundsätzlich ablehnt, ohne organische Argumente heranzuziehen und Jordan, der das dreiteilige Gewaltenteilungsmodell nach Montesquieu vor allem mittels einer organologischen Argumentation mit Einschränkungen befürwortet. Zu klären bleibt daher, ob zumindest in der Gruppe des historisch-organischen Liberalismus einheitliche Begründungsmuster existieren.

b) Friedrich Christoph Dahlmann

Friedrich Christoph Dahlmann setzt sich in seinem Hauptwerk *„Die Politik, auf den Grund und das Maaß der gegebenen Zustände zurückgeführt"* zwar ausführlich mit dem Problem der Gewaltenteilung auseinander, untermauert seine Erwägungen in diesem Zusammenhang aber nicht mit einer organologischen Metaphorik, obwohl er heute zum „historisch-organologischen" Liberalismus gezählt wird.[304] Dahlmann, der nur von zwei Staatsgewalten ausgeht, der ausübenden und der gesetzgebenden, lehnt eine eigene richterliche Gewalt ab. In diesem Zusammenhang bemüht er keinerlei Organismusmetaphern.[305] Bezüglich der Nichtverwendung von organologischen Argumenten in Zusammenhang mit der Frage der Gewaltenteilung ist Dahlmann mit Aretin vergleichbar, wenn auch dieser im Gegensatz zu ihm von einer unteilbaren Staatsgewalt ausgeht. Dahlmann unterscheidet sich hier auch grundlegend von Schmitthenner, der, wie oben festgestellt, ein umfangreiches organizistisches Vokabular zur Anwendung bringt, obwohl beide derselben Gruppe angehören.

c) Carl Theodor Welcker

Carl Theodor Welcker wendet sich gegen die *„falsche mechanische Staatstheorie eines physischen und mechanischen Absolutismus"*. Sein Bild von einer funktionierenden Gewaltenteilung beschreibt er wie folgt: *„Man muß eine ge-*

---

303 Friedrich Schmitthenner, Grundlinien des allgemeinen oder idealen Staatsrechtes, S. 292 f.

304 Michael Stolleis, Geschichte des öffentlichen Rechts, Bd. II, S. 159 f.; Hartwig Brandt, Landständische Repräsentation, S. 199 ff.

305 Wilhelm Bleek, Friedrich Christoph Dahlmann, S. 68 f.

wisse Verteilung, ein gewisses Gleichgewicht der Organe und Systeme und ihrer Wirksamkeit im politischen Körper begründen, wie ein solches im physischen Organismus besteht, also freilich nimmermehr ein blos mechanisches, sondern ebenfalls ein auf organische Weise wirkendes."[306] Welcker benutzt somit als Vertreter des „historisch-organischen" Liberalismus in geradezu idealtypischer Weise die einschlägigen Metaphern, um das dreiteilige Gewaltenteilungsmodell Montesquieus zu verteidigen. Er vergleicht das Zusammenwirken der einzelnen Gewalten mit einem funktionierenden Organismus. Dies wird auch an anderer Stelle deutlich, wenn er im Staatslexikon in seinem bekannten Aufsatz zur „Cabinets-Justiz" das seiner Meinung nach ideale Zusammenspiel der Gewalten im Staat charakterisiert. Er schreibt: „*[...] da muß, um Regierung und Regierte, um Ordnung und Freiheit in regelmäßiger, friedlicher Gesetzlichkeit und in dauernder, organischer Harmonie und Wechselwirkung zu erhalten, nothwendig eine regelmäßige organische Milderung und Beschränkung der Gewalt und ein richtiges gegenseitiges Verhältniß der Regierungs- und Freiheitskräfte statt finden. [...] Es muß ein inneres politisches organisches Gleichgewicht, es muß eine Mehrheit, eine Theilung und ein Gegengewicht der Gewalten [..] bestehen.*[307]"

Welcker sieht in der Gewaltenverschränkung demnach keine gegenseitige Hemmung oder die Gefahr einer Blockade. Vielmehr erkennt er hierin ein harmonisches Wechselspiel der Einzelgewalten, das einem Organismus gleich reibungslos funktioniert. Hier besteht somit eine Parallele zu Jordan, der ebenfalls die Notwendigkeit der Verwirklichung des dreiteiligen Gewaltenteilungsmodells mittels zahlreichen organischen Metaphern untermauert. Allerdings ist Welcker nicht so inkonsequent wie Jordan, der gleichzeitig die Exekutive auch als höchste Gewalt darstellt und somit in seinen Aussagen unklar wird. Welcker bedient sich der Organismusmetaphorik, um das dreiteilige Gewaltenteilungsmodell Montesquieus argumentativ zu unterstützen.

5. Die „Außenseiter"

a) Robert von Mohl

„*Die Zersplitterung der Staatsgewalt in drei von einander getrennte und unabhängige Gewalten löst den Organismus des Staates, die Einheit der Vielheit, auf, und führt practisch zu Anarchie und Zerrüttung.*"[308]

---

306 Rotteck-Welcker, Staats-Lexikon, Bd. VI, Art. „Gleichgewicht der Gewalten", S. 40.

307 Rotteck-Welcker, Staats-Lexikon, Bd. II, Art. „Cabinets-Justiz", S. 780.

308 Robert von Mohl, Geschichte und Literatur, Bd. I, S. 274.

Klarer könnte eine Äußerung über Gewaltenteilung in Verbindung mit dem Staat als Organismus nicht ausfallen. Für Robert von Mohl ist die dreiteilige Gewaltenteilungskonzeption Montesquieus schlichtweg eine überkommene Lehre, die es abzulehnen gilt.[309] Mohl verwendet in seiner Kritik u.a. auch das Argument, daß die Gewaltenteilung den Staatsorganismus zersetze. Somit gebraucht auch er das in seiner Zeit so oft vorkommende Bild vom Staat als einheitlichen Organismus. Dies geschieht allerdings nicht, um eine eigene Gewaltenteilungskonzeption argumentativ zu unterstützen, da er jegliche Teilung der Gewalten mißbilligt. Vielmehr verwendet er die Organismusmetapher als Ablehnungsgrund für jegliche Gewaltenteilung. Er geht sogar noch darüber hinaus, indem er sich in seiner „Geschichte und Literatur der Staatswissenschaften" abfällig über die Verfechter von organologischen Gewaltenteilungsmodellen äußert und nennt Autoren, die diese benutzen, *„fantastische Schüler der Naturphilosophie, welche die Gewaltentrennung und die Verwendung der drei staatlichen Elemente mit Erscheinungen der Sinnenwelt oder mit dem Organismus der menschlichen Geisteskräfte parallelisieren"* und führt namentlich Ancillon und von Wangenheim an.[310]

b) Carl Salomo Zachariä

Zachariä zieht nur in geringem Maße Organismusmetaphern zur Argumentation heran. Lediglich im Kontext einer Systematisierung von allgemeinen Hoheitsrechten schreibt er, daß keines dieser Rechte so isoliert zu sehen sei, als daß es nicht auch in Verbindung mit einem anderen Hoheitsrecht stehen könnte: *„[...] so sind doch alle diese Rechte nur Glieder eines einzigen organischen Körpers, nur Aeste und Zweige eines und desselben Stammes."*[311]

Im Zusammenhang mit Aspekten der Gewaltenteilung benutzt er jedoch keine organologischen Argumentationsmuster. Dies ist auch nicht weiter erstaunlich, paßt doch sein Verständnis von einer Sonderung, Unabhängigkeit und Hemmung der Gewalten nicht zu der bereits beschriebenen Vorstellung vom Staat als einem organischen Ganzen.[312] Zachariäs Ideal von einer gegenseitigen Gewaltenverschränkung, die im damaligen Umfeld geradezu als revolutionär bezeichnet werden kann, läßt kein Platz für eine organizistische Metaphorik. Besonders instruktiv ist hier ein Vergleich mit Aretin, der ebenfalls keine Organismusmetaphern bemüht, jedoch in Bezug auf die Gewaltenteilung eine diametral

309 Robert von Mohl, Geschichte und Literatur, Bd. I, S. 271 ff.
310 Robert von Mohl, Geschichte und Literatur, Bd. I, S. 276.
311 Carl Salomo Zachariä, Vierzig Bücher vom Staate, Bd. I-III, S. 123.
312 Carl Salomo Zachariä, Vierzig Bücher vom Staate, Bd. I-III, S. 230; 235 u. 238.

entgegengesetzte Position einnimmt, indem er von einer ungeteilten Staatsgewalt ausgeht. Anhand der Nichtverwendung von organologischen Metaphern lassen sich demnach auch keine Schlüsse bezüglich der Aussagen zur Gewaltenteilung des jeweiligen Autors ziehen.

c) Ergebnis

Die Abkehr von Aufklärung und Vernunftrecht hin zu historisierenden, romantischen und organologischen Vorstellungen ist auch bei den jeweiligen Ausführungen zur Gewaltenteilung feststellbar. Der Staat in seinen Untergliederungen wurde immer wieder als Organismus verstanden. Die verschiedenen Autoren benutzten nicht mehr das Bild vom Staat als Maschine, das noch in der Aufklärung vorherrschte.

Interessant ist aber hierbei, daß sich die politische und staatstheoretische Ausrichtung der jeweiligen Autoren nicht bei der Verwendung von Organismusmetaphern widerspiegelt. Selbst bei den Konservativen ist keine einheitliche Linie erkennbar: Hegel entwickelte einen ganzen „Staatsorganizismus", um sein ideales Staatswesen argumentativ zu unterstützen, Maurenbrecher benutzte keine organologische Metaphern und Stahl wendete sich mittels organologischen Vergleichen vor allem gegen des dreiteilige Modell in Montesquieus Sinne. Die Lage stellt sich insgesamt sehr differenziert dar: Es gab Verfechter von wie auch immer gearteten Gewaltenteilungsmodellen, die ihre Thesen mit organizistischem Vokabular untermauerten. Hierzu zählen der „konservative Staatsphilosoph" Hegel ebenso wie die Liberalen Rotteck, Jordan, Schmitthenner und Welcker. Zu der Gruppe, die mittels Organismusmetaphern jegliche Gewaltenteilung ablehnte, gehören Stahl und Mohl, der eine Verfasser des konservativen Standardwerks „das monarchische Prinzip", der andere führender Liberaler in der Paulskirchenversammlung. Aretin, Maurenbrecher, Dahlmann und Zachariä verwendeten dagegen keine organologischen Metaphern, wobei Maurenbrecher und Dahlmann ein eigenes Modell vertraten, und sich Zachariä klar zum Gewaltenteilungsmodell nach Montesquieu bekannte, während Aretin von einer ungeteilten Staatsgewalt ausging. Der Gebrauch der Organismusmetaphorik scheint in diesem Zusammenhang weder eine Frage des politischen Lagers noch der jeweiligen Meinung zur Gewaltenteilungsproblematik gewesen zu sein. Maßgebend war offensichtlich der persönliche Duktus. Selbst in der Gruppe des sogenannten historisch-organischen Liberalismus ist keine einheitliche Tendenz erkennbar, obwohl dies ihr Name signalisiert. Die Untergliederung des deutschen Liberalismus in eine vernunftrechtliche und eine historisch-organische Richtung, wurde, wie im Kapitel „methodisches Vorgehen" erläutert, von Hartwig Brandt wieder in die aktuelle Liberalismusforschung eingeführt, von Hans

Boldt, Ernst Wolfgang Böckenförde und Michael Stolleis übernommen und hat sich in der heutigen Forschung durchgesetzt.[313] Mit historisch-organischem Liberalismus sind nach dieser Einteilung diejenigen Liberalen gemeint, die sich bereits Ende des 18. Jahrhunderts von der Aufklärung abgewandt hatten, die aber auch nicht zur konservativen Seite überwechselten. Wie bereits geschildert, bezog der historisch-organische Liberalismus seine staatstheoretischen Grundlagen in erster Linie aus der Geschichte. Somit sollte der Grundgedanke der historischen Schule mit staatstheoretischen Standpunkten verknüpft und zur theoretischen Begründung von konstitutionellen Vorstellungen herangezogen werden.[314] Ernst Wolfgang Böckenförde charakterisiert diese Strömung vor allem als „organisches Denken".[315] Wie aus dieser Untersuchung hervorgeht, verwendet beispielsweise Dahlmann, der, wie bereits in der „Autorenauswahl" geschildert, von der Forschung zu dieser Gruppe gezählt wird,[316] aber überhaupt keine organologischen Metaphern oder Formulierungen. Somit besteht in diesem Zusammenhang eine erstaunliche Parallele zu Aretin, Maurenbrecher und Zachariä, die zum vernunftrechtlichen Liberalismus oder, wie Maurenbrecher, sogar zur konservativen Staatslehre gezählt werden. Dies sollte Anlaß sein, diese Einteilung, wenn auch nicht in Frage zu stellen, doch zumindest sich immer bewußt zu sein, daß sich die Strömungen in der damaligen Staatslehre aufgrund des individuellen Zugangs der Einzelautoren grundsätzlich nur sehr schwer in Schemata und Gliederungen pressen lassen. Verallgemeinerungen verbessern hier zwar den Überblick, verwischen aber auch die Inhalte und den jeweiligen Ansatz des einzelnen Autors.

Zusammenfassend läßt sich hier als Ergebnis festhalten, daß die Organismusmetaphorik bei den hier untersuchten Autoren mit Ausnahme Hegels lediglich ein damals in Mode gekommenes Stilelement war, das sich perfekt in den gewandelten Zeitgeist einpaßte. Sie korrespondierte weder mit der politischen Einstellung oder staatstheoretischen Ausrichtung noch mit der Befürwortung oder Ablehnung von Gewaltenteilung. Darüber hinaus kam den Organismusvorstellungen auch keine Rolle als eigenständiges, sprachlich bildhaftes Konzept zur Bewältigung der Gewaltenteilungsproblematik zu.

---

313 Hartwig Brandt, Landständische Repräsentation, S. 160 ff. (163); 199 ff.; Michael Stolleis, Geschichte des öffentlichen Rechts, Bd. II, S.156 f.; E. W. Böckenförde, Die deutsche verfassungsgeschichtliche Forschung, S. 74 ff., 92 ff.; Hans Boldt, Deutsche Staatslehre im Vormärz, S. 292.

314 Michael Stolleis, Geschichte des öffentlichen Rechts, Bd. II, S. 156 f.

315 Ernst Wolfgang Böckenförde, Die deutsche verfassungsgeschichtliche Forschung im 19. Jahrhundert, Berlin 1961, S. 92 ff.

316 Siehe hierzu „Autorenauswahl".

III. Anpassung der Gewaltenteilungsmodelle an das monarchische Prinzip: Die Bildung einer übergeordneten oder höchsten Gewalt

1. Einleitung – Die Vorgaben des Art. 57 WSA

Eine zentrale Bestimmung der Wiener Schlußakte war das in Art. 57 verankerte monarchische Prinzip, das wie folgt lautete:

„Da der Deutsche Bund, mit Ausnahme der freien Städte, aus souveränen Fürsten besteht, so muß dem hierdurch gegebenen Grundbegriffe zufolge die gesamte Staatsgewalt in dem Oberhaupte des Staats vereinigt bleiben, und der Souverän kann durch eine landständische Verfassung nur in der Ausübung bestimmter Rechte an die Mitwirkung der Stände gebunden werden."[317]

Sinn und Zweck der Festlegung des monarchischen Prinzips in der Wiener Schlußakte war es, die Konstitutionalisierung, Parlamentarisierung und Demokratisierung der deutschen Einzelstaaten zu verhindern. Aus diesem Grund wurden die Kompetenzen und Funktionen der landständischen Vertretungen so eng gefaßt, daß die Hoheitsgewalt des Monarchen unangetastet blieb. Metternich formulierte somit einen verfassungspolitischen Generalvorbehalt, der auch im Falle, daß es in einem Territorium zu einer landständischen Verfassung kam, dem Monarchen die gesamte Staatsgewalt sicherte. Durch diesen Kunstgriff war nach Ernst Rudolf Huber an eine Teilung der Staatsgewalt oder Gewaltenteilung generell nicht mehr zu denken. Er spricht in diesem Zusammenhang von einer „Gegenlehre zum Gewaltenteilungsprinzip".[318] Somit wurde auf Bundesebene festgelegt, daß der Landesherr Inhaber der gesamten Staatsgewalt blieb. Nur bei deren Ausübung waren andere Staatsorgane beteiligt. Somit stellten die Landstände kein dem Landesherrn ebenbürtiges Gegenstück dar, sondern waren ihm nachgeordnet. Die von ihnen ausgeübte Staatsgewalt erlangten sie vom Monarchen durch Delegation. Damit hatten sie keine originäre, sondern lediglich eine derivate Gewalt inne. Durch diese Vorgaben war die demokratische Lehre, nach der die gesamte Staatsgewalt vom Volke ausgeht und zur Ausübung an den Monarchen übertragen wird, von vornherein ebenso kategorisch ausgeschlossen wie die Lehre vom Staats- bzw. Verfassungsvertrag.

Hier muß noch betont werden, daß die Einhaltung der in Art. 57 WSA fixierten Vorgaben für die landständisch verfaßten Gliedstaaten eine Pflicht darstellte. Damit verletzte eine Landesregierung bzw. ein Monarch, der im Verfassungstext oder in der Verfassungspraxis den Landständen oder dem Volk mehr

317 Abgedruckt bei: Ernst Rudolf Huber, Deutsche Verfassungsgeschichte seit 1789, Bd. I, Reform und Restauration 1789 bis 1830, S. 652.

318 Ernst Rudolf Huber, Deutsche Verfassungsgeschichte, Bd. I, S. 653.

Kompetenzen, Rechte und Freiheiten zubilligte als nach dem monarchischen Prinzip vorgesehen war, seine Bundespflichten, wodurch er sich der Möglichkeit von bundesstaatlichen Interventionen aussetzte. Selbst gegen einzelne Landesgesetze oder gegen eine bestimmte Regierungspraxis, die ein Verstoß gegen Art. 57 darstellte, konnte sich der Bund wenden und mit dem Mittel der Bundesexekution bekämpfen. Die bundesrechtliche Gewährleistung des monarchischen Prinzips war somit ein probates Mittel der Kontrolle und eröffnete die Möglichkeit zu Verfassungsinterventionen des Bundes gegenüber einzelnen Mitgliedsstaaten.

Gegenstand dieses Kapitels ist nun die Frage, inwieweit sich die ausgewählten Autoren bei ihren Ausführungen zur Gewaltenteilungsproblematik an den Vorgaben des monarchischen Prinzips orientierten. Eine gewaltenteilig organisierte Verfassung erschien durch die in Art. 57 WSA festgelegte Bestimmung, daß die gesamte Staatsgewalt in dem Oberhaupte des Staats vereinigt bleiben müsse, zunächst unerreichbar. Wie wir im Kapitel „Die Fortführung in Frankreich – Der Monarch als ‚pouvoir neutre'" gesehen haben, hatte aber Benjamin Constant mit dem von ihm erdachten Gewaltenteilungsmodell mit dem „pouvoir neutre" als vierte, königliche Gewalt eine Möglichkeit entwickelt, um Gewaltenteilung und die Wiederherstellung der französischen Monarchie aufgrund der restaurativen Vorgaben des Wiener Kongresses in Einklang zu bringen. Constant spaltet dabei den „pouvoir royal" vom „pouvoir exécutif" ab, d.h. er schafft neben der Exekutive noch eine königliche Gewalt. Dieser „pouvoir royal" steht über den anderen drei Gewalten Exekutive, Legislative und Judikative, und bildet eine gesonderte Autorität, den „pouvoir neutre". Dieses Modell, das die theoretische Grundlage für die Charte Constitutionelle von 1814 legte, welche die verfassungsrechtliche Basis für die Rückkehr der Bourbonen auf den französischen Thron durch Ludwig XVIII. darstellte, leistete daher einen wichtigen theoretischen Beitrag, um in einem gesamteuropäischen restaurativen Umfeld eine alte Dynastie wiederherzustellen. Die Festlegung des monarchischen Prinzips in Art. 57 WSA schloß sicherlich die verfassungsrechtliche Umsetzung eines dreiteiligen Gewaltenteilungsmodells mit Exekutive, Legislative und Judikative aus, gleichwohl versperrte diese Bestimmung aber nicht den Weg für ein Gewaltenteilungsmodell, das sich an Benjamin Constants Entwicklung angelehnt hätte. Insofern muß hier auch Ernst Rudolf Huber widersprochen werden, der vom monarchischen Prinzip als einer „Gegenlehre zum Gewaltenteilungsprinzip" spricht. Monarchisches Prinzip und Gewaltenteilung stellen per se keinen Widerspruch dar. Im Gegenteil, durch eine geschickte Variation und Anpassung von Gewaltenteilungsmodellen hätte sich hier eine Lösung des Problems finden lassen. Das macht jedenfalls ein Blick nach Frankreich auf die Charte Constitutionelle und die staatstheoretischen Vorarbeiten Benjamin Constants deutlich. Die deutsche Staatslehre im Vormärz hätte daher Constants Ansatz heranziehen und für sich fruchtbar machen können, um auch hier die besondere Stellung des Monarchen mit dem Problem der Gewaltenteilung in Einklang zu bringen. Wie im Kapitel „Die Fortführung in Frankreich – Der Monarch als ‚pouvoir neutre'" anhand der Aussagen von Karl von Rotteck, Johann Christian von Aretin, Johann Ludwig Klüber und Romeo Maurenbrecher herausgearbeitet werden konnte, lehnte die deutsche Staatslehre Constants Konzeption jedoch ab und beschäftigte sich praktisch nicht mit ihr. Jedenfalls wurde nicht erkannt, daß sich deren Ansatz auch für die vormärzliche Gewaltenteilungsproblematik in Deutschland verwenden ließ.

Es stellt sich nun die Frage, wie die Staatslehre statt dessen auf den vermeintlichen Widerspruch zwischen monarchischem Prinzip und Gewaltenteilung reagierte.

Das dreiteilige Gewaltenteilungsmodell nach Montesquieu stieß jedenfalls auf fast einhellige Ablehnung.[319] Sowohl von konservativer als auch von liberaler Seite kam Kritik: Während Stahl in seiner Staatslehre lediglich meint, die Einteilung in gesetzgebende, vollziehende und richterliche Gewalt sei *„irrig"*[320], hält Maurenbrecher *„die Ausschließung dieser Lehre vom positiven Staatsrecht geradezu geboten"*[321], und Hegel ist sogar der Ansicht, daß mit der *„Selbständigkeit der Gewalten [...] die Zertrümmerung des Staats unmittelbar gesetzt"* sei[322]. Die diesbezüglichen Äußerungen in der liberalen Staatslehre fallen ähnlich negativ aus. Auf Mohls und Rottecks Meinung, die beide das dreiteilige Gewaltenteilungsmodell für unpraktikabel, ja geradezu als gefährlich für die Einheit eines Staats hielten, wurde bereits im Kapitel „Fragestellung und methodisches Vorgehen" eingegangen. Nur Carl Salomo Zachariä und Carl Theodor Welcker bilden hier eine Ausnahme, indem sie sich eindeutig für ein dreigliedriges Gewaltenteilungsmodell nach Montesquieu einsetzten.[323] Die kritischen Stimmen überwogen demnach klar in der Gewaltenteilungsdiskussion.

Es bleibt aber die Frage offen, welche Machtverteilung im Staat zwischen Monarch und Volk die jeweiligen Autoren statt dessen vorsahen. Wenn das dreiteilige Gewaltenteilungsmodell aufgrund der Vorgaben im Deutschen Bund unpraktikabel war, wie sollte dann eine funktionierende Verteilung von Kompetenzen und Zuständigkeiten aussehen? Auf den folgenden Seiten wird daher der Frage nachgegangen, wie sich die hier untersuchten Autoren einen optimalen

---

319 Siehe „Fragestellung und methodisches Vorgehen", S. 23 mit weiteren Nachweisen.

320 Friedrich Julius Stahl, Staatslehre, Berlin 1910, S. 62.

321 Romeo Maurenbrecher, Grundsätze, S. 54.

322 G.W.F. Hegel, Grundlinien der Philosophie des Rechts, § 272, S. 433.

323 Carl Salomo Zachariä, Vierzig Bücher, Bd. I-III, S. 235; Rotteck-Welcker, Staats-Lexikon, 2. Aufl., Bd. II, Altona 1846, Art. „Cabinets-Justiz", S. 781.

Staatsaufbau im einzelnen vorstellten. Fraglich ist in diesem Zusammenhang auch, ob sich in den jeweiligen Ausführungen auch die politische Einstellung der Autoren widerspiegelt. So liegt die Vermutung nahe, ein konservativer Staatslehrer könnte den Monarchen mit mehr Macht und Kompetenzen ausgestattet haben als ein liberaler. Außerdem ist denkbar, daß in den liberalen Untergruppierungen Parallelen in der Ausgestaltung von Machtbefugnissen für Souverän oder Volksvertretung existierten. Hauptgegenstand dieses Kapitels ist die Fragestellung, inwieweit sich das in Art. 57 der Wiener Schlußakte festgelegte monarchische Prinzip und somit die Verfassungswirklichkeit auf die Gewaltenteilungsentwürfe der ausgewählten Autoren auswirkte.

2. Die konservative Staatslehre

a) G. W. F. Hegel

Hegel betont als radikaler Kritiker der klassischen Gewaltenteilungslehre die herausragende Stellung des Monarchen im Staat. Dies schlägt sich schon in seiner Einteilung der Gewalten nieder. Er unterscheidet zwischen fürstlicher Gewalt, Regierung und gesetzgebender Gewalt.[324] Somit billigt er dem Monarchen eine eigene Gewalt zu. Diese fürstliche Gewalt erinnert in ihrer Anlage an die vierte Gewalt des bereits vorgestellten Modells von Benjamin Constant. Diese Gewalt, der sogenannte pouvoir neutre, ist den anderen drei Gewalten übergeordnet und betont die besondere Stellung des Monarchen. Mit dieser Einteilung hat Constant der französischen Charte von 1814 vorgegriffen und deren Gewaltenteilungskonzeption theoretisch begründet.[325] Jedoch ist Hegels Gewaltenteilungsmodell zehn Jahre älter, so daß er auf Constant nicht zugreifen konnte.

Das Wort Teilung kann bei Hegel nur unter Vorbehalt benutzt werden, denn er versteht darunter nur eine Verselbständigung von Gliedern einer Einheit bis zu einem gewissen Grad.[326] Er führt hierzu in seinen Grundlinien der Philosophie des Rechts aus: *„Wenn man von der unterschiedenen Wirksamkeit der Gewalten spricht, muß man nicht in den ungeheuren Irrtum verfallen, dies so anzu-*

---

324 G.W.F. Hegel, Grundlinien der Philosophie des Rechts, § 273, S. 435 ff.

325 Lothar Gall, Benjamin Constant. Seine politische Ideenwelt und der deutsche Vormärz, Wiesbaden 1963, S. 166 ff.; siehe hierzu auch das Kapitel: „Benjamin Constants Lehre vom pouvoir neutre und deren Auswirkungen auf die vormärzliche Diskussion über die Ministerverantwortlichkeit“, S. 153 ff.

326 So auch: Ernst- Wolfgang Böckenförde, Gesetz und gesetzgebende Gewalt. Von den Anfängen der deutschen Staatsrechtslehre bis zur Höhe des staatsrechtlichen Positivismus, Berlin 1958, S. 138.

nehmen, als wenn jede Gewalt für sich abstrakt dastehen sollte, da die Gewalten vielmehr nur als Momente des Begriffs unterschieden sein sollen.“[327]

Hegel unterscheidet und definiert seine drei Gewalten wie folgt:

„Der politische Staat dirimiert sich somit in die substantiellen Unterschiede:

die Gewalt, das Allgemeine zu bestimmen und festzusetzen, -die gesetzgebende Gewalt,

die Subsumtion der besonderen Sphären und einzelnen Fälle unter das Allgemeine, - die Regierungsgewalt,

die Subjektivität als die letzte Willensentscheidung, - die fürstliche Gewalt, in der die unterschiedenen Gewalten zur individuellen Einheit zusammen gefaßt sind, die als die Spitze und der Anfang des Ganzen, der konstitutionellen Monarchie, ist.“[328]

Hier wird die Sonderstellung der fürstlichen Gewalt ganz besonders deutlich. Diese unterteilt er noch einmal nach drei Gesichtspunkten in sogenannte Momente.

„Die fürstliche Gewalt enthält selbst die drei Momente der Totalität in sich, die Allgemeinheit der Verfassung und der Gesetze, die Beratung als Beziehung des Besonderen auf das Allgemeine, und das Moment der letzten Entscheidung als der Selbstbestimmung, in welche alles Übrige zurückgeht und wovon es den Anfang der Wirklichkeit nimmt. Dieses absolute Selbstbestimmen macht das unterscheidende Prinzip der fürstlichen Gewalt als solcher aus, welches zuerst zu entwickeln ist.“[329]

Es ist schwierig, in dieser Einteilung Kompetenzen zu erkennen, denn die Gewalten beinhalten schließlich verschiedene Institutionen, Ämter und Personen, die wiederum in verschiedenen Konstellationen bei der Ausübung der einzelnen Gewalten teilnehmen. Die fürstliche Gewalt besteht beispielsweise nicht nur in der Person des Souveräns. Wie man aus dem zweiten „Moment“ erkennen kann, gehören auch die Berater des Monarchen, sei es als Staatsrat oder Regierung, zur fürstlichen Gewalt. Hegel spricht in diesem Zusammenhang von *„oberste(n) beratende(n) Stellen und Individuen, die den Inhalt der vorkommenden Staatsangelegenheiten oder der aus vorhandenen Bedürfnissen nötig werdenden gesetzlichen Bestimmungen mit ihren objektiven Seiten, den Entscheidungsgründen, darauf sich beziehenden Gesetzen, Umständen usf. zur Entscheidung vor den Monarchen bringen. Die Erwählung der Individuen zu diesem Ge-*

327 G.W.F. Hegel, Grundlinien der Philosophie des Rechts, § 272, S. 433.
328 G.W.F. Hegel, Grundlinien der Philosophie des Rechts, § 273, S. 433 f.
329 G.W.F. Hegel, Grundlinien der Philosophie des Rechts, § 275, S. 440.

schäfte wie deren Entfernung fällt, da sie es mit der unmittelbaren Person des Monarchen zu tun haben, in seine unbeschränkte Willkür.[330]

Zur Regierungsgewalt zählen nicht nur die staatliche Verwaltung, sondern auch Selbstverwaltungsorgane und die Spitzen der Korporationen und Gemeinden. An dieser Stelle zeigt sich Hegels vertikale Gewaltenteilung besonders anschaulich, indem er in sein Gewaltenteilungsmodell alle staatlichen Ebenen, selbst die Kommunen, einbezieht. Diese zählt er dann ausdrücklich zur Exekutive. Bei der Legislative wirken nach Hegel Monarch, dessen Regierung und beide Kammern einer Ständeversammlung zusammen.

Hegel bleibt in seinen Grundlinien der Rechtsphilosophie auffällig unbestimmt, welche konkrete Funktionen bestimmte Institutionen haben sollen. In seinen Vorlesungen von 1817/18 und 1818/19 spricht er im Zusammenhang mit der fürstlichen Gewalt konkret von einem Staatsrat oder dem Ministerium.[331] In seiner Rechtsphilosophie von 1820 hingegen erwähnt er, wie in obigem Zitat ersichtlich, nur *„oberste beratende Stellen und Individuen"*.[332] Offensichtlich wollte sich Hegel in der preußischen Verfassungsdiskussion nicht festlegen.

Die herausragende Stellung, die Hegel dem Monarchen zubilligt, läßt sich nicht nur daran erkennen, wie er die fürstliche Gewalt definiert, sondern auch anhand der Rolle, die der Ständeversammlung im Rahmen der gesetzgebenden Gewalt zukommt. So sieht er Wahlen *„als überhaupt etwas Überflüssiges"* an und tituliert sie ein *„geringes Spiel der Meinung und Willkür"*.[333] In seinen Augen sind die Deputierten nur eine *„von der fürstlichen Gewalt aufgerufene Abordnung"*.[334]

Letztendlich ist und bleibt bei Hegel die exponierte Stellung des Monarchen bestimmend im Zusammenspiel der Gewalten. Denn obwohl er ein eigenes Gewaltenteilungskonzept, bestehend aus fürstlicher, gesetzgebender und Regierungsgewalt entwirft, lehnt er aufgrund seiner Vorstellung vom Staat als Organismus ein System der gegenseitigen Kontrolle und Hemmung der Gewalten ab. Nur ein ständischer Verfassungsstaat mit einem Monarchen an der Spitze gewährt seiner Meinung nach staatliche Selbständigkeit und Handlungsfähigkeit im Angesicht der geschichtlichen Umbrüche. Ludwig Siep beschreibt denn auch die Position des Souveräns in Hegels Gewaltenteilungsschema als Inhaber einer eigenen fürstlichen Gewalt zutreffend als „Primat der fürstlichen bzw. monarchi-

330 G.W.F. Hegel, Grundlinien der Philosophie des Rechts, § 283, S. 454.
331 Ludwig Siep, Hegels Theorie der Gewaltenteilung, in: Hans-Christian Lucas u. Otto Pöggeler (Hrsg.), Hegels Rechtsphilosophie im Zusammenhang der europäischen Verfassungsgeschichte, S. 401.
332 G.W.F. Hegel, Grundlinien der Philosophie des Rechts, § 283, S. 454.
333 G.W.F. Hegel, Grundlinien der Philosophie des Rechts, § 311, S. 479.
334 G.W.F. Hegel, Grundlinien der Philosophie des Rechts, § 308, S. 475.

schen Letztentscheidung, die sie gegenüber anderen neuzeitlichen Ausprägungen, wie etwa der Kants, eher als ‚antiquiert' erscheinen läßt."[335]

b) *Romeo Maurenbrecher*

Romeo Maurenbrecher geht als ein weiterer Vertreter der konservativen Staatslehre bei seiner Ablehnung des dreiteiligen Gewaltenteilungsmodells nach Montesquieu noch weiter als Hegel. Er hält eine in die Staatspraxis umgesetzte Gewaltenteilung für völlig undenkbar. Eine solche kann seiner Meinung nach höchstens ideeller Natur sein. Diese Ansicht begründet er in seiner Schrift „Grundsätze des heutigen deutschen Staatsrechts" mit dem bekannten Argumentationsmuster, daß die Staatsgewalt als höchste Gewalt etwas Unteilbares darstelle und demnach keine einzelne Staatsgewalt selbständig sei.[336] Die Staatsgewalt an sich ist für ihn *„unabhängig, unverantwortlich, inappellabel, unfehlbar, heilig, ewig und unteilbar"*.[337] Insgesamt unterscheidet Maurenbrecher zwischen drei Gewalten, der Exekutive, Legislative und Inspektive.[338] Insbesondere der umfangreiche Kompetenzkatalog der Inspektive oder auch oberaufsehenden Gewalt, die er im übrigen noch vor der gesetzgebenden und vollziehenden abhandelt und allein dem Regenten zuordnet, zeigt die Machtfülle des Monarchen in seiner Konzeption.[339] Dieser beinhaltet das Recht der Regierungen, von allem Kenntnis zu nehmen, was dem Staatsganzen schädlich sein kann. Maurenbrecher schließt hier ausdrücklich jede Mitwirkung der Landstände aus.[340] Obwohl er insgesamt betrachtet von drei Gewalten ausgeht, bleibt bei ihm die Position des Fürsten praktisch uneingeschränkt, da er alle drei Gewalten diesem zuspricht und nur minimalen Restriktionen unterwirft. Maurenbrecher unterteilt somit die Staatsgewalt in Einzelbestandteile und ordnet diesen Kompetenzen und Befugnisse zu. Er sieht die Gewaltenteilung nicht als Mittel der gegenseitigen Kontrolle im Sinne eines „checks and balances"-Prinzip, sondern lediglich als logisches Gliederungsschema einer einheitlichen Staatsgewalt, die prinzipiell unteilbar ist. Somit bleibt auch hier die Position des Fürsten unangefochten. Diese Auffassung spiegelt sich nicht nur in Maurenbrechers Gewaltenteilungsschema wider. In seiner Abhandlung „Die deutschen regierenden Fürsten und die Souve-

---

335 Ludwig Siep, Hegels Theorie der Gewaltenteilung, S. 390.
336 Romeo Maurenbrecher, Grundsätze, S. 53.
337 Romeo Maurenbrecher, Grundsätze , S. 36.
338 Vgl. hierzu auch: Ernst-Wolfgang Böckenförde, Gesetz und gesetzgebende Gewalt, S. 87 ff.
339 Siehe hierzu auch das Kapitel „Funktionswandel und Tradition - Die ‚Inspektive' als dritte Gewalt".
340 Romeo Maurenbrecher, Grundsätze, S. 310 f.

ränität“ beschäftigt er sich eingehend mit der Frage, wer im Staat die Souveränität inne habe.[341] Dabei lehnt er selbstverständlich die Volkssouveränität im Sinne Rousseaus ab. Vielmehr ist seiner Ansicht nach der Fürst alleiniger Inhaber der Souveränität; er spricht in diesem Zusammenhang von der Fürstensouveränität.[342] Vor diesem Hintergrund ist auch verständlich, warum er alle seine drei Gewalten dem Regenten zuordnet.

Zwar zieht er auch Grenzen, indem er beispielsweise herausstellt, daß die natürliche Schranke der Exekutive in ihrer Stellung zu den beiden anderen Staatsgewalten, insbesondere der gesetzgebenden Gewalt zu finden sei.[343] Jedoch verwahrt er sich grundsätzlich gegen eine Entgegenstellung der einzelnen Gewalten.[344] Außerdem billigt er in der Praxis, d.h. in einer Darstellung des Territorialstaatsrechts, also der Schnittmenge des Staatsrechts der einzelnen Bundesstaaten, den Fürsten einen umfassenden Rechte- und Befugniskatalog zu. So hat der Regent bei Maurenbrecher im Rahmen der gesetzgebenden Gewalt das Recht, neue Gesetze zu erlassen und aufzuheben. Dieses wird dann durch „positive Beschränkungen“, wie beispielweise die einer Landständischen Verfassung, eingeschränkt. Konkrete Rechte der Landtage läßt Maurenbrecher unerwähnt. Insgesamt entwickelt er sein dreiteiliges Gewaltenteilungsmodell nur aus der Sicht der Fürsten, denen er dann alle drei Gewalten wiederum fast unbeschränkt zuweist. Maurenbrecher operiert, wie oben gezeigt, mit einzelnen Gewalten, wie der Exekutive, Legislative und Inspektive, jedoch stellt für ihn die Staatsgewalt als höchste Gewalt grundsätzlich etwas Unteilbares dar. Zieht man dann noch den umfangreichen Kompetenzkatalog in Betracht, den er dem Monarchen zuordnet, so wird deutlich, daß Maurenbrecher mit dem Gedanken der Gewaltenteilung allenfalls ein Schema verbindet, wie die einheitliche Staatsgewalt nach bestimmten Gesichtspunkten gegliedert werden kann. Maurenbrecher ordnet sich somit als Konservativer den Vorgaben des monarchischen Prinzips vollkommen unter.

c) Friedrich Julius von Stahl

Stahl lehnt von vornherein jegliche Gewaltenteilung ab. Bei ihm ist die Souveränität die *„erste, ursächliche und oberste Gewalt“*, die ganz allgemein dem Fürsten, einer organisierten Versammlung oder beidem im ganzen zugeordnet sein

341 Romeo Maurenbrecher, Die deutschen regierenden Fürsten und die Souveränität, Frankfurt a.M. 1839.

342 Romeo Maurenbrecher, Fürsten und Souveränität, S. 167 ff.

343 Romeo Maurenbrecher, Grundsätze, S 334 f.

344 Romeo Maurenbrecher, Grundsätze, S. 50 f.

muß.[345] Wie dies für die Staaten im Deutschen Bund konkret auszusehen hat, erläutert er in seiner Schrift „Das monarchische Princip“ aus dem Jahr 1845.[346] Dieses sieht er u.a. als Gegenpol zu den Prinzipien der Volkssouveränität sowie der Gewaltenteilung und bezeichnet es als "Fundament deutschen Staatsrechts und deutscher Staatsweisheit“.[347] Er charakterisiert es dahingehend, „[...] *daß die fürstliche Gewalt dem Rechte nach über der Volksvertretung stehe, und daß der Fürst tatsächlich der Schwerpunkt der Verfassung, die positiv gestaltende Macht im Staate, der Führer der Entwicklung bleibe.*“[348] Dieser Satz zeigt in knapper Form Stahls Staatsverständnis. Er hebt die besondere Rolle des Monarchen noch heraus, bei gleichzeitiger Ablehnung jeglicher Gewaltenteilung.[349] Damit ist Stahl auf der Seite der konservativen Staatslehre derjenige, der sich am konsequentesten gegen Gewaltenteilung in jeglicher Form ausspricht. Während Hegel noch zwischen fürstlicher Gewalt, Regierung und gesetzgebender Gewalt unterscheidet[350], und Maurenbrecher trotz aller Vorbehalte gegen die Gewaltenteilung zwischen der Exekutive, Legislative und Inspektive differenziert[351], sind in Stahls Konzeption keinerlei Ansätze einer Gliederung der Staatsgewalt erkennbar. Dies fügt sich stimmig in das Bild von Stahl als einem Konservativen ein, der mit seiner Schrift „Das monarchische Princip“ die staatstheoretische Aufarbeitung von Art. 57 WSA vorlegte.

3. *Der vernunftrechtliche Liberalismus*

a) *Sylvester Jordan*

Sylvester Jordan wurde von Zeitgenossen wie Robert von Mohl als „Anhänger“ des dreiteiligen Modells nach Montesquieu eingestuft.[352] Für Jordan ist eine dreifache Untergliederung der Staatsgewalt absolut notwendig, um einer Despotie vorzubeugen. Er schreibt: „ *[...] so ist die Zergliederung der Staatsgewalt in die aufgeführten drei Gewalten erschöpfend, nothwendig und daher völlig ge-*

345 Friedrich Julius Stahl, Die Philosophie des Rechts, Bd. II, 5. Aufl., Tübingen 1878, S. 189.
346 Friedrich Julius Stahl, Das monarchische Princip. Eine staatsrechtlich-politische Abhandlung, Heidelberg 1845.
347 Friedrich Julius Stahl, Staatslehre, Berlin 1910, S. 221.
348 Friedrich Julius Stahl, Staatslehre, Berlin 1910, S. 196.
349 Vgl. Johann Baptiste Müller, Die Staatslehre Friedrich Julius Stahls, München 1999, S. 20 ff.; Hans Boldt, Deutsche Staatslehre, S. 200 f.
350 G.W.F. Hegel, Grundlinien der Philosophie des Rechts, § 273, S. 435 ff.
351 Romeo Maurenbrecher, Grundsätze, S. 310 f.
352 Robert von Mohl, Geschichte und Literatur, Bd. I, S. 273.

gründet, und somit auch die Annahme der politischen Drei (trias politica) vollkommen gerechtfertigt." Die Richtigkeit der Einordnung Jordans als einem Verfechter des dreiteiligen Gewaltenteilungsmodells wird bei der Analyse seiner Aussagen zur Gewaltenteilung aber immer fraglicher: Obwohl Jordan von den „drei Gewalten" spricht, verwendet er ebenso den Begriff der „drei Funktionen der Staatsgewalt" und wählt somit auch eine vorsichtigere Formulierung. An dieser Stelle zitiert er Karl Ernst Schmid[353], der als ein Hauptvertreter der Befürworter einer „Functionsteilung" anzusehen ist.[354] Die sogenannte Funktionsteilung stellt ein eigenes von Karl Ernst Schmid und Friedrich Schmitthenner entwickeltes Gewaltenteilungsmodell dar, auf das im Rahmen der Darstellung einzelner Gewaltenteilungsmodelle noch vertieft eingegangen wird.[355] Bemerkenswert ist hier, daß Jordan offensichtlich die Terminologie übernimmt, ohne jedoch zu den Inhalten und dem Ansatz, der dahintersteckt, Stellung zu beziehen. Jordan schreibt, aus den drei Funktionen der Staatsgewalt ergebe sich „*von selbst die Selbständigkeit einer jeder derselben, insofern eine jede innerhalb der Gränzen ihre eigenthümlichen Wirkungskreises selbständig und unabhängig thätig werden muß*". Außerdem sollen sie „*von einander gegenseitig abhängig und daher in dieser Hinsicht einander wechselseitig subordinirt*" sein. Ferner müssen sie „*völlig und wesentlich verschieden sein, aber gleichzeitig auch eine vollkommene Einheit mit einander bilden*".[356] Diese Bedingungen wirken auf den ersten Blick widersprüchlich und scheinen sich gegenseitig auszuschließen. Interessant ist daher, was Jordan mit seiner Formulierung gemeint haben könnte.

Im Zusammenhang mit der Selbständigkeit der Gewalten stellt er heraus, daß auch in Staaten mit repräsentativer Regierungsform kein Gesetz ohne den Willen und gegen den Regenten entstehen könne. Jedoch betont er, daß dadurch die Selbständigkeit der einzelnen Behörden nicht aufgehoben werde. So könne der Regent durch sein Veto Gesetze verhindern, nicht aber die „*gesetzgebende Behörde*", also die Legislative, dazu zwingen, bestimmten Gesetzen zuzustimmen oder inhaltlich zu modifizieren. Ebenso sei die richterliche Gewalt in der Rechtsprechung unabhängig und die regierende Gewalt völlig selbständig innerhalb des „*staatsgewaltlichen Wollens und Handelns*". Gleichwohl muß sich der Re-

353 Karl Ernst Schmid, der von 1774 bis 1852 lebte, war Professor in Jena und Oberappellationsgerichtsrat, demnach auch „Praktiker" und wird zu den liberalen Konstitutionalisten gerechnet. Er gilt als Vertreter der sogenannten Functionstheilung, auf die im Rahmen der Darstellung einzelner Gewaltenteilungsmodelle noch vertieft eingegangen wird.

354 Sylvester Jordan, Versuche, S. 221.

355 Siehe hierzu das Kapitel „Die Lösung des Problems: Gewaltenteilung nach ‚Funktionen'".

356 Sylvester Jordan, Versuche, S. 217-221.

gent auch an gewisse Rahmenbedingungen wie Beschränkung seiner Mitwirkung an der Gesetzgebung auf ein Vetorecht und die Unabhängigkeit der Rechtsprechung halten. Jordan fährt in seiner Betrachtung der Einzelgewalten fort, indem er ihre gegenseitige Abhängigkeit herausstellt. Dies begründet er mit dem Argument, daß allein betrachtet, die einzelnen Gewalten unwirksam wären, da beispielsweise ein Rechtsspruch auch mit Hilfe der Exekutive durchgesetzt werden müsse.[357] Letztlich sei die Exekutive die höchste Gewalt im Staat. Obwohl sich Jordan grundsätzlich für das dreiteilige Gewaltenteilungsmodell ausspricht, relativiert er seine Aussagen zu dessen Gunsten wieder, indem er zur exekutiven Gewalt schreibt:

„Die regierende Gewalt ist das zuerst und zuletzt wirksame Princip im Staate; die Triebfeder, welche den in verfassungs- und gesetzmäßige Bewegung gesetzten Staatskörper innerhalb des durch die Verfassung und Gesetze vorgezeichneten Gleises erhält und leitet, das bildende und belebende Element, welches dem Staate erst wirklich die verfassungsmäßige Form gibt, und der gebildeten Form verfassungsmäßiges und gesetzliches Leben verleiht; die höchste Gewalt, welche dem Gesetze und Rechtssprüche erst durch ihre Befehle Kraft und Wirksamkeit verschafft; und der Centralpunkt der Einheit, von welchem die gesammte Thätigkeit der Staatsgewalt ausgeht, sich über den ganzen Staatskörper belebend, ordnend und leitend verbreitet, und in welchem sie sich wieder vereinigt. In der regierenden Gewalt liegt daher auch eigentlich die Machtvollkommenheit.“[358]

Jordans Aussagen zur Exekutive sind hier für einen Autor, der grundsätzlich Verfechter des dreiteiligen Gewaltenteilungsmodells ist, bemerkenswert. Gerade die Formulierungen, die regierende Gewalt sei die höchste Gewalt und „Centralpunkt der Einheit“, von dem die gesamte Tätigkeit der Staatsgewalt ausgehe, sowie die Feststellung, in der regierenden Gewalt liege die eigentliche Machtvollkommenheit, lassen darauf schließen, daß Jordan wohl doch nicht das Gewaltenteilungsideal von drei gleichgeordneten Gewalten vorschwebte. Er geht sogar noch weiter und schreibt: *„Es sind vielmehr die gesetzgebende und richterliche Gewalt hinsichtlich ihrer Ausübung nur als Acte des regierenden Willens, sohin als Zweige der Regierung zu betrachten, weil beide nur Thätigkeitsäußerungen der Staatsgewalt sind.“*[359]

Mit der Aussage, in der Jordan Legislative und Judikative lediglich als Akte des regierenden Willens und als Zweige der Regierung bezeichnet, weil diese nur Tätigkeitsäußerungen der Staatsgewalt seien, spricht er diesen beiden Ge-

---

357 Sylvester Jordan, Versuche, S. 219.
358 Sylvester Jordan, Versuche, S. 221.
359 Sylvester Jordan, Versuche, S. 230.

walten aber gerade die Selbständigkeit ab. Die oben gezeigte Feststellung widerspricht Jordans Ansicht, daß die einzelnen Gewalten selbständig und unabhängig voneinander tätig werden müssen. Gerade das letztgenannte Zitat macht deutlich, daß Jordan sich klar nach der Vorgabe des Art. 57 WSA richtete, wonach die gesamte Staatsgewalt in dem Staatsoberhaupt vereinigt bleiben müsse. Nur so ist seine Feststellung zu verstehen, wonach gesetzgebende und richterliche Gewalt als Zweige der Regierung anzusehen sind. Betrachtet man nun insgesamt Jordans Aussagen zur Gewaltenteilung, so bieten diese ein widersprüchliches Bild. Einerseits sollen die verschiedenen Gewalten voneinander unabhängig sein, andererseits betont er aber in seiner Konzeption die überragende Stellung der Exekutive. Der Schluß liegt daher nahe, daß Jordan bei seinen Ausführungen zur Gewaltenteilung den Vorgaben des monarchischen Prinzips gerecht werden wollte, was jedoch seine Aussagen zur Gewaltenteilungsproblematik und sein Konzept unklar werden läßt.

b) Karl von Rottecks Modell einer Unterscheidung zwischen objektiver und subjektiver Gewaltenteilung

Rotteck ist gegenüber dem in mehreren Verfassungen im Deutschen Bund festgelegten Prinzip, daß alle Staatsgewalten im Monarchen vereinigt und ihm nur bei der Ausübung gewisse Beschränkungen auferlegt seien, kritisch eingestellt. Auch über die Verfechter des monarchischen Prinzips äußert er sich im negativen Sinn und spricht in diesem Zusammenhang von *„seit der Verkündung der Schlußakte des teutschen Bundes bis zum Ueberdruß wiederholten Phrasen von dem sogenannten ‚monarchischen Prinzip'"*.[360] Wie wir im Kapitel „Die Fortführung in Frankreich – Der Monarch als „pouvoir neutre" gesehen haben, lehnt Rotteck auch Benjamin Constants Modell ab.

Seiner Meinung nach erübrigt sich die Diskussion über das monarchische Prinzip, wenn man seiner Theorie von der subjektiven Gewaltenteilung folgt. In der Reihe der Gewaltenteilungsmodelle, die eigens neu entwickelt wurden, um den Besonderheiten des deutschen Konstitutionalismus und dem Dualismus zwischen Ständen und Monarch gerecht zu werden, sticht Rottecks Ansatz durch die Art und Weise, wie er sich diesem Problem nähert, heraus: Er entwickelt verschiedene Begriffspaare, wie objektive und subjektive Gewaltenteilung, Regierung und Repräsentation sowie natürliche und künstliche Staatsgewalt. Grundsätzlich vertritt auch Rotteck die Ansicht, ohne die Gewaltenteilung mutiere der Staat zu einer rechtlosen Despotie. Er sieht in Montesquieu den Begründer des Gewaltenteilungsprinzips, erachtet aber dessen Begriffsbestimmung für vage

360 Karl von Rotteck, Lehrbuch, S. 244.

und teilweise auch für unrichtig. Die strenge Teilung der Staatsgewalt in drei Glieder hält er für gefährlich, weil dadurch entweder die Einheit des Staates verlorengehe oder sich eine der Gewalten zur allein herrschenden erheben könnte.[361] Rotteck entwirft daher ein neues, eigenes Gewaltenteilungsmodell. Zunächst führt er dabei eine Analyse des Grundproblems durch. Er sieht für den vormärzlichen Konflikt und scheinbar unüberwindlichen Dualismus zwischen Monarchen und Volksvertretung eine Hauptursache: die Frage der Machtaufteilung zwischen den beiden „Hauptgewalten", gesetzgebende und „Administrativgewalt". Zur Lösung dieses Problems gebe es grundsätzlich zwei Möglichkeiten: Entweder man überläßt beide jeweils komplett einem Träger oder „Subjekt", wie sich Rotteck ausdrückt, oder man teilt beide Gewalten unter mehreren „Persönlichkeiten" auf. Gegen die erste Möglichkeit der Trennung hat er folgende Bedenken: Erstens gehe die Einheit des Staatslebens verloren. Ein Argument, das immer wieder zu jener Zeit gegen Gewaltenteilung vorgebracht wurde. Zweitens werde die gesetzgebende Gewalt zu mächtig und dadurch *„die administrative zur blosen Scheinmacht"* herabgesetzt.[362] Außerdem werde die Exekutive bei der Vollstreckung der Gesetze *„lau, oft entgegenstrebend, jedenfalls unzuverlässig sein"*, und letztendlich führe der Widerstreit der Gewalten zur Despotie.[363]

Rotteck überträgt daher weder dem Landtag ausschließlich die gesetzgebende, noch der Regierung die exekutive oder administrative Gewalt, sondern verteilt die einzelnen Gewalten oder objektiven Funktionen, wie er sich ausdrückt, auf sogenannte subjektive Persönlichkeiten. Er spricht sich deshalb gegen eine Entgegensetzung der objektiven Gewalten der Legislative und Exekutive aus, da diese *„einerseits nur ideale Persönlichkeiten sind, und andererseits durch die Idee des Staates notwendig zu einer und derselben, nämlich überhaupt der obersten Staatsgewalt sich vereinen."*[364] Diese Aufteilung erscheint ihm zu starr, auf die Verhältnisse in Deutschland nicht anwendbar und daher unpassend. Vielmehr vertritt er ein Modell der subjektiven Gewaltenteilung, bei der die im Staat beteiligten natürlichen Personen die maßgeblichen Bezugspunkte sind, wie Monarch und Volk, zwischen denen abhängig von der jeweiligen Fallgestaltung die Staatsgewalt aufgeteilt ist. Er führt hierzu aus: *„[...] die Entgegensetzung der lebendigen Persönlichkeiten, die an solchen Gewalten teilnehmen, ist die Hauptsache, d. h. also keineswegs die Abwägung der jeder einzelnen Gewalt als solcher idealistisch zuzuschreibenden Rechte oder Attributionen, sondern die Abwägung der den, beim Staatsleben in wahrere Wechselwirkung stehenden und*

361 Ursula Herdt, Verfassungstheorie, S. 118 f.
362 Karl von Rotteck, Lehrbuch, Bd. II, S. 221.
363 Karl von Rotteck, Lehrbuch, Bd. II, S. 221.
364 Karl von Rotteck, Lehrbuch, Bd. II, S. 223.

mit Gewalt zu bekleidenden, Personen beizumessenden Rechte und Kräfte, demnach die subjektive Theilung, nicht aber die objektive. "[365]

Rotteck betont, daß an jeder der beiden Gewalten das Volk beteiligt werden müsse. Bestehe hingegen die Exekutive oder Legislative lediglich aus monarchischen oder aristokratischen Elementen, so sei dies verwerflich und daher abzulehnen. Besonders wichtig ist ihm, daß sich das Volk Teile der beiden Gewalten zur Kontrolle vorbehält. Würden diese vollständig übertragen, so käme dies einer kompletten Veräußerung gleich. Rotteck sieht daher nur in einem Repräsentativsystem die Freiheit des einzelnen gewährleistet.[366] Demnach stehen sich in seinem Modell die Regierung als Inhaberin der übertragenen Gewalt und das Volk als Inhaber der vorbehaltenen Gewalt gegenüber. Er spricht von einer Wechselwirkung der zwei *„Persönlichkeiten": „Regierung"* und *„Repräsentation"*, wobei jede stark genug sein soll, um die andere zu hemmen und zu korrigieren.[367] Rotteck führt in diesem Zusammenhang die Begriffe „natürliche" und „künstliche" Staatsgewalt in die Diskussion ein. Dabei billigt er der Legislative das Attribut „natürlich" zu, da sie unmittelbar das souveräne Volk repräsentiere. Dieser sei jedoch ein Korrektiv entgegenzustellen, da eine Volksvertretung zunächst erst einmal in erster Linie den Volkswillen verkörpere. Dieses Gegengewicht stelle die Regierung dar, die „künstlich" eingesetzt sei und dem Volk gegenüber stehe. Aufgabe der Regierung sei die Vollstreckung des Gesamtwillens, was durch Gesetzgebung und Verwaltung geschehen kann. Dieser Gesamtwille läßt sich nach Rotteck auf zwei Arten bestimmen, durch Volksabstimmung, was aber an Praktibilitätsgründen meistens scheitere, oder mittels eines Ausschusses, den Landständen.[368] Insgesamt gesehen üben Regierung und Volksausschuß Administration und Gesetzgebung gemeinsam aus. Wie dies in der Praxis auszusehen hat, stellt Rotteck anhand einer genauen Aufgabenverteilung dar. Dabei ordnet er zunächst ganz pauschal die Gesetzgebung dem Ausschuß zu, die Administration der Regierung. Diese Einteilung wird jedoch durch Beschränkungen und Ausnahmen begrenzt. So billigt er der Regierung ein Vetorecht zu. Das heißt im Hinblick auf die Gesetzgebung sollen Landtag und Regierung über ein Gesetzesinitiativrecht sowie das gegenseitige Recht der Annahme oder Verwerfung verfügen. Auch die Regierung soll ein Initiativrecht sowie das Recht zum Erlaß von Verordnung zur Ausführung und Vollzug allgemeiner Gesetze haben. Die „Repräsentation" muß bei der Vollziehung der Gesetze wiederum zumindest

---

365 Karl von Rotteck, Lehrbuch, Bd. II, S. 222.
366 Karl von Rotteck, Lehrbuch, Bd. II, S. 223.
367 Karl von Rotteck, Lehrbuch, Bd. II, S. 223.
368 Karl von Rotteck, Lehrbuch, Bd. II, S. 225.

indirekt mitwirken durch kontrollierende Beurteilung, Gegenvorstellung, Beschwerde und Möglichkeiten der Kritik.

Auffällig ist, daß Rotteck hier zwar zwischen Gesetzgebung und Administrativgewalt ein verästeltes System von Beschränkungen und Hemmungen vorsieht, wie das Initiativ- und Vetorecht sowie die o.g. Möglichkeiten der Volksvertretung zur Begleitung der Gesetzesvollziehung, eine unabhängige Judikative gleichwohl ablehnt. So beschäftigt er sich in diesem Zusammenhang in einem Kapitel seines Lehrbuchs des Vernunftrechts mit der Frage, *„ob alle Justiz vom König ausgehe"*. Dabei unterscheidet er zwischen Justizgesetzgebung, Justizverwaltung und Urteilsfindung: Erstere kann der Monarch in einer konstitutionellen Monarchie nur mit dem Parlament gemeinsam ausführen, während die Justizverwaltung zunächst vom König ausgeht, in dessen Namen und unter dessen Aufsicht geschieht. Die Urteilsfindung, die nach Rotteck lediglich eine logische Funktion der Rechtsfindung darstellt, muß völlig unabhängig von den einzelnen Richtern geleistet werden. Bei Fragen der Justizverwaltung differenziert Rotteck aber genau zwischen einzelnen Aufgaben und möchte den Einfluß des Monarchen teilweise für bestimmte Tätigkeiten einschränken. Ganz wichtig ist für Rotteck das Verfahren der Richterernennung. Obwohl auch dieses unter die Justizverwaltung fällt, befürwortet er vor dem Hintergrund aktueller Ereignisse die Richterwahl durch Los, durch Gesetz oder auch durch Volkswahl. Dadurch werde der Korruption und einem Abhängigkeitsverhältnis zwischen Richtern und König vorgebeugt. In diesem Zusammenhang hebt er hervor, daß gerade in Strafprozessen, und hier spielt er vor allem auf politische Straftaten an, die Richter nicht von der Gnade des Königs abhängen dürfen. Nur der unabhängige gesetzliche Richter könne als Teil eines ordentlichen Gerichts zu einem gerechten Urteil finden.[369]

Rotteck ist auch ein vehementer Verfechter des Öffentlichkeitsgrundsatzes, wobei er hier jedoch zwischen Straf- und Zivilprozessen eine klare Trennlinie zieht. Zivilprozesse betrachtet er als Privatangelegenheit der streitenden Parteien, während er Strafprozesse als Sache der Allgemeinheit sieht, da diese als Anklägerin gegen die Beschuldigten auftrete. In diesem Zusammenhang erwähnt Rotteck auch Geschworenengerichte, die eine der liberalen Hauptforderungen waren. Grundsätzlich hält er Geschworene aus dem Volk für unbefangener als Richter, die durch ihre juristischen Kenntnisse dem Fall weniger offen gegenüberstünden als andere. Außerdem hält er Geschworene für weniger abhängig vom Monarchen und schwieriger zu bestechen.[370]

---

369 Karl von Rotteck, Lehrbuch, Bd. III, S. 246 ff.
370 Karl von Rotteck, Lehrbuch, Bd. III, S. 257 ff.

Rotteck kommt insgesamt zu dem Schluß, daß alle Justiz eben nicht vom König ausgehen dürfe.[371]

Insgesamt betrachtet erscheinen Rottecks Erörterungen zur Justiz zunächst widersprüchlich. Einerseits lehnt er es ab, von der Judikative als unabhängige dritte Gewalt zu sprechen. Andererseits formuliert er mit Geschworenengerichten oder der Richterwahl durch das Volk klare Forderungen, deren Verwirklichung zu einer strenger durchgeführten Gewaltenteilung zwischen Judikative und Exekutive in der Praxis führen würde, als im heutigen kontinentaleuropäischen Raum üblich. Hier wird wieder die bereits herausgearbeitete Besonderheit in der Staatslehre im Vormärz sichtbar: Eine dreiteilige Gewaltenteilung nach Montesquieu wird entschieden abgelehnt. Gleichzeitig stellt man aber Forderungen, die auf eine strenge Trennung von Exekutive und Judikative in der Praxis hinauslaufen. Es bleibt daher vieles im Unklaren, obwohl Rotteck die Begriffspaare „künstlich" und „natürlich" sowie „objektiv" und „subjektiv" vorstellt und den ambitionierten Versuch unternimmt, ein eigenes Gewaltenteilungsmodell auszuarbeiten. Die Ablehnung der Judikative steht diametral Rottecks Forderungen nach unabhängigen Richtern und Gerichten entgegen. Die Einführung der neuen Begriffspaare trägt insgesamt eher zur Verwirrung bei, da deren Verwendung nicht bis ins Detail durchdacht ist. Rotteck vollzieht daher einen definitorischen Spagat, um die damaligen Verhältnisse mit den Forderungen der Liberalen irgendwie in Einklang zu bringen. Dies führt im Ergebnis dazu, daß sein kompliziertes Modell das damalige Kernproblem einer Aufteilung der Staatsgewalt zwischen Volk und Souverän eher verdeckt als löst. Lothar Gall charakterisiert dies in seinem grundlegenden Werk über die politische Ideenwelt Benjamin Constants und deren Auswirkungen auf den deutschen Vormärz zutreffend wie folgt: *„Da man [...] nicht auf die verfassungsrechtliche Grundforderungen einer Trennung der Justiz von der Verwaltung, der Verwaltung von der Legislative verzichten konnte, versuchte Rotteck – in einer für sein Denken höchst charakteristischen Weise – den Engpaß dadurch zu überwinden, daß er mit neuen Begriffen die Gegensätze und Schwierigkeiten verwischte."*[372]

c) *Johann Christian von Aretin*

Johann Christoph Freiherr von Aretin verkörpert, wie Michael Stolleis sagt, *„den stufenweisen Übergang vom Staatsdenken des aufgeklärten Spätabsolutismus in die erste liberale Phase des süddeutschen Konstitutionalismus"*.[373] Are-

---

371 Karl von Rotteck, Lehrbuch, Bd. III, S. 191.

372 Lothar Gall, Benjamin Constant, S. 178.

373 Michael Stolleis, Geschichte des öffentlichen Rechts, Bd. II, S. 163.

tins bedeutendste Werk ist sein „Staatsrecht der constitutionellen Monarchie", das Rotteck vollendete und dessen erster Band 1824 erschien. Dort äußert er sich dezidiert zur Gewaltenteilung und zur Frage, ob es eine höchste Gewalt im Staat gebe. Interessant ist, daß sich Rottecks Meinung zur Gewaltenteilung fundamental von der Aretins unterscheidet, obwohl er dessen Werk fortführte: Rotteck entwickelt ein eigenes System der „subjektiven Gewaltenteilung", Aretin hingegen lehnt jegliche Gewaltenteilung ab. Dies begründet er damit, *„daß vielmehr eine solche Trennung in der Theorie mit unzähligen Schwierigkeiten, und in der Ausführung mit eben so zahllosen Collisionen und gefährlichen Kämpfen verbunden ist"*.[374] Die Staatsgewalt definiert er als *„diejenige Gewalt, die als zur Aufrechterhaltung der Herrschaft des Gesetzes nothwendig bei Errichtung des Staatsvertrags vom Volk an die Person übertragen wird, welcher aufgegeben ist, für jene Aufrechterhaltung des Gesetzzustandes gehörige Sorge zu tragen"*.[375] Für Aretin ist somit die Gewaltenteilung irrelevant und nicht von Interesse, da seiner Meinung nach sämtliche Staatsgewalt beim Volk liege und an den Monarchen übertragen werde, der sie dann in den ihm durch die Verfassung gesetzten Grenzen ausübe. Insofern kann Aretin den Monarchen als Oberhaupt des Volkes charakterisieren, in dem sich alle Staatsgewalt nach den verfassungsmäßigen Beschränkungen vereinigt. Hier besteht eine Parallele zu Rotteck, der eine Vereinigung aller Staatsgewalt in der Person des Monarchen dann als gegeben ansieht, wenn diese zuvor durch das Volk auf ihn übertragen wurde. Obwohl Aretin Gewaltenteilung ablehnt und Rotteck sein eigenes subjektives Gewaltenteilungssystem entwickelt, wird an dieser Stelle eine Übereinstimmung deutlich. Rotteck hat demnach nicht ohne Grund Aretins Werk fortgeführt.

Aretin verweist ferner bei der Ablehnung der Gewaltenteilung ausdrücklich auf das in Art. 57 der Wiener Schlußakte fixierte monarchische Prinzip.[376] In dieser Beziehung besteht damit eine erstaunliche Parallele zwischen Aretin, der dem Erfordernis der Gewaltenteilung gänzlich widerspricht, und den vorgenannten Autoren, die verschiedene Einteilungsversuche unternommen haben, am Ende dann aber doch die dem Monarchen zugewiesene Exekutive als höchste Gewalt definieren oder entsprechend den Vorgaben des Art. 57 WSA die gesamte Staatsgewalt im Monarchen vereinigt sehen: Alle versuchen erklärtermaßen auf ihre Weise dem monarchischen Prinzip gerecht zu werden. Somit steht selbst Aretin, der die Gewaltenteilung gänzlich ablehnt, in einer Linie mit den vorgenannten Autoren.

---

374 Johann Christian von Aretin, Staatsrecht, S. 172.
375 Johann Christian von Aretin, Staatsrecht, S. 166.
376 Johann Christian von Aretin, Staatsrecht, S. 173.

4. Der historisch-organische Liberalismus

a) Friedrich Christoph Dahlmann

Auch Friedrich Christoph Dahlmann vertritt die Meinung, daß die Regierung die höchste Staatsgewalt sei, wenn er in seiner „Politik" schreibt:

„Die Regierung ist mithin zwar nothwendig die höchste Staatsgewalt (superioritas, Souveränität), vermöge welcher in ihr die Unabhängigkeit des nach Innen und Außen erblickt wird; keineswegs aber nothwendig die gesammte Staatsgewalt [...]. Fragt es sich nun um die Ausstattung jener höchsten Staatsgewalt, deren Inhaberin die Regierung seyn muß, so kann einmahl Regierung gar nicht anders gedacht werden als im unmittelbaren und ungetheilten Besitze der ausübenden oder That-Gewalt."[377]

Demnach übernimmt auch Dahlmann die Gewaltenteilungskonzeption mit einer höchsten Gewalt, die er vollumfänglich dem Monarchen zuweist. Daneben spricht er der Judikative deren Qualität als eigenständige Gewalt ab und charakterisiert diese als den beiden anderen Staatsgewalten untergeordnet:

„Dieser sogenannten Staatsgewalten sind zwei, die ausübende und die gesetzgebende Gewalt. Denn die richterliche darf sich ihnen nicht als dritte gleichstellen wollen, da sie als Anwenderin bereits vorhandener Gesetze, bloß über deren concreten Inhalt entscheidend, jenen beiden Staatsgewalten untergeordnet ist."[378]

Interessant ist, daß Dahlmann in diesem Zusammenhang auch auf das sogenannte Oberaufsichtsrecht (suprema inspectio) eingeht. Diesem Recht der Oberaufsicht billigen Teile der Staatslehre im Vormärz, allen voran Schmalz, den Rang einer eigenen selbständigen Gewalt zu. Auf dieses Modell wird im Kapitel „die ‚Inspektive' als dritte Gewalt" noch eingegangen.[379] Dahlmann jedoch schränkt das Recht der Oberaufsicht, das bei ihm eines unter vielen königlichen Rechten ist, entscheidend ein: Dieses werde zwar im Namen des Königs ausgeübt, sei jedoch an gesetzliche Bestimmungen geknüpft.

Des weiteren stellt Dahlmann detaillierte Forderungen an die Ausgestaltung der Ministerverantwortlichkeit. Denn da, wo der König gerichtlich nicht zur Rechenschaft gezogen werden dürfe, sei die Ministerverantwortlichkeit von größter

---

377 Friedrich Christoph Dahlmann, Die Politik, S. 68.

378 Friedrich Christoph Dahlmann, Die Politik, S. 68.

379 Siehe hierzu das Kapitel „Funktionswandel und Tradition - Die ‚Inspektive' als dritte Gewalt".

Bedeutung. Diese Tatsache kann man auch der Breite der damaligen Diskussion über die Ministerverantwortlichkeit entnehmen.[380]

Selbst in der zweiten Auflage der „Politik" favorisiert er die erbliche Monarchie und das, obwohl er zwei Jahre nach der Erstveröffentlichung wegen der Auseinandersetzung um die „Göttinger Sieben" aus dem Staatsdienst entlassen und aus dem Königreich Hannover ausgewiesen wurde. Es muß jedoch in diesem Zusammenhang erwähnt werden, daß Dahlmann es nach den Ereignissen um die Paulskirche ablehnte, seine Politik neu aufzulegen. Die Parteinahme für die erbliche Monarchie, die in seiner „Politik" noch zum Ausdruck kommt, hatte nach 1848 demnach offensichtlich abgenommen. Die Weigerung, eine überarbeitete Fassung herauszubringen, läßt sich auch mit einer gewissen Unzufriedenheit über die politischen Verhältnisse nach der März-Revolution begründen.[381]

Grundsätzlich kann aber Dahlmann als Befürworter des Modells mit einer vom Monarchen ausgeübten Exekutiven als höchster Gewalt gelten. Wie viele Liberale im Vormärz übernimmt er somit die vermeintlich umumgängliche Vorgabe des Art. 57 WSA.

b) Friedrich Schmitthenner

Friedrich Schmitthenner beschäftigt sich in seinem Hauptwerk, den „Grundlinien des allgemeinen oder idealen Staatsrechtes", sehr ausführlich mit dem Problem der Gewaltenteilung.[382] Bei seinen Ausführungen trägt er den Vorgaben des monarchischen Prinzips und somit den tatsächlichen Gegebenheiten im Deutschen Bund insofern Rechnung, als er den Monarchen als Inhaber der höchsten Gewalt darstellt. Er begründet sein Vorgehen sogar ausdrücklich mit den Vorgaben des Art. 57 WSA. Schmitthenner schreibt in diesem Kontext:

„Selbst Sieyes, der die machinistische Staatsansicht mit der größten Subtilität ausgesponnen hat, erkennt das Unrichtige des Princips der Gegengewichte. Der getheilten Regierung, sagt er, gibt es zwei Systeme:

Dasjenige der Getrenntheit und bloßen Gegengewichte, wie es sich gewöhnlich die Alten dachten. Bei diesem System fehlt alle Garantie der Einheit; es ist mit einem Körper mit zwei Köpfen zu vergleichen, wobei der Fall eintreten kann, daß sie mit ihren Ansichten in Widerstreit gerathen.

---

380 Nachweise bei Friedrich Greve, Die Ministerverantwortlichkeit im konstitutionellen Staat unter besonderer Berücksichtigung der Verfahren gegen den Minister von Scheele im Herzogtum Holstein 1855/56, Berlin 1977.

381 Wilhelm Bleek, Friedrich Christoph Dahlmann, Die Politik, S. 291 ff.

382 Friedrich Schmitthenner, Grundlinien, S. 274 ff.

Dasjenige der Unterordnung unter eine Einheit oder des Zusammenwirkens. Da im Staate jede Gewalt möglicher Weise das Streben hat, die ihr gesetzlich zugewiesene Sphäre zu überschreiten und das Ganze ihren besondern Zwecken unterzuordnen; so ist es nothwendig, daß über der gesetzgebenden und vollziehenden Gewalt eine dritte in den ihnen zugewiesenen Schranken erhält. Die Lehre von der Trennung der Gewalten ist; wenn auch nicht in voller Strenge, in das positive Staatsrecht Frankreichs übergegangen; wogegen in Deutschland die Ausschließung derselben von dem postitiven Staatsrecht durch den Art. 57 der Wiener Schlußacte ausgesprochen und als wesentliche Folge des monarchischen Princips bestimmt ist, daß die gesammte Staatsgewalt in dem Oberhaupte des Staates vereinigt bleiben soll.[383]

Schmitthenners Äußerung zeigt, wie sich der überwiegende Teil der liberalen Staatslehre im Vormärz angesichts des positiven Verfassungsrechts (Art. 57 WSA) von einer konsequent durchgeführten Gewaltenteilung abwandte. Das vor allem von Kant propagierte dreiteilige Gewaltenteilungsprinzip erschien vielen unpraktikabel.[384] Dies wird deutlich, wenn er im Zusammenhang mit der oben zitierten Äußerung von der „mechanistischen toten Philosophie des 18. Jahrhunderts" spricht und eine strikte Sonderung zwischen Exekutive und Legislative als einen „Mißgriff" bezeichnet, den man längst erkannt habe.[385] Schmitthenner stellt hier zwei Arten der Gewaltenteilung vor. Zunächst erwähnt er das System der gegenseitigen Trennung und Verschränkung der Einzelgewalten. Dieses sieht er jedoch als überkommen an, was durch seine Aussage, *„[...] wie es sich die Alten dachten"*, deutlich wird. Die Abwendung von Kants Ansatz, weg von Aufklärung hin zum Historismus, läßt sich demnach auch in der vormärzlichen Staatslehre in Bezug auf das Problem der Gewaltenteilung deutlich nachweisen. Auch lehnt Schmitthenner dieses Modell ab, da bei einem solchen Gewaltenteilungssystem, wie er meint, die *„Garantie der Einheit"* fehle. Statt dessen favorisiert er das Modell *„der Unterordnung unter eine Einheit oder des Zusammenwirkens"*. Dies begründet er wiederum mit der Befürchtung, das Machtstreben einzelner Gewalten könne das System der Teilung gefährden und durcheinanderbringen. Am Aufschlußreichsten ist aber seine oben im Gesamtkontext zitierte Aussage, daß die Lehre von der Gewaltenteilung in Deutschland durch das positive Staatsrecht, namentlich Art. 57 der Wiener Schlußakte, der das monarchische Prinzip und somit die Vereinigung der gesamten Staatsgewalt im Monarchen vorgebe, ausgeschlossen sei. Die in dieser Stellungnahme hervortretende Ansicht ist geradezu typisch für die liberale Staatslehre im Vormärz. Benjamin

383 Schmitthenner, Grundlinien, S. 480.
384 Siehe hierzu das Kapitel „Die klassische Lehre – Kant".
385 Schmitthenner, Grundlinien, S. 478.

Constants Vorarbeiten in Bezug auf die Frage, wie Gewaltenteilung und Restauration bzw. Monarchie in Einklang gebracht werden können, wurden nicht aufgegriffen.[386] Montesquieus und Kants Ansatz galten als nicht dem deutschen Staatsrecht entsprechend. Statt dessen versuchte die liberale Staatslehre durch die mehr oder minder verschwommene Definition einer höchsten Gewalt den vermeintlich unausweichlichen Vorgaben des Art. 57 WSA zu entsprechen. Schmitthenner gleicht zwar dem Großteil der damaligen Staatslehre in seiner Ablehnung des dreiteiligen Gewaltenteilungsmodells nach Montesquieu bzw. Kant, insofern zeigen die oben angeführten Zitate seine Motivationslage, jedoch trug er zur Entwicklung des Modells der sogenannten Funktionsteilung maßgeblich bei. Somit leistete er einen wichtigen eigenen Anteil für die Diskussion um die Gewaltenteilung. Die Durchführung einer Gewaltenteilung nach Funktionen hatte auf die Nachwelt einen so großen Einfluß, daß sich dieses Modell als die heute herrschende Auffassung über Gewaltenteilung etabliert hat.[387] Wie eine solche Funktionsteilung im einzelnen aussieht, ist jedoch Gegenstand eines eigenen Kapitels, da ihr Einfluß bis in die aktuelle Gewaltenteilungslehre reicht. Somit sei an dieser Stelle auf das Kapitel „Gewaltenteilung nach ‚Funktionen'" verwiesen.

c) Carl Theodor Welckers Ausnahmeposition

Carl Theodor Welcker, der weniger durch ein wissenschaftliches, systematisches Werk, sondern durch seine fast 200 Artikel in dem von ihm und Karl von Rotteck herausgegebenen Staatslexikon der Nachwelt im Gedächtnis blieb, stellt insofern eine Ausnahme dar, als er sich vehement für ein dreigliedriges Gewaltenteilungsmodell nach Montesquieu einsetzt und diesen vor der zeitgenössischen Kritik in Schutz nimmt. Besonders instruktiv ist in diesem Zusammenhang Welckers Artikel im Staatslexikon zum Stichwort „Cabinets-Justiz". Im Kapitel „Historische Vorbilder des Auslandes – Die Vereinigten Staaten von Amerika" konnte bereits gezeigt werden, wie Welcker gerade in diesem Artikel die Vorbildfunktion der USA hervorhebt und das offenkundige Funktionieren der US-amerikanischen Verfassung als einziger der hier untersuchten Autoren auf ein System der gegenseitigen Hemmung und Verschränung der einzelnen Staatsgewalten zurückführt. Welcker definiert „Cabinets-Justiz" zunächst als *„eine von der Regierung oder von ihren abhängigen Dieners ausgehende Einwirkung in die richterliche Verhandlung und Entscheidung einzelner Civil- oder Criminal-*

386 Siehe hierzu das Kapitel „Die Fortführung in Frankreich – Der Monarch als ‚pouvoir neutre'".
387 Christoph Degenhart, Staatsrecht I, 11. Auflage, Heidelberg 1995, RN. 218.

prozesse" und betont deren Verwerflichkeit.[388] Um den schädlichen Auswirkungen jeglicher Kabinettsjustiz vorzubeugen und entgegenzuwirken, spricht sich Welcker für eine konsequent durchgeführte Gewaltenteilung mit einer unabhängigen Judikative nach dem Vorbild Montesquieus und Kants aus. Im weiteren Verlauf seiner Ausführungen setzt sich Welcker intensiv mit der zeitgenössischen, vor allem liberalen Staatslehre auseinander und kritisiert deren Argumention gegen das dreiteilige Gewaltenteilungsmodell. Vor allem wendet er sich gegen das oft vorgebrachte Argument, eine Dreiteilung der Staatsgewalt führe zu schweren innerstaatlichen Konflikten, die eine Auflösung des Staats zur Folge hätten. Er tritt daher energisch der Forderung entgegen, daß einer solchen Kollision der Einzelgewalten nur mit einer vom Monarchen ausgeübten höchsten Gewalt oder Macht im Staat begegnet werden könne. Er schreibt:

„Setzt man dieser Theilung aber die Gefahren der Collision und des Widerstreits bei dem Mangel einer steten höchsten Entscheidung entgegen, so kann man erwidern: auch im physischen Organismus hat kein System diese absolute höchste Entscheidung über die andern. [...] Dann werden, wie Montesquieu richtig bemerkt, die drei Gewalten, weil sie eben gehen müssen und allein nicht gehen können, vereinigt gehen, [...]."[389] Welcker argumentiert hier gegen die Lehre einer höchsten Gewalt, indem er den Staat mit einem *„physischen Organismus"* vergleicht, der auch keinen übergeordneten Teil oder ein primäres *„System"* kenne. Er stützt sich bei seiner Rechtfertigung der Gewaltenteilung, wie bereits gezeigt, auch auf die positiven Erfahrungen, die die Vereinigten Staaten bei der strikten Umsetzung des dreiteiligen Modells in ihrer Verfassung gemacht hätten.[390] Die Abwendung der überwiegenden liberalen deutschen Staatslehre vom dreiteiligen Gewaltenteilungsprinzip ist ihm daher unerklärlich. Um eine Antwort auf die Frage zu finden, warum auch die liberale Staatslehre eine höchste Gewalt im Staat konstruierte, kann folgende Stellungnahme Welckers in seinem Artikel zur „Cabinets-Justiz" helfen:

„Freilich ist in unserer neuesten Zeit gerade auch gegen diese früher so allgemein als nothwendig anerkannte Abtheilung, diese wesentlichste Grundlage für die Unabhängigkeit der Justiz Widerspruch entstanden. Zuerst griff sie vorzüglich Hugo's allgemeine geistreiche Zweifelsucht an, sodann, wie sich von selbst versteht, auch die Haller'sche Restauration der Faustrechtsverhältnisse. Auch eine mißverstandene positive Bestimmung [Welcker meint hier wohl Art. 57 WSA, in dem das monarchische Prinzip formuliert wird] und endlich andere

388 Rotteck-Welcker, Staats-Lexikon, 2. Aufl., Bd. II, Altona 1846, Art. „Cabinets-Justiz", S. 777.

389 Rotteck-Welcker, Staats-Lexikon, 2. Aufl., Bd. II, Altona 1846, Art. „Cabinets-Justiz", S. 781.

390 Siehe hierzu das Kapitel "Die Vereinigten Staaten von Amerika".

achtbare Gründe, welche jedoch ebenfalls auf Mißverständnissen und insbesondere auf fehlerhaften Darstellungen jener Abtheilung beruhen, bestimmten insbesondere manche deutsche Staatsmänner, zum Theil sehr liberale, zum allgemeinen Widerspruch gegen diese Theorie."[391]

Aus diesem Zitat geht hervor, daß Welcker das Abrücken der Staatslehre von einer unabhängigen Judikative, die, wie gezeigt, mit Kant einen maßgeblichen Befürworter hatte, nicht billigt.[392] Er kritisiert die bereits beschriebene geistesgeschichtliche restaurative Wende, indem er die polemischen Ausführungen Hallers und dessen Geisteshaltung als *„Restauration der Faustrechtsverhältnisse"* branntmarkt.[393] Welckers Aussage, in der er eine *„mißverstandene positive Bestimmung"* für die Ablehnung des dreiteiligen Gewaltenteilungsmodells verantwortlich macht, ist für die diesem Kapitel zugrunde liegende Fragestellung besonders aufschlußreich. Bei dieser mißverstandenen positiven Bestimmung kann es sich nur um Art. 57 der Wiener Schlußakte handeln. Diese Vorgabe habe laut Welcker *„manche deutsche Staatsmänner, zum Theil sehr liberale, zum allgemeinen Widerspruch"* gegen das dreiteilige Gewaltenteilungsmodell veranlaßt. Wenn Welcker hier von einem Mißverständnis spricht, hat er folglich klar erkannt, daß die Festlegung des monarchischen Prinzips in der Wiener Schlußakte nicht notwendigerweise zum Ausschluß jeglicher Gewaltenteilung führte und daß den Vorgaben betreffend der Stellung des Monarchen im Staat auch hätte anders entsprochen werden können, als durch die Konstruktion einer höchsten Gewalt. Damit kommt ihm von allen hier untersuchten Autoren eine Ausnahmestellung zu, denn er ist neben Zachariä der einzige, auch unter den Liberalen, der Art. 57 WSA nicht dadurch entsprechen will, indem er das dreiteilige Gewaltenteilungsmodell abwandelt und, wie viele andere eine höchste Gewalt konzipiert, die er dem Monarchen zuweist. Gerade in dieser damals weitverbreiteten Auffassung sieht Welcker ein Einfallstor für die Despotie. Er schreibt: *„Nur also bei weiser Sonderung und selbständiger Ausbildung und Begränzung der politischen Gewalten ist überhaupt Freiheit und höheres kräftiges Leben der Völker zu hoffen. [...] Man begeht dabei den Fehler, die Absolutheit einer sogenannten reinen Rechtsidee und den stets relativen und unvollkommenen menschlichen Organen ihrer Verwirklichung zu verwechseln. Man übersah hier ebenfalls wieder die wahren Lebensgesetze des Staatskörpers. Und so forderte man theils eine träumerische, theils eine mechanische höchste Gewalt und Einigung, statt der lebendigen und moralischen, statt jener höheren Lebenskraft und wahrhaften*

391 Rotteck-Welcker, Staats-Lexikon, Bd. II, Art. „Cabinets-Justiz", S. 778.
392 Vgl. das Kapitel „Die klassische Lehre – Kant".
393 Siehe hierzu „Die restaurative Gruppe um Haller".

weisen Organisation des Staats.[394]. Besonders instruktiv ist an diesem Zitat Welckers Kritik auch an führenden Liberalen und deren Gewaltenteilungskonstruktionen mit einer höchsten Gewalt, wenn er von einer träumerischen bzw. mechanischen höchsten Gewalt und Einigung statt einer lebendigen Staatsorganisation spricht. Auch bemängelt er, daß oft von einer *„reinen Rechtsidee"* als Ideal ausgegangen werde, die sich jedoch in der Realität aufgrund des menschlichen Fehlverhaltens oder der menschlichen Fehlbarkeit generell nicht zu verwirklichen sei. Welcker spielt hier auf die Vorstellung an, der Monarch könne als Inhaber der höchsten Staatsgewalt einem etwaigen Zerwürfnis der Einzelgewalten entgegenwirken, ohne dabei seine Macht zu mißbrauchen. Diese durchaus realistische Einschätzung unterscheidet ihn maßgeblich von anderen Liberalen. Wie aus den vorgestellten Zitaten hervorgeht, verteidigt er gegen alle Widerstände das dreiteilige Gewaltenteilungsmodell ausdrücklich. Welcker ist daher neben Zachariä der einzige, der im dreiteiligen Gewaltenteilungsmodell eine Garantie für einen funktionierenden Rechtsstaat sieht, für den er sich mit seinen politischen Forderungen immer eingesetzt hat. Diese inhaltliche Übereinstimmung und Konsequenz in Welckers Veröffentlichungen und vor allem in seinem Artikel „Cabinets-Justiz" im Staatslexikon darf nicht unterschätzt werden. Michael Stolleis' Urteil über ihn, *„er hat weder einen staatstheoretischen Beitrag geliefert, der die Zeit überdauert hätte, noch ein durchgearbeitetes Werk des positiven Bundes- oder Landesstaatsrechts. Die nahezu zweihundert Artikel im Staats-Lexikon sind als wissenschaftliche Diskussionsbeiträge nahezu gewichtslos, [...]"*[395] kann daher nicht unwidersprochen bleiben. Welckers Werk und Leistung wird in der Literatur kontrovers diskutiert. Rainer Schöttle hat hier durch sein Buch über die politische Theorie Welckers bereits den Versuch unternommen, dem negativen Bild über ihn entgegenzuwirken.[396] Carl Theodor Welcker hat zwar keine großvolumigen Bände, vom Staatslexikon einmal abgesehen, wie Carl Salomo Zachariä vorgelegt. Sein geplantes sechsbändiges „System" wurde wegen schlechter Verkaufszahlen schon nach dem ersten Band eingestellt.[397] Schaut man sich seine Erörterungen über Gewaltenteilung an, und nur diese sind Gegenstand dieser Arbeit, so fällt jedoch auf, daß diese frei von Gegensätzen sind, präzise formuliert und die Widersprüche der zeitgenössischen Staatslehre bereits offengelegt werden. Dadurch unterscheidet er sich auch von

394 Rotteck-Welcker, Staats-Lexikon, Bd. II, Art. „Cabinets-Justiz", S. 781.

395 Michael Stolleis, Geschichte des öffentlichen Rechts, Bd. I, S. 178.

396 Rainer Schöttle, Politische Freiheit für die deutsche Nation. Carl Theodor Welckers politische Theorie, S. 13 ff.

397 Carl Theodor Welcker, Das innere und äußere System der praktisch natürlichen und römisch-christlich-geistlichen Rechts-, Staats- und Gesetzgebungs-Lehre, Bd. I, Stuttgart 1829.

Carl Salomo Zachariä, der zwar als Vertreter des dreiteiligen Gewaltenteilungsmodells gelten kann, jedoch innerhalb seines Werks gewisse Brüche aufweist, wenn sich bei ihm, wie wir im Kapitel „Begrifflichkeiten und Einteilungsschemata der Reichspublizistik" gesehen haben, Gliederungsmodelle der Reichspublizistik mit dem dreiteiligen Gewaltenteilungsmodell gegenseitig überlagern. Dies ist bei Welcker nicht der Fall. Aufgrund seines hohen staatstheoretischen Niveaus, das sich nicht in der Anzahl seiner Veröffentlichungen, sondern in der Qualität seiner Aufsätze zeigt, sollte über eine Neubewertung seines Schaffens nachgedacht werden.

5. Die „Außenseiter"

a) Robert von Mohl

„Namentlich ist eine oberste ausübende Gewalt, welcher eine gewaltlose Gesetzgebung vorschreibt, ein Unding."[398] Mohl bedient sich auch hier, wie gewöhnlich, einer drastischen Ausdrucksweise, um die seiner Meinung nach vorhandenen Defizite des dreiteiligen Gewaltenteilungsmodells herauszuheben. Drei gleichgeordnete Gewalten im Staat sind für ihn undenkbar. Daher mißbilligt er grundsätzlich jegliche Form der Gewaltenteilung. Die Staatsgewalt ist für ihn ausschließend, unteilbar, ewig und allumfassend. Er geht sogar noch weiter, indem er jegliche persönliche Verantwortlichkeit des Inhabers der obersten Gewalt ablehnt.[399] Für Mohl gibt es demnach keine höchste Gewalt unter mehreren Gewalten. Er kennt nur eine Staatsgewalt, die einem Inhaber übertragen ist, der diese ausübt und somit das gesamte Staatswesen leitet. Träger der Staatsgewalt kann u.a. eine Volksversammlung oder ein Fürst sein.[400] Mohls Konzeption sieht aufgrund seiner Ablehnung der Gewaltenteilung keine Exekutive als höchste Gewalt vor. Mohl argumentiert somit im Grunde wie die Befürworter einer obersten ausübenden Gewalt. Er geht sogar noch darüber hinaus, indem er aufgrund der gleichen Begründungsmuster jegliche Gewaltenteilung ablehnt. Damit gleicht seine Auffassung als prominenter Liberaler im Ergebnis derjenigen Stahls, der gemeinhin als der personifizierte Konservatismus gilt.

398 Robert von Mohl, Geschichte und Literatur, Bd. I, S. 274.
399 Robert von Mohl, Enzyclopädie der Staatswissenschaften, 2. Aufl., Freiburg 1872, S. 120.
400 Robert von Mohl, Enzyclopädie, S. 116.

b) Carl Salomo Zachariä

Carl Salomo Zachariä, der unter den Liberalen eine Sonderstellung einnahm[401], wird dieser auch in Bezug auf die Stellung des Monarchen im Staat gerecht. So schreibt er im 19. Buch seiner 40 Bücher vom Staate über die konstitutionelle Monarchie, daß sowohl das Volk als auch der Fürst *„die Leitung der öffentlichen Angelegenheiten überhaupt in seiner Gewalt hat, die Gewalt des einen Bestandtheiles der Verfassung aber durch die des anderen gehemmt wird."* Das Verhältnis zwischen Volk und Monarchen charakterisiert er als Mitherrschaft.[402] Grundsätzlich sind für Zachariä die „drei Grundgewalten des Staats – die gesetzgebende, die vollziehende und die richterliche Gewalt" von einander unabhängig und in den Händen verschiedener Behörden, wobei die beiden ersten Gewalten wiederum so verbunden sein müssen, daß bei der Gesetzgebung die Zustimmung von Volksvertretung und Fürst notwendig ist.[403] Damit ist Zachariä einer der wenigen, die sich klar für ein dreiteiliges Gewaltenteilungsmodell aussprechen.[404] Trotz der von Zachariä bemerkenswert klar durchgeführten Gewaltenteilung, hat bei ihm der Monarch auch maßgeblichen Einfluß auf die Legislative und somit auf Gesetze, die er dann selbst vollzieht. Gleichwohl ist Zachariäs Gewaltenteilungskonzeption in Bezug auf die Stellung des Monarchen in der damaligen Zeit außergewöhnlich. Insbesondere die Beschreibung des Zusammenwirkens der einzelnen Gewalten als „Hemmung der einen Gewalt durch die andere" und die Einstufung der Beziehung zwischen Fürst und Volk als „Mitherrschaft" erscheint im zeitgenössischen restaurativen Umfeld gewagt. Zachariä kommt somit auch hier wie Welcker eine Ausnahmeposition zu. Zu der Ausgestaltung der Einzelgewalten sei auf das Kapitel „Befürworter der Gewaltenteilung nach Montesquieu – Carl Salomo Zachariä" verwiesen.

6. Ergebnis

Das in § 57 Wiener Schlußakte festgelegte monarchische Prinzip fließt bei fast allen Autoren der Staatslehre im Vormärz in deren Gewaltenteilungsmodelle in der Form ein, daß sie dem Monarchen eine herausragende Stellung zubilligen, die im Einzelfall gleichwohl unterschiedlich ausfällt. Selbst Liberale, die in der

401 Hans Boldt, Deutsche Staatslehre, S. 215 ff.; Michael Stolleis, Geschichte des öffentlichen Rechts, Bd. II, S. 169 ff.

402 Carl Salomo Zachariä, Vierzig Bücher vom Staate, Bd. I-III, S. 230.

403 Carl Salomo Zachariä, Vierzig Bücher vom Staate, Bd. I-III, S. 235.

404 Thomas Lang, Die Staats- und Verfassungslehre Carl Salomo Zachariäs, Frankfurt a.M. 1996, S. 41.

Revolution von 1848 eine besondere Rolle spielen, wie z.B. Jordan, Mohl und Dahlmann, bilden hier keine Ausnahme. Wird die besondere Position des Monarchen im Zusammenhang mit theoretischen Ausführungen zur Gewaltenteilung verneint, wie dies bei Rotteck der Fall ist, so spiegelt sich dies aber nicht bei der Aufzählung der Kompetenzen des Monarchen wider. Insofern fallen sozusagen Theorie und Praxis auseinander. Hinzu kommt, daß Rotteck seine Position noch abschwächt, indem er sich nicht ausdrücklich gegen die überragende Rolle des Monarchen wendet. Er hält vielmehr eine Diskussion über die Aufteilung der Gewalten und die Frage, ob alle Staatsgewalt grundsätzlich beim Herrscher liege, und dieser nur bei deren Ausübung beschränkt sei, aufgrund des von ihm entwickelten Modells einer subjektiven Gewaltenteilung für obsolet. Lediglich Welcker und Carl Salomo Zachariä verteidigen das dreiteilige Gewaltenteilungsmodell nach Montesquieu und kritisieren eine exponierte Stellung der Monarchen als Inhaber der Exekutive. Eine erstaunliche Parallele besteht zwischen Mohl und Stahl: Obwohl beide zwei grundverschiedene politische Auffassungen haben, stimmen sie doch in ihrer Abneigung gegen alle Gewaltenteilungsansätze überein. Allgemein kann daher für die Staatslehre zwischen 1815 und 1848 die Feststellung getroffen werden, daß fast alle Gewaltenteilungsmodelle der liberalen und konservativen Staatslehre eine herausgehobene Position des Monarchen bzw. der Exekutive vorsehen. Somit ergibt sich trotz fundamentaler Unterschiede in den politischen Ansichten und Forderungen sowie in der speziellen Ausgestaltung der einzelnen Gewaltenteilungsmodelle diesbezüglich im ganzen ein einheitliches Bild. Auf diesem Weg integrieren die verschiedenen Gewaltenteilungskonzepte das monarchische Prinzip zumindest teilweise. Die Ausgestaltung der jeweiligen Modelle wandelt sich jedenfalls nicht mit den unterschiedlichen politischen Gruppierungen. Die exponierte Stellung des Monarchen bei fast allen der hier untersuchten Autoren ist als Zugeständnis an das in Art. 57 der Wiener Schlußakte festgelegte monarchische Prinzip zu deuten. Hier wird offenbar, daß sich auch die liberale Staatslehre der Verfassungswirklichkeit stellte. Augenscheinlich herrschte das allgemeine Verständnis vor, daß man sich mit den Gegebenheiten im Deutschen Bund abfinden müsse. Man versuchte statt dessen das Maximale in Einzelforderungen, wie z.B. nach Ministerverantwortlichkeit, umzusetzen.[405] Nur so läßt sich die Diskrepanz zwischen einzelnen Forderungen auf der einen Seite und deren fehlende theoretische Untermauerung in den Gewaltenteilungsmodellen auf der anderen Seite erklären. Die Erkenntnis, daß der Monarch als Inhaber der Exekutive die oberste Gewalt verkörpere, durchzieht daher fast ausnahmslos das ganze politische Spektrum der damaligen Zeit, von Konservativen, wie beispielsweise Hegel, angefangen, bis hin zu pro-

405 Siehe hierzu das Kapitel „Die Diskussion um die Ministerverantwortlichkeit“.

minenten Liberalen, wie etwa Dahlmann oder Jordan. Nur Welcker spricht sich ausdrücklich gegen diese weitverbreitete Konzeption aus, da er das dreiteilige Gewaltenteilungsmodell nicht notwendigerweise durch die Vorgaben des Art. 57 WSA als ausgeschlossen erachtete. Seine Ausführungen, seine Argumentation und sein Eintreten für das dreiteilige Gewaltenteilungsmodell sind in sich geschlossen und stimmig. Er erreicht damit ein staatstheoretisches Niveau, das dazu Anlaß geben sollte, über eine Neubewertung seines Werks nachzudenken.

IV. Der Gedanke der Gewaltenteilung in einzelnen verfassungspolitischen Auseinandersetzungen

1. Justizstaatslehre, Administrativjustiz und Unabhängigkeit der Gerichte

In den unruhigen Jahren nach dem Wiener Kongreß rief die sogenannte Administrativjustiz die vehemente Kritik verschiedener liberaler Autoren hervor. Hinter dem Begriff der Administrativjustiz verbirgt sich die im 18. und 19. Jahrhundert praktizierte Entscheidungsautonomie der Verwaltung bei Beschwerden des Bürgers gegen staatliche Eingriffe. Bei Verwaltungsstreitigkeiten konnten die Bürger nicht die Justiz anrufen, sondern hatten lediglich die Möglichkeit, auf einem innerbehördlichen Rechtsweg gegen hoheitliche Maßnahmen zu remonstrieren.[406] Durch diese Einschränkung sahen viele Liberale den Bürger in zunehmenden Maße in seinen Rechten verletzt, da die behördeninternen Entscheidungsinstanzen naturgemäß in erster Linie das staatliche Wohl und nicht den individuellen Rechtsschutz im Auge hatten. Viele hielten daher eine rein innerbehördliche Kontrolle für unzureichend. Die Vertreter der sogenannten Justizstaatslehre argumentierten deshalb, daß nur unabhängige Gerichte mit ausgebildeten Richtern, die ausschließlich dem Gesetz verpflichtet seien, den Bürgern adäquaten Rechtsschutz gegenüber der Verwaltung gewähren könnten.[407] Im folgenden soll nun der Frage nachgegangen werden, inwiefern das Argument der Gewaltenteilung zwischen Exekutive und Judikative im Streit zwischen den Befürwortern der Administrativjustiz und der Justizstaatslehre eine Rolle spielte. Die Frage ist deshalb so interessant und klärungsbedürftig, da es einerseits plau-

406 C. J. G. v. Pfizer, Ueber die Gränzen zwischen Verwaltungs- und Civil-Justiz, und über die Form bei Behandlung der Verwaltungsjustiz, Stuttgart 1828; G. L. Funke, Die Verwaltung in ihrem Verhältniß zur Justiz, die Grenzlinie zwischen beiden und die Verwaltungsjustiz, Zwickau 1838; O. Kuhn, Die Trennung der Justiz und Administration, Leipzig 1840.

407 Louis Pahlow, Justiz und Verwaltung, S. 230; Regina Ogorek, Richterkönig oder Subsumtionsautomat?, S. 283 ff.

sibel erscheint, eine Kontrolle der Verwaltung durch eine unabhängige Justiz mittels des Gewaltenteilungsprinzips zu begründen, andererseits wir aber schon gesehen haben, daß der Großteil der Liberalen dem dreiteiligen Gewaltenteilungsmodell mit einer unabhängigen Judikative äußerst skeptisch gegenüberstand. Wenn die Justizstaatslehre ihre Forderung eventuell nicht mit dem Erfordernis der Gewaltenteilung untermauerte, worin lag dann ihr Begründungsansatz?

Karl von Rotteck, ein Vertreter der Administrativjustiz, begründet seine Ablehnung einer unabhängigen Judikative als dritter Staatsgewalt u.a. damit, daß ein Richter, der die Staatsgewalt kontrolliere, selbst zum Souverän werde. Darüber hinaus sei das Richten eine rein logische Funktion. Daher könne die richterliche Tätigkeit keiner selbständigen Gewalt zugeordnet werden. Er schreibt: *„Richten, d.h. urtheilen [...] ist blos eine logische Function, durchaus kein Akt einer Gewalt, also auch nicht der Staatsgewalt. Der Richter befiehlt nicht, sondern er erkennt; er ist ein Kunstverständiger, auf dessen Ausspruch die Staatsgewalt kompromittirt, der aber selbst keinen Willen, sondern bloses Urtheil hat."*[408] Rotteck fürchtet eine zu enge Verbindung von Macht und Recht, da die Rechtsprechung hierdurch ihre Unabhängigkeit verlieren könnte. Er spricht sich daher gegen eine eigenständige Judikative aus, die den Status einer unabhängigen Gewalt inne hat. Das Bild vom Urteilen als logische Funktion und der lediglich erkennenden und nicht befehlenden Tätigkeit des Richters diente hier offensichtlich als Argument für die Administrativjustiz und gegen eine Judikative als unabhängige dritte Staatsgewalt. Aufgrund seiner Befürchtung, daß das Recht durch die Macht korrumpiert werden könnte, spricht sich Rotteck dagegen aus, die Justiz überhaupt als Staatsgewalt zu bezeichnen. Lediglich die Justizhoheit sei Gewaltausübung und komme als solche dem Staat zu. Die Tätigkeit des Richters als Staatsgewalt zu definieren, ist nach Rotteck der *„Tod des Rechts"*.[409] Aus diesem Grund sieht er auch die Aufteilung der Staatsgewalt in Exekutive, Legislative und Judikative als *„unlogisch und daher verwerflich"* an.[410] Betrachtet man die richterliche Tätigkeit aber nicht als Staatsgewalt, ist der Rechtsanwendungsprozeß von allen politischen Einflüssen befreit. Nach Rotteck stehen sich Politik, als Willensbildung des Staats zum Zwecke der Durchsetzung öffentlicher Interessen, und die Rechtsprechung als willensfreie logische Operation gegenüber.[411]

---

408 Karl von Rotteck, Lehrbuch, S. 215.

409 Karl von Rotteck, in: Rotteck-Welcker, Staats-Lexikon, Bd. VIII, Art. „Justiz", S. 5.

410 Karl von Rotteck, Art. „Justiz", S. 6.

411 Vgl. hierzu Regina Ogorek, Richterkönig oder Subsumtionsautomat?, S. 306 ff.

Untersucht man nun die Aussagen der Befürworter der Justizstaatslehre, so fällt auf, daß deren Argumentationsmuster Rottecks oben skizzierten Aussagen ähneln, obschon man sich für eine Verwaltungskontrolle durch eine unabhängige Justiz einsetzte. Ein gutes Beispiel liefert hier Johann Ludwig Klüber, der schon vor Rotteck einerseits fordert, *„Die Rechtspflege sollte überall getrennt seyn von der Verwaltung"*, andererseits im richterlichen Urteil lediglich eine *„logische Function"* und einen *„Act des Verstandes, nicht des Willlens"* sieht.[412]

Auch Schmitthenner, der u.a. von Michael Stolleis zu den Vertretern der Justizstaatslehre gezählt wird[413], spricht sich eindeutig für eine Trennung von Verwaltung und Gerichten aus, betont aber auch die logische Funktion des Richterspruchs und sieht in seinem Gewaltenteilungskonzept keine unabhängige dritte Gewalt vor.[414]

Es besteht somit kein Zusammenhang zwischen der Justizstaatslehre und dem dreiteiligen Gewaltenteilungsmodell in dem Sinn, daß sich deren Vertreter immer für eine Gewaltentrias mit einer unabhängigen Judikative einsetzen. Insofern muß hier der Feststellung widersprochen werden, die Louis Pahlow in seiner Arbeit mit dem Titel „Justiz und Verwaltung. Zur Theorie der Gewaltenteilung im 18. und 19. Jahrhundert" trifft: Dort stellt er eine Verbindung zwischen der Justizstaatslehre und der Judikative als unabhängige Staatsgewalt her. Er schreibt: „Die Anerkennung der Justiz als richterliche Staatsgewalt, die durch den Grundsatz der Gewaltenteilung als von der Gesetzgebung und der Exekutive unabhängig definiert wurde, sicherte damit das Justizstaatsmodell weiter ab. Die Gewaltenteilungslehre war demnach Bestandteil der Forderung nach zivilgerichtlichem Rechtsschutz gegenüber hoheitlichen Maßnahmen."[415]

Diese pauschale These kann man so nicht gelten lassen. Vielmehr wurde, wie oben dargelegt, Rottecks Auffassung vom Richten als logische Funktion, die Regina Ogorek in ihrem Buch „Richterkönig oder Subsumtionsautomat? Zur Justiztheorie im 19. Jahrhundert"[416] treffend als „Theorie von der logischen Funktion der gewaltlosen Gerichtsgewalt" bezeichnet[417], auch von den Vertretern der Justizstaatslehre übernommen.[418] Es bestand somit kein Zusammenhang zwischen den Forderungen nach einer gerichtlichen Verwaltungskontrolle und der Gewaltentrias im Sinne Montesquieus, wie von Louis Pahlow behauptet.

412 Johann Ludwig Klüber, Öffentliches Recht, S. 572.
413 Michael Stolleis, Geschichte des öffentlichen Rechts, Bd. II, S. 241.
414 Friedrich Schmitthenner, Grundlinien, S. 551 f. u. S. 291 ff.
415 Louis Pahlow, Justiz und Verwaltung, S. 327 f.
416 Regina Ogorek, Richterkönig oder Subsumtionsautomat? Zur Justiztheorie im 19. Jahrhundert, Frankfurt am Main 1986.
417 Regina Ogorek, Richterkönig oder Subsumtionsautomat?, S. 306.
418 So auch Regina Ogorek, Richterkönig oder Subsumtionsautomat?, S. 314 ff.

Statt dessen wurde die sogenannte Theorie von der gewaltlosen Gerichtsgewalt, nach der sich ein Urteil auf die rein logische Funktion des Richtens beschränkt, wichtiger Bestandteil der Justizstaatslehre.

Worin lagen aber die Gründe dafür, daß die Justizstaatslehre Rottecks Ansatz folgte und sich bei ihrem Kampf für eine Verwaltungskontrolle durch unabhängige Gerichte nicht auf die Gewaltenteilung berief? Offensichtlich war im Vormärz kein Bedarf vorhanden, die Trennung von Verwaltung und Justiz durch das Argument der Gewaltenteilung theoretisch zu untermauern. Dies ist erstaunlich, da gerade in der damaligen politisch aufgeheizten Atmosphäre die Unabhängigkeit der Justiz ständig durch einzelne Eingriffe bedroht war, und viele Publizisten unter dem Stichwort der Kabinettsjustiz obrigkeitliche Eingriffe in die Justiz verurteilten.[419] Ein Erklärungsversuch liegt in der Tatsache begründet, daß sich das Recht auf einen gesetzlichen Richter sowie die richterliche Unabhängigkeit, das Verbot von fürstlichen Machtsprüchen in Einzelfällen und die klare Trennung von Verwaltung und Gerichtsbarkeit schon seit der Mitte des 18. Jahrhunderts langsam durchgesetzt hatten. Diese Aussage kann sogar anhand einer bekannten historischen Auseinandersetzung verifiziert werden: Der Skandal um den Müller-Arnold-Fall im Jahr 1779, bei dem Friedrich der Große massiv in ein laufendes Verfahren und somit in die Rechtsprechung eingriff, zeigt, welche Folgen ein solcher Machtspruch nach sich ziehen konnte. Die geächteten Richter wußten ihre Kollegen sowie das gesamte gehobene Bürgertum hinter sich, das sich mit ihnen solidarisierte. Es kam zu einem großem Skandal und politischen Verwicklungen.[420]

Grundsätzlich hatte es auch zur Zeit des Heiligen Römischen Reichs eine gerichtliche Kontrolle von Regierungshandlungen durch die beiden Reichsgerichte gegeben. Auch wenn diese durch eine Vielzahl von von Appellations- und Evokationsprivilegien sowie durch die kontrollfeindliche Praxis der Landesfürsten ausgehöhlt wurden, galt das Prinzip der obergerichtlichen Aufsicht über die Rechtmäßigkeit von Handlungen der einzelnen Landesregierungen unbestritten im Reich fort.[421]

---

419 Johann Ludwig Klüber, Die Selbständigkeit des Richteramtes und die Unabhängigkeit seines Urtheils im Rechtsprechen, Frankfurt 1832; Carl Theodor Welcker, in: Rotteck-Welcker, Staats-Lexikon, Bd. II, Art. „Cabinets-Justiz", S. 777.

420 Malte Diesselhorst, Die Prozesse des Müllers Arnold und das Eingreifen Friedrichs des Großen, S. 67 ff.

421 Siehe hierzu Regina Ogorek, Richterkönig oder Subsumtionsautomat?, S. 286 f. Dazu auch: Bernhard Diestelkamp, Reichskammergericht und Rechtsstaatsgedanke. Die Kameraljudikatur gegen die Kabinettsjustiz, in: ders., Recht und Gericht im Heiligen Römischen Reich, Frankfurt am Main 1999, S. 325 ff.

Außerdem enthielten bereits im Vormärz einige Verfassungen Garantien bezüglich der Unabhängigkeit der Gerichte: Diese versuchten dann meistens eine Balance zwischen der Justiz als königlichem Hoheitsrecht und der gesetzlichen Bindung einer unabhängigen Justiz herzustellen. So heißt es beispielsweise in § 14 Abs. 1 der Badischen Verfassung von 1818: *„Die Gerichte sind unabhängig innerhalb der Grenzen ihrer Competenz."*[422] Und in § 93 der Verfassungsurkunde Württembergs steht: *„Die Gerichte, sowohl die bürgerlichen, als die peinlichen, sind innerhalb der Grenzen ihres Berufs unabhängig."*[423]

Die Ableitung der Justizhoheit aus der Souveränität des Monarchen schien schon deswegen politisch erstrebt, weil es in vielen deutschen Staaten des frühen 19. Jahrhunderts noch Reste von Patrimonial- und geistlicher Gerichtsbarkeit gab, und ein einheitliches staatliches Gerichtswesen teilweise noch im Aufbau war. Dies zeigt sich in besonders anschaulicher Weise in Klübers „Öffentlichem Recht des Teutschen Bundes und der Bundesstaaten", in dem er selbst noch in der vierten Auflage von 1840 der Patrimonialgerichtsbarkeit, „Vogteilichkeit" und sonstiger partikulärer Gerichtsbarkeit umfangreiche Kapitel widmet.[424]

Ruft man sich die oben bereits erwähnte Aussage Rottecks ins Gedächnis, daß ein Richter, der die Staatsgewalt kontrolliere, selbst zum Souverän werde[425], so wird eine weitere Besonderheit deutlich: Der Monarch wurde mit seiner Verwaltung gleichgesetzt. Die Exekutive galt als „monarchisch". Wenn diese nun durch eine Justiz kontrolliert würde, deren tragende Schicht das Bürgertum war, so nahm man dies als Kompetenzüberschreitung wahr. Exekutive und Verwaltung waren monarchisch geprägt, die Gerichte vom Bürgertum dominiert.[426] Somit war ein status quo zementiert, der letztendlich wiederum das monarchische Prinzip abbildete. Das Bürgertum war zwar durch die mit mehr oder weniger Kompetenzen ausgestatteten Volksvertretungen und die Justiz am Staatsleben beteiligt. Was jedoch die Exekutive anbelangte, war allein der Monarch zuständig und niemandem Rechenschaft schuldig. Die Anhänger der Justizstaatslehre wollten sich daher nicht ohne weiteres auf die Gewaltenteilung berufen, da sie sonst das der staatlichen Ordnung im Vormärz zugrundeliegende monarchische Prinzip ausgehebelt hätten.

Der Streit zwischen Justizstaatslehre und Administrativjustiz besaß somit für die Gewaltenteilungsdiskussion im Vormärz keinerlei Relevanz.

---

422 Hans Fenske, 175 Jahre badische Verfassung, Karlsruhe 1993, S. 123.

423 Karl Binding (Hrsg.), Verfassungs-Urkunde für das Königreich Württemberg, Leipzig 1894, S. 33.

424 Johann Ludwig Klüber, Öffentliches Recht, S. 566 ff.

425 Karl von Rotteck, Lehrbuch, S. 215.

426 Siehe hierzu: Wolfgang Hardtwig, Vormärz. Der monarchische Staat und das Bürgertum, München 1998.

2. *Die Diskussion um die Ministerverantwortlichkeit*

a) *Verantwortlichkeit der Minister und Unverantwortlichkeit des Monarchen – ein Spannungsbogen, zwei gegensätzliche Pole*

Über keine Verfassungsbestimmung wurde in der parlamentarischen Praxis im Vormärz so vehement gestritten wie über die Ministerverantwortlichkeit. Diese Kontroverse zeigt sich auch bei den Verfassungsverhandlungen in den deutschen Einzelterritorien, bei denen es regelmäßig zu Diskussionen kam, wie eine diesbezügliche Regelung auszusehen habe. Einen guten Überblick über diesen Konflikt liefert Johann Ludwig Klüber in seinem „Öffentlichen Recht des Teutschen Bundes und der Bundesstaaten“, in dem er Quellenmaterial zu den einzelnen Ständeversammlungen und einschlägige Literatur benennt.[427] Erstaunlich ist an dieser Auseinandersetzung, daß sie mit großer Vehemenz ausgetragen wurde, es aber tatsächlich fast nie zu einer Ministeranklage kam. Zwar wurden in Bayern gegen den Minister von Schenck, in Hessen-Darmstadt gegen von Dalwigk, in Nassau gegen von Marschall und in Württemberg gegen von Wächter Anklagen erwogen, jedoch verzichtete man am Ende dann doch auf eine Klageerhebung.[428] Lediglich im Herzogtum Holstein und in Kurhessen fanden Prozesse statt: In Holstein sollte der Minister von Scheele, in Hessen-Kassel u.a. der Innen- und Justizminister Hassenpflug gerichtlich zur Verantwortung gezogen werden. Jedoch kam es auch hier letztendlich zu keiner Verurteilung.[429] Die in den Volksvertretungen ausgetragenen Konflikte über die Ministerverantwortlichkeit blieben demnach ohne Folgen für die Verfassungspraxis. Maximilian Herberger zieht aus diesem Umstand in seinem Artikel über die Ministerverantwortlichkeit im Handwörterbuch zur deutschen Rechtsgeschichte folgenden Schluß:

„Überblickt man die Geschichte der Ministerverantwortlichkeit in Deutschland, so fällt auf, daß die Anzahl der in Gang gebrachten Verfahren in einem Mißverhältnis zu dem Gewicht steht, das man der Ministerverantwortlichkeit in der Theorie beimaß. Während die Verfassungstheorie in der Ministerverantwortlichkeit das notwendige Komplement zur Unverantwortlichkeit des Monarchen sah und sich eine konstitutionelle Monarchie ohne Ministerverantwortlichkeit nicht vorstellen konnte, wurde die Ministerverantwortlichkeit nie durch Sanktionen aktualisiert.“[430]

---

427 Johann Ludwig Klüber, Öffentliches Recht, § 342, S. 534 ff.

428 Petra Popp, Ministerverantwortlichkeit und Ministeranklage, S. 187.

429 Friedrich Greve, Die Ministerverantwortlichkeit im konstitutionellen Staat, S. 119; Petra Popp, Ministerverantwortlichkeit, S. 354 ff.

430 Maximilian Herberger, in: HRG, Bd. III, Ministerverantwortlichkeit, Sp. 578 ff. (581).

Es stellt sich demnach die Frage, wieso diesem Instrument damals so viel Bedeutung beigemessen wurde, wenn es sich in der Praxis als stumpfes Schwert herausstellte. Man könnte dieses Problem auch anders formulieren: Warum erwies sich die Ministerverantwortlichkeit als wirkungslos, wenn man ihr doch eine so große Bedeutung zumaß? Die Vermutung liegt nahe, daß die Auseinandersetzung um die Ministerverantwortlichkeit nur deshalb so kontrovers geführt wurde, weil ihr eine grundsätzlichere Problematik zugrunde lag. Kernfrage war hier, wie man die Unverantwortlichkeit des Monarchen, die durch die Festlegung des monarchischen Prinzips in Art. 57 WSA vorgegeben und damit unumstößlich war, durch einen verfassungsmäßig verbrieften Gegenpol abmildern konnte. Das Staatsoberhaupt war als Träger der Staatsgewalt und Inhaber der Exekutive durch die Verfassung an Recht und Gesetz gebunden, konnte jedoch bei Verstößen nicht zur Rechenschaft gezogen werden.

Wie selbstverständlich diese rechtliche Unverantwortlichkeit des Monarchen auch Liberalen wie Mohl erschien, macht folgende Bemerkung in seiner „Encyklopädie der Staatswissenschaften" deutlich:

„Eine rechtliche Verantwortlichkeit des Staatsoberhauptes und eine Bestrafung desselben wegen der von ihm begangenen Gesetzesverletzungen findet jedoch nicht statt. Theils wäre eine solche Verantwortlichkeit ein Widerspruch in sich. Verantwortlich kann man nur gegen einen Höheren sein; ein Staatsoberhaupt hat aber niemand über sich. Theils wäre eine Anordnung hierzu nicht ausführbar gegen den Uebermächtigen; überdieß schon der Versuch höchst gefährlich, weil er leicht zu noch weiterem Unrechte und zu gänzlichem Gesetzesumstürze anreizen, dadurch aber zu innerem Kampfe und vielleicht zur völligen Unterjochung führen würde."[431]

Aufgrund dieses Prinzips der Unverantwortlichkeit des Monarchen mußten die Minister an dessen Stelle die Verantwortung für das Handeln der Regierung übernehmen. Rotteck erklärt dies mit folgenden Worten:

„Es ist hier die Rede blos von derjenigen ministeriellen Verantwortlichkeit, welche aus dem politischen Postulat: ‚der König ist unverantwortlich', und aus der darauf sich beziehenden staatsrechtlichen Fiktion: ‚der König kann nicht Unrecht thun', als rechtlich und politisch nothwendige Folge abfließt; von derjenigen also, die für die traurigen Fälle, wo die oberste Regierungsbehörde aus Irrthum oder Befangenheit die Abhilfe gegen begangene Verfassungsverletzung verweigerte, oder sich solcher Verletzung selbst schuldig machte, um den Rechtszustand für das Volk zu erhalten, und die schreckliche Nothwendigkeit der gewaltsamen Selbstverteidigung hintanzustellen."[432]

---

431 Robert von Mohl, Encyklopädie, S. 219.
432 Karl von Rotteck, Lehrbuch, Bd. II, S. 249 ff.

Hier wird das der Problematik zugrunde liegende Dilemma deutlich:

Auf der einen Seite galt der Grundsatz, „der König kann kein Unrecht tun", auf der anderen Seite stellte sich aber auch die Frage, wie durch die Regierung begangene Verfassungsverletzungen geahndet werden konnten. Aufgrund des unumstößlichen Faktums, daß der Monarch nicht zur Verantwortung gezogen werden konnte, nahmen die Minister eine Stellvertreterrolle bezüglich einer Regierungsverantwortlichkeit gegenüber der Volksvertretung ein. Die Tatsache, daß es zu keiner Verurteilung kam, obwohl Verfehlungen vielfältiger Art seitens der Minister an der Tagesordnung waren, zeigt die überragende Position des Monarchen, der sein Kabinett offensichtlich auch bei Verfassungsverstößen schützen und der parlamentarischen Kontrolle entziehen konnte. Der Widerspruch zwischen Unverantwortlichkeit des Souveräns und parlamentarischer Kontrolle seiner Regierung durch das Mittel der Ministerverantwortlichkeit konnte letztendlich in der Praxis nicht zufriedenstellend aufgelöst werden.

b) Benjamin Constants Lehre vom pouvoir neutre und deren Auswirkungen auf die vormärzliche Diskussion über die Ministerverantwortlichkeit

Es bleibt hier die Frage zu klären, ob die Staatslehre dieses Problem so erkannte und dafür gegebenfalls eigene Lösungsansätze entwickelte.

Als Ausgangspunkt für unsere Betrachtung bietet sich zunächst Frankreich an. Dort wurde die Ministerverantwortlichkeit bereits erstmals in der Verfassung von 1791 in der „Section IV. - des ministres" in Art. 5 schriftlich verankert: *„Les ministres sont responsables de tous les délits par eux commis contre la sûreté nationale et la Constitution; - De tout attentat à la propriété et à la liberté individuelle; - De toute dissipation des deniers destiné aux dépenses de leur département."*[433]

Die theoretische Aufbereitung dieser Bestimmung und der Ministerverantwortlichkeit generell erfolgte allerdings erst durch Benjamin Constants Schrift „De la responsabilité des ministres" aus dem Jahr 1814.[434]

Hier begründet Constant deren Notwendigkeit mit dem von ihm entwickelten Gewaltenteilungsmodell, das den sogenannten pouvoir neutre als vierte Gewalt vorsieht: Danach ist der Monarch lediglich Inhaber dieser letztgenannten Gewalt, während die Exekutive durch die Minister ausgeübt wird. Da die Minister somit allein für ihr Handeln verantwortlich sind, muß auch die Möglichkeit bestehen, diese zur Rechenschaft zu ziehen. Damit wird entsprechend Constants Gewaltenteilungsmodell die Möglichkeit einer gegenseitigen Kontrolle von Exe-

433 Jaques Godechot, Les constitutions de la France depuis 1789, Paris 1970, S. 49 f.
434 Benjamin Constant, De la responsabilité des Ministres, Paris 1814.

kutive, Legislative und Judikative eröffnet. Der Monarch steht als Inhaber des pouvoir neutre außerhalb dieses Systems.[435] Die Ministerverantwortlichkeit wird dadurch zu einem Fundament dieser Konzeption. Constant schreibt hierzu: „*La responsabilité des Ministres est la condition indispensable de toute monarchie constitutionelle. C'est cette responsabilité, qui place le Roi dans une sphère à part, au-dessus de toutes les agitations du Gouvernement prorement dit.*"[436]

Die Ministerverantwortlichkeit ist damit Grundvoraussetzung für die konstitutionelle Monarchie. Der Monarch wird als Inhaber des pouvoir neutre aus der direkten Regierungsverantwortung und dem politischen Tagesgeschäft herausgehalten. Constant führt weiter zu dessen Stellung in seinem System aus: „*D'après ce principe, il ne faut jamais envisager dans l'action du pouvoir, que les Ministres; ils sont là pour en rèpondre. Le Monarque est dans un enceinte à part et sacrée; vos regards, vos soupçons ne doivent jamais l'atteindre. Il n'a point d'intentions, point de foiblesses, point de connivence avec ses Ministres, car ce n'est pas un homme, c'est un pouvoir neutre et abstrait, au-dessus de la région des orages.*"[437]

Nach diesem Prinzip müssen nur die Minister die eigentlichen Regierungsgeschäfte ausüben. Der Monarch bleibt außen vor. Er steht über den Auseinandersetzungen des alltäglichen Politikbetriebes. Während Exekutive, Legislative und Judikative sich so durch ihre gegenseitige Verschränkung kontrollieren, liegt der Monarch als Staatsoberhaupt und Inhaber des pouvoir neutre außerhalb dieses Systems. Somit sind die Fragen der Unverletztlichkeit des Souveräns und der Kontrolle der Regierung durch das Parlament mittels des Instruments der Ministerverantwortlichkeit auf intelligente Art und Weise gelöst. Das von Constant entwickelte vierteilige Gewaltenteilungskonzept ist in sich schlüssig und hätte auch der Staatslehre im Vormärz als Vorbild dienen können, die vor das gleiche Problem gestellt war. Diese setzte sich aber, wie gezeigt, nur in geringem Maße mit Constant auseinander. Als Folge dessen wurde die von ihm vorgenommene inhaltliche Verknüpfung von Ministerverantwortlichkeit und Gewaltenteilung nicht wahrgenommen und daher auch nicht nachvollzogen. Gerade vor dem Hintergrund des Kampfes um die Ministerverantwortlichkeit wäre es naheliegend gewesen, diese, ähnlich wie Constant, auch mit dem Argument der Gewaltenteilung zu rechtfertigen. Gerade dies fand aber nicht statt. Bei allen Ausführungen der hier untersuchten Autoren zur Ministerverantwortlichkeit spielt Gewaltenteilung überhaupt keine Rolle.

---

435 Siehe hierzu das Kapitel „Die Fortführung in Frankreich – Der Monarch als ‚pouvoir neutre'".

436 Olivier Devaux; Kurt Kloocke (Hrsg.), Benjamin Constant, Principes des politique et autres écrits (juin 1814 – juillet 1815) Tübingen 2001, S. 441.

437 Olivier Devaux; Kurt Kloocke (Hrsg.), Benjamin Constant, S. 479.

Ein gutes Exempel für die mangelnde Auseinandersetzung mit Constants Schrift, die schon 1831 von G v. Eckendahl ins Deutsche übersetzt wurde[438], liefert Mohl wenn er zu dieser ausführt:

„Daß diese Schrift mit Geist, Leben und Klarheit geschrieben ist und zahlreiche richtige einzelne Bemerkungen enthält, ist von ihrem Verfasser nicht anders zu erwarten. Allein daß sie ein gute Abhandlung über ihren Gegenstand liefere, ist in Abrede zu stellen. Theils hält sie sich viel zu sehr im Allgemeinen und Unbestimmten, theils dreht sie sich im Wesentlichen um zwei Sätze, von denen der eine bestimmt unrichtig, der andere wenigstens mehr als zweifelhaft ist, nämlich erstens um die Behauptung, daß nur derjenige Mißbrauch der Amtsgewalt, welcher sich innerhalb der Gränzen der amtlichen Zuständigkeit halte, ein Amtsvergehen sey, und nur ein solches zu einer Staatsanklage sich eigne, während bei einer Ueberschreitung der Amtsbefugnisse der Beamte nur als Privatmann handle; zweitens aber um den Satz, daß die untergeordneten Beamten trotz des ihnen von Oben ertheilten Befehles verantwortlich seyen. [...]"[439]

An dieser Äußerung kann man das oben beschriebene Defizit deutlich ablesen. Mohl verliert sich in Details anstatt auf Constants theoretische Begründung der Ministerverantwortlichkeit durch den Gewaltenteilungsgrundsatz einzugehen.

Dies ist um so erstaunlicher, als in der parlamentarischen Praxis öfters versucht wurde, einzelne Minister zu belangen, was aber in allen Fällen scheiterte, da der Monarch seinen Einfluß gegenüber der Volksvertretung immer durchzusetzen wußte. Im Angesicht dieser Tatsache, daß der Fürst „seine" Minister immer wieder schützte, und somit das von allen für wichtige gehaltene Instrument der Ministerverantwortlichkeit praktisch zum Scheitern verurteilt war, bot sich Constants Gewaltenteilungsmodell zumindest als theoretische Lösung an. Auch wenn es in Deutschland wohl eher unwahrscheinlich war, daß sich der Monarch auf die Rolle einer übergeordneten Instanz zurückziehen würde, fernab von der aktiven Tagespolitik, so ist es doch bemerkenswert, daß in der liberalen Staatslehre nicht einmal der Versuch unternommen wurde, die Ministerverantwortlichkeit mit der Gewaltenteilung in Verbindung zu bringen und somit dieses Mittel der parlamentarischen Regierungskontrolle, das unbestritten eine *„rechtlich und politisch nothwendige Folge"*[440] der Unverantwortlichkeit des Königs darstelllte, entscheidend zu stärken. Die andauernden und zum Scheitern verurteilten Versuche, einzelne Minister gerichtlich zu belangen, waren im Grunde ein im Dualismus zwischen Herrscher und Volksvertretung angelegter Konflikt,

438 G v. Eckendahl, Über die Verantwortlichkeit der Minister, Neustadt a.d.O. 1831.
439 Robert von Mohl, Verantwortlichkeit der Minister, S. 89.
440 Karl von Rotteck, Lehrbuch, Bd. II, S. 251.

bei dem die liberale Staatslehre durch das Argument der Gewaltenteilung ihre Ausgangsposition hätte verbessern können. Es bleibt daher als Besonderheit der Diskussion um Gewaltenteilung im Vormärz festzuhalten, daß die Staatslehre auch bei der Problematik der Ministerverantwortlichkeit die Möglichkeiten dieses Prinzips nicht erkannte und die Liberalen es letztendlich vorzogen, sich in den Parlamenten mit dem Monarchen politische und juristische Auseinandersetzungen zu liefern, als die Frage der Ministerverantwortlichkeit staatstheoretisch aufzuarbeiten. Es gab daher nur wenig Arbeiten, die sich mit der Problematik der Ministerverantwortlichkeit im Vormärz beschäftigen.

Dies ist ein Desiderat, das sogar schon Robert von Mohl in seiner „Geschichte und Literatur der Staatswissenschaften" feststellte. Dort bespricht er u.a. das Werk von Buddeus, das er aber als zu wenig analytisch kritisiert.[441] In dieser Schrift, die neben Mohls Monographie als eines der Hauptwerke über dieses Problem in der Literatur der vormärzlichen Staatslehre gilt, arbeitet Buddeus lediglich den Zweck der Ministerverantwortlichkeit heraus. Er formuliert:

„Gehen wir auf die Absicht bei der Feststellung einer solchen Verantwortlichkeit zurück, so soll durch Letztere den nachtheiligen Folgen, welche für den Staat aus der Unverantwortlichkeit des Monarchen entspringen könnten, vorgebeugt werden. Es soll der Minister die Nachtheile für den Monarchen empfinden, welche Letztern eigentlich wegen irgend einer unrechten Regierungshandlung treffen müßten, wenn er nicht unverantwortlich wäre. Es soll der Minister der Souffre-douleur des Monarchen sein – ein, allen philosophischen und positiven Rechtsbegriffen so zuwiderlaufendes Verhältnis, daß es nur da und so eintreten kann, wo und wie es ausdrücklich und ganz besonders festgesetzt ist."[442]

Größere staatstheoretische Untersuchungen schließen sich dieser Erkenntnis aber nicht an. Vielmehr beschränkt sich der Autor auf eine Zusammenstellung der Bestimmungen über Ministerverantwortlichkeit in den Verfassungen der deutschen Einzelstaaten.

Die umfangreichste und fundierteste Untersuchung zum Thema Ministerverantwortlichkeit im Vormärz liefert Robert von Mohl mit seinem Buch „Die Verantwortlichkeit der Minister in Einherrschaften mit Volksvertretung" aus dem Jahr 1837.[443] Dort stellt er neben einem geschichtlichen Überblick genaue Verfahrensabläufe dar, wie seiner Meinung nach ein Verfahren gegen einen Minister abzulaufen habe. Mohl geht hierbei detailliert auf alle Eventualitäten und Voraussetzungen einer etwaigen Anklage ein. Unter den jeweiligen Kapitelüber-

---

441 Robert von Mohl, Geschichte und Literatur, Bd. II, S. 327.

442 Johann Karl Immanuel Buddeus, Die Ministerverantwortlichkeit in konstitutionellen Monarchien, Leipzig 1833, S. 5.

443 Robert von Mohl, Die Verantwortlichkeit der Minister in Einherrschaften mit Volksvertretung, Tübingen 1837.

schriften „Der Angeklagte, das Vergehen, der Kläger, der Richter, das Verfahren“ und „das Urtheil“ beschreibt er alle Einzelheiten eines Prozesses.[444]

Doch auch in diesem grundlegenden Werk fehlt eine vertiefte Auseinandersetzung mit den staatstheoretischen Grundlagen der Ministerverantwortlichkeit. Insofern ist dieses Buch in gewisser Weise beispielhaft dafür, in welcher Weise sich die Staatslehre im Vormärz mit dieser Thematik beschäftigte: Mohl kennt die geschichtlichen Wurzeln, die vor allem in England liegen und hebt auch Benjamin Constants Schrift in diesem Zusammenhang als erste theoretische Untersuchung hervor. Ansonsten aber ergeht er sich in Details, stellt die Bestimmungen der Einzelstaaten zusammen und diskutiert, ob nun der jeweilige Minister nur politisch oder auch strafrechtlich zu Verantwortung gezogen werden soll.

Die anderen hier untersuchten Autoren beschäftigen sich bis auf Mohl praktisch nicht mit der Problematik der Ministerverantwortlichkeit. Auf der Seite hier untersuchten Vertreter der konservativen Staatslehre sind diesbezüglich keine Äußerungen feststellbar. Bei den liberalen Autoren ist hier noch Dahlmann zu nennen, der in seiner „Politik“ auch zu diesem Thema Stellung nimmt. Doch auch er geht nur auf die Frage ein, ob die Minister neben der politischen Verantwortung auch noch strafrechtliche Konsequenzen bei einem Fehlverhalten tragen müssen. Außerdem stellt er ausführlich die Geschichte der Ministerverantwortlichkeit in England und Frankreich dar.[445] Aber auch hier ist keine vertiefte theoretische Bearbeitung dieses für die Zeit wichtigen Themas zu finden. Insofern entsprechen Dahlmanns Erörterungen dem oben skizzierten Bild und weisen dieselben Mängel auf.

c) Ergebnis

Die Ministerverantwortlichkeit spielte in der Tagespolitik eine wichtige Rolle, obwohl es tatsächlich nie zu einer Verurteilung kam. Diesem Umstand steht eine nur mangelnde Auseinandersetzung mit diesem Problem auf staatstheoretischer Ebene gegenüber. Die von Benjamin Constant erbrachte Vorleistung, die Ministerverantwortlichkeit theoretisch abzusichern, indem er mit seinem speziellen Gewaltenteilungsmodell argumentiert, wurde nicht aufgegriffen, obwohl sein Werk damals bekannt und sogar bereits ins Deutsche übersetzt war. Statt dessen beschrieb man, wenn überhaupt zu diesem Thema publiziert wurde, die geschichtliche Entwicklung, vor allem in England, und stellte die verschiedenen Einzelbestimmungen in den Verfassungen der Einzelterritorien in synoptischen Darstellungen zusammen. Dies trifft auch auf Robert von Mohl zu, der mit sei-

444 Robert von Mohl, Verantwortlichkeit der Minister, S. X-XIII.
445 Friedrich Christoph Dahlmann. Die Politik, S. 82 ff.

ner Monographie „Die Verantwortlichkeit der Minister in Einherrschaften mit Volksvertretung“ die seinerzeit bedeutendste Bearbeitung vorgelegt hat.[446] Diesen Mangel hat er dann später auch selbst eingesehen und kritisiert. In seinen Lebenserinnerungen schreibt er, er hätte später eine solche Arbeit gar nicht oder anders geschrieben. Er rechtfertigt sich mit der Aussage, daß zur Zeit der Abfassung des Buches die Lehre vom parlamentarischen System *„noch wenig besprochen und noch weniger verstanden war; auch von mir nicht“.*[447] Dieses kritisches Selbsteingeständnis wenige Jahrzehnte nach der Veröffentlichung seiner „Ministerverantwortlichkeit“ macht noch einmal die Defizite der vormärzlichen Diskussion um die Verantwortlichkeit von Ministern besonders plastisch deutlich. Die Gründe hierfür liegen sicherlich nicht an dem mangelnden Bekanntsheitsgrad Benjamin Constants und seines Oeuvres. Offensichtlich wurde das Gewaltenteilungsprinzip in jeglicher Form als Mittel der gegenseitigen Kontrolle der verschiedenen Funktionsträger des Staates verkannt. Dies gilt nicht nur für das dreiteilige Gewaltenteilungsmodell nach Montesquieu, sondern für jegliche Gewaltenteilung per se.

446 Robert von Mohl, Die Verantwortlichkeit der Minister in Einherrschaften mit Volksvertretung, Tübingen 1837.
447 Robert von Mohl, Lebenserinnerungen, Bd. I, S. 271.

D Gewaltenteilungsmodelle als Lösungsversuche

I. Grundlegung

Das vierte Kapitel dieser Arbeit bietet einen Überblick über die verschiedenen Gewaltenteilungsmodelle. Diese Modelle wurden von der Staatslehre im Vormärz entwickelt, um den damaligen politischen Gegebenheiten in Deutschland besser Rechnung tragen zu können. Viele von ihnen sind heute in Vergessenheit geraten. Dabei verdienen sie aber eine nähere Betrachtung, weil sich durch ihre Typologiesierung die innere Systematik der damaligen Diskussion erschließen läßt. Schaut man sich nämlich die jeweiligen Modelle, ihre Befürworter, deren politische Einstellung und Argumentation an, werden die Zusammenhänge, Besonderheiten und Defizite der Gewaltenteilungsdiskussion im Vormärz sichtbar, deren Unübersichtlichkeit schon damals kritisiert wurde.[448]

Während in den Kapiteln „Strukturen der Gewaltenteilungsdiskussion" und „Die Einordnung der Gewaltenteilung in die frühkonstitutionelle Staatslehre" die Gemeinsamkeiten und typischen Elemente der vormärzlichen Gewaltenteilungsmodelle in einem Gesamtüberblick herausgearbeitet wurden, sollen nun mehr analytisch im Wege einer Typologie die vielen verschiedenen Gewaltenteilungsmodelle geordnet und einzelne Modelle oder Modellgruppen in der Reihenfolge ihrer Entwicklung vorgestellt werden. Die Reihenfolge der Darstellung orientiert sich dabei an der geschichtlichen Entwicklung der Einzelmodelle.

Zuerst wird daher das Modell, welches die sogenannte Inspektive als dritte Gewalt vorsieht, skizziert, das seinen Ursprung noch in der Reichspublizistik hat. Dem schließt sich eine Beschreibung solcher Modelle an, die man als Ergebnis der vormärzlichen Gewaltenteilungsdiskussion bezeichnen kann, d.h. die bewußt von einzelnen Autoren neu entwickelt wurden, um der damaligen Situation in Deutschland gerecht zu werden. In diesem Zusammenhang wird zunächst das von Hans Fenske beschriebene Modell einer terminologischen Unterscheidung von Gewaltentrennung und Gewaltenteilung kritisch hinterfragt.[449] Neben eigenständigen Ansätzen gab es aber auch Autoren, die sich für das dreiteilige Gewaltenteilungsmodell nach Montesquieu aussprachen. Diese werden hier auf-

448 Robert von Mohl, Geschichte und Literatur, Bd. I, S. 273; siehe hierzu Schmitthenners Äußerung auf S. 23.
449 Hans Fenske, Gewaltenteilung, S. 948.

geführt, um das Gesamtbild abzurunden. Diese Auswahl der o.g. unterschiedlichen Gewaltenteilungsmodelle bietet ein nach systematischen Gesichtspunkten gegliedertes Bild der damaligen Diskussion und vervollständigt die im ersten Teil der Arbeit aufgezeigten Zusammenhänge. Sie ist so angelegt, daß sich die gesamte vormärzliche Gewaltenteilungsdiskussion in der Breite ihrer Entwicklung widerspiegelt. Am Anfang werden daher die noch vorhandenen Reste der Reichspublizistik aufgespürt, wie sie im Modell einer Inspektive als vierter Gewalt zu finden sind. Auch lassen sich hier die politischen Auseinandersetzungen zwischen liberaler und konservativer Staatslehre darlegen, die sich nicht nur anhand von konkreten politischen Forderungen nachweisen lassen, sondern sich auch in den verschiedenen theoretischen Ansätzen zur Gewaltenteilung zeigen. Die einzelnen neuentwickelten Gewaltenteilungsmodelle verdeutlichen, wie Teile der Staatslehre den Dualismus zwischen Monarchen und Landständen sowie die Auswirkung des in der Wiener Schlußakte fixierten monarchischen Prinzips auf individuelle Art und Weise zu lösen versuchten. Dabei sollen die Befürworter des dreiteiligen Gewaltenteilungsmodells nicht unerwähnt bleiben. Schließlich wird dem Ansatz Fenskes in seinem bereits mehrfach erwähnten Aufsatz „Gewaltenteilung" in den geschichtlichen Grundbegriffen nachgegangen, die Autoren Pölitz und Ancillon hätten mit der Unterscheidung von Gewaltentrennung und Gewaltenteilung einen alternativen Weg eingeschlagen. Um die Spezifika der damaligen Gewaltenteilungsdiskussion zu verdeutlichen, spannt dieses Kapitel einen Bogen vom Ende des Alten Reichs bis zur Gegenwart, wobei der Schwerpunkt im Vormärz liegt.

II. Funktionswandel und Tradition - Die „Inspektive" als dritte Gewalt

1. Einleitung

Die Gewaltenteilungskonzeption mit der Inspektive als dritter Gewalt veranschaulicht das vormärzliche Spannungsfeld zwischen liberaler und konservativer Staatslehre besonders eindrucksvoll, welches sich im sogenannten Tugendbundstreit entlud. An diesem Konflikt war der erzkonservative Staatslehrer Theodor von Schmalz ebenso maßgeblich beteiligt wie an der Entwicklung des Gewaltenteilungsmodells der Inspektive. Obwohl Schmalz aufgrund seiner zahlreichen Veröffentlichungen und seines Verhaltens im Tugendbundstreit seinerzeit sehr bekannt war - er diente der liberalen Staatslehre geradezu als Feindbild[450] - ist er

450 E. Landsberg, ADB 31 (1890) 624-627; Geschichte III/1, 514 f., III/2, 254 f.; Karl von Rotteck, Lehrbuch, Bd. II, S. 217; Sylvester Jordan, Versuche, S. 217.

heute weitgehend in Vergessenheit geraten. Dabei ist die Auseinandersetzung mit seinem Leben und Werk durchaus lohnend, läßt sich doch so und anhand „seines" Gewaltenteilungsmodells zeigen, daß sich in der Gewaltenteilungsdiskussion auch handfeste politische Auseinandersetzungen widerspiegeln.

Erst in neuerer Zeit ist Schmalz wieder durch die wichtige Arbeit Hans-Christof Krauses mit dem Titel „Theodor Anton Heinrich Schmalz (1760-1831). Jurisprudenz, Universitätspolitik und Publizistik im Spannungsfeld von Revolution und Restauration" in den Mittelpunkt des Forschungsinteresses gerückt, in dem der Autor einen umfangreichen Einblick in dessen Lebensgeschichte und Schaffen bietet.[451]

Schmalz war aber nicht der einzige bekannte Vertreter des Gewaltenteilungsmodells der Inspektive. Auch andere Publizisten wie Karl Heinrich von Gros, Anton Bauer, Wilhelm Traugott Krug und nicht zuletzt Johann Ludwig Klüber gelten als dessen Befürworter. Bei der Durchsicht ihrer diesbezüglichen Stellungnahmen fällt auf, daß Gros und Bauer wie Schmalz vor allem das Recht des Staates, von allen Kenntnis nehmen zu dürfen, betonen,[452] während Klübers Ausführungen zur Inspektive noch sehr in der Reichspublizistik verhaftet zu sein scheinen.[453] Es lassen sich hier demnach zwei Thesen bezüglich dieses Gewaltenteilungsmodells formulieren: Erstens, die Inspektive wurde als dritte Gewalt von reaktionärer Seite als Legitimationsgrundlage benutzt, um die staatlichen Repressionen in den unruhigen Jahren des Vormärzes auch staatstheoretisch absichern zu können. Zweitens, es handelt sich um keine zeitgenössische Neuentwicklung. Vielmehr hat es seinen Ursprung in der Reichspublizistik. Ob es dort ebenfalls zur Begründung von staatlichen Eingriffen bemüht wurde, erscheint fraglich. Es liegt daher die Vermutung nahe, daß das Recht der Inspektive einen Bedeutungs- und Funktionswandel erfahren haben könnte.

2. *Der Ursprung der Inspektive in der Reichspublizistik*

Schon bei Johann Stephan Pütter, dem berühmtesten und überragensten Reichspublizisten des 18. Jahrhunderts, findet sich die Inspektive unter dem Sammelbegriff der „Allgemeinen Regierungs-Rechte" wieder. In seiner mehrbändigen

---

451 Hans-Christof Kraus, Theodor Anton Heinrich Schmalz (1760-1831). Jurisprudenz, Universitätspolitik und Publizistik im Spannungsfeld von Revolution und Restauration, Frankfurt am Main 1999.

452 Karl Heinrich von Gros, Lehrbuch der philosophischen Rechtswissenschaft oder des Naturrechts, 6. Aufl., Stuttgart 1841, S. 130 f.; Anton Bauer, Lehrbuch des Naturrechts, 3. Aufl., Göttingen 1825, S. 279.

453 Johann Ludwig Klüber, Öffentliches Recht, S. 532 ff.

Bibliographie mit dem Titel „Litteratur des Teutschen Staatsrechts“ listet er auch die einschlägigen Werke zu den allgemeinen Regierungsrechten oder Regalien auf. Das *„Recht der höchsten Oberaufsicht und dem damit verbundenen Rechte Verleihungen und Bestätigungen zu ertheilen“* ist dabei eines von vielen Hoheitsrechten, die hier in einem Gesamtkatalog in der Tradition der Reichspublizistik dargestellt werden. Von Gewaltenteilung oder Gewaltenverschränkung ist hier noch keine Rede. Über das Recht der Oberaufsicht schreibt Pütter: *„Das erste und allgemeinste Recht der höchsten Gewalt ist, über alles, was zum Staate gehöret, und darin vorgehet, so weit es die gemeine Wohlfahrt nöthig und nützlich macht, die höchste Oberaufsicht zu führen.*[454]*“* Als einschlägige Literatur zur Inspektive zitiert er zum einen das Werk von Manzel mit dem Titel „de principum iure supremae inspectionis“[455], das er wohl aufgrund der häufigen Zitate als grundlegend für das Recht der Oberaufsicht ansieht, zum anderen das Buch von Fritsch „de visitationibus provincialibus utiliter instituendis, von Landvisitationen, Ger. 1671. 4., rec. Hal.1750 4.[456] Bei letzterem Werk, dessen Erstauflage auf das Jahr 1671 datiert, wird deutlich, wie dieses Recht der Oberaufsicht in der Praxis ausgesehen haben dürfte. Es geht nämlich u.a. um Land- oder auch Landesvisitationen. Hinter diesem Begriff verbirgt sich eine vom Landesherrn angeordnete Inspektionsreise, im 16. Jahrhundert die kirchlichen Zustände, vom 17. Jahrhundert an auch allgemeiner die Verwaltung eines Landes betreffend. In dem von Günther Heinrich von Berg verfaßten „Handbuch des teutschen Policeyrechts“ findet sich hierzu im dritten Band aus dem Jahr 1806 folgende Bestimmung: *„[...] von den Landesvisitationen und Landgerichten, welche gewoehnlich von landesherrlichen Commissarien gehalten werden, ist das Augenmerk auf die ganze Amtsführung der landesherrlichen Beamten in Justizpolicey-, Cameral- und Ökonmiesachen, auf den Zustand der Unterthanen und dessen Verbesserung, wie auch auf die Bestrafung geringerer Vergehungen, welche nicht peinlich gehandelt werden können, [...] gerichtet.“*[457]

Demnach boten die Landvisitationen dem Landesherrn eine wichtige Möglichkeit, seine Verwaltung durch Kommissare in allen Bereichen zu kontrollieren. Hinzu kommt die Durchführung von Ordnungswidrigkeitsverfahren gegen Bürger, die den landesherrlichen Kommissaren ebenso oblag.

454 Johann Stephan Pütter, Litteratur des Teutschen Staatsrechts, dritter Theil, Göttingen 1783, ND Frankfurt am Main 1966.

455 Ernst Friedrich Manzel, de principum iure supremae inspectionis, 1757.

456 A. Fritsch „de visitationibus provincialibus utiliter instituendis, von Landvisitationen, Ger. 1671. 4., rec. Hal. 1750 4.

457 Günther Heinrich von Berg, Handbuch des teutschen Policeyrechts, Band III, Hannover 1803, S. 578.

Mit dem Begriff der Landvisitationen verbinden sich aber auch weiträumige polizeiliche Fahndungen. Dies geht aus der von J. J. Scotti herausgebenen Sammlung der Gesetze und Verordnungen des Herzogtums Cleve vom Jahr 1418 bis 1816 hervor. Dort heißt es: *„[...] Zur Entdeckung des fremden Gesindels, soll [...] eine allgemeine Landes-Visitation gehalten, und den Betroffenen des Bettelns und sonst verdächtigen Fremden, die Räumung des Landes [...] aufgegeben werden.“*[458]

Auch hier geht es demnach um die Ausübung von obrigkeitlicher Kontrolle zur Aufrechterhaltung der staatlichen Ordnung auf dem Lande. Der Begriff der Landvisitation ist daher breit gefächert und beinhaltet weitreichende Inspektionsbefugnisse für die Staatskommissare des Landesherrn.

Im 18. Jahrhundert beschäftigten sich neben Pütter auch noch andere Autoren mit dem Inspektionsrecht. Schaut man sich die Erörterungen der Staatslehre im Vormärz zur Inspektive an, fällt auf, daß immer wieder zwei Namen der Reichspublizistik zitiert werden.[459] Das ist zum einen Karl August Tittmann mit seinem Werk: „De ambitu et limitibus iuris supremae inspectionis [...]“ von 1796 und zum anderen der bereits erwähnte Ernst Friedrich Manzel mit „De principum iure supremae inspectionis generalis in sacra et politica“ von 1757.[460] Tittmann, der vor allem Strafrechtler war, definiert in seinem Handbuch für angehende Juristen von 1828 vier Staatsgewalten: die anordnende oder gesetzgebende, die aufsehende, die richterliche und die vollstreckende Gewalt. Die anordnende Gewalt gebe bloß allgemeine Bestimmungen, ohne Rücksicht auf Einzelfälle. Ihre Gegenstände seien die Feststellungen über Krieg und Frieden und sonstige Verhältnisse mit anderen Staaten sowie über Kriegsmacht, die Verfassung überhaupt und über das, was in einem Staat rechtens sein soll. Teil dieser anordnenden Gewalt sei auch die Gesetzgebung. Betreffend der richterlichen und vollziehenden Gewalt betont Tittmann, daß diese nicht bei einem Regenten allein liegen dürfen. Vielmehr sollen diese von einschlägigen Behörden ausgeübt werden. Zur aufsehenden Gewalt schreibt er: *„Die aufsehende Gewalt bezieht sich eigentlich nur auf die Mittel zu den übrigen Gewalten, ist aber doch eben so gut besonders zu denken.“*[461] Während Pütter noch von einem „Recht

---

458 J. J. Scotti (Hrsg.), Sammlung der Gesetze und Verordnungen, welche in dem Herzogthum Cleve und in der Grafschaft Mark über Gegenstände der Landeshoheit, Verfassung, Verwaltung und Rechtspflege ergangen sind, Bd. II, Düsseldorf 1826, S. 131.

459 C. A. Tittmann, de ambitu et limitibus iuris supremae inspectionis, 1796; Ernst Friedrich Manzel, de principum iure supremae inspectionis generalis in sacra et politica, Rostock 1757.

460 Theodor von Schmalz, Handbuch des dt. Staatsrechts, Halle 1805, S. 189.

461 Carl August Tittmann, Handbuch für angehende Juristen, Halle 1828, S. 40.

der höchsten Oberaufsicht" spricht, nimmt dieses hier folglich schon den Platz einer eigenständigen Staatsgewalt ein. Diese Einteilung setzt sich bei Johann Ludwig Klüber fort.

Auch dieser beschreibt in seinem Buch „öffentliches Recht des Teutschen Bundes und der Bundesstaaten" ein Gewaltenteilungsmodell mit Inspektive.[462] Dies ist besonders bemerkenswert, da er *„zwei Jahrzehnte die beherrschende Figur der vormärzlichen Publizistik"*[463] war, und sein „öffentliches Recht" in vier Auflagen sehr weite Verbreitung fand. Demnach wurde dieses Gewaltenteilungsmodell vom damals führenden Staatslehrer der ersten Hälfte des Vormärz vertreten, was darauf schließen läßt, daß dieses in der damaligen Diskussion eine große Rolle spielte. Indes gab es auch Kritik. Klüber war noch in der Tradition der Reichspublizisten verhaftet, d.h. vor allem ordnete, systematisierte und komprimierte er die vorhandenen Rechtsmassen. Die philosophische und methodische Analyse interessierte ihn weniger.[464] Robert von Mohl ließ sich daher trotz seines Lobes und Hochschätzung zu folgender Bemerkung, wie gewohnt pointiert, hinreißen: *„Man findet bei ihm weder jenes scharfe analytische Erkennen der Eigenthümlichkeiten eines Verhältnisses; noch die geistreiche Synthese zu leitenden Rechtsgedanken; noch endlich auch nur die sichere Logik in der Entwicklung der Folgerungen."*[465]

Wenn nun Johann Ludwig Klüber in seinen Ausführungen zur Gewaltenteilung in der Inspektive eine eigene Gewalt sieht, so läßt sich dies überzeugend damit erklären, daß seine methodischen Grundlagen in der Reichspubllizistik lagen, und er daher die traditionellen Herrschaftsrechte des Monarchen auch in sein Gewaltenteilungsmodell übernahm.

Es ist jedoch fraglich, wieso die bereits genannten Autoren Karl Heinrich von Gros, Anton Bauer, Wilhelm Traugott Krug und vor allem Theodor von Schmalz, der sich selbst als Kantianer bezeichnete,[466] sich ebenfalls diesem Modell angeschlossen hatten und es sogar noch maßgeblich ausbauten, auch wenn sie von ihrer Methodik und ihrem Selbstverständnis her nichts mehr mit den Reichspublizisten gemeinsam hatten. Woher kommt dieser Rückgriff auf ein überkommenes einzelnes Herrschaftsrecht der Reichspublizistik, die mit dem Ende das Alten Reichs ihre Funktion und Aufgabe verloren hatte, und deren letzten Vertreter bereits von ihren Zeitgenossen, wie in obigen Zitat Robert von

462 Johann Ludwig Klüber, Öffentliches Recht, S. 532 ff.
463 Michael Stolleis, Geschichte des öffentlichen Rechts, Bd. II, S. 83.
464 Siehe hierzu auch „Autorenauswahl im Feld der Gewaltenteilung".
465 Robert von Mohl, Geschichte und Literatur, Bd. II, S. 478.
466 Hans-Christof Kraus, Theodor Anton Heinrich Schmalz (1760-1831). Jurisprudenz, Universitätspolitik und Publizistik im Spannungsfeld von Revolution und Restauration, Frankfurt am Main 1999, S. 323 ff.

Mohls sichtbar wird, als wenig geistreich, unlogisch und nicht ausreichend analytisch kritisiert wurden. Die Reichspublizistik schien methodisch durch den Siegeszug des Vernunftrechts überholt. Das Gliedern und Ordnen überkommener Rechte war nicht mehr zeitgemäß. Die Reste der Reichspublizistik verschwanden daher nach und nach aus den Betrachtungen über die Gewaltenteilung. Hier übernahm man aber mit der potestats inspectiva bewußt eine alte Tradition. Jedoch unterlag diese offensichtlich einem Funktionswandel, denn es erscheint wenig sinnvoll, daß mit Hilfe der Inspektive als dritter Gewalt dem Recht zur Vornahme von Landvisitationen Verfassungsrang eingeräumt werden sollte. Zwar reichte, wie im Kapitel „Begrifflichkeiten und Einteilungsschemata der Reichspublizistik" dargelegt, die Gedankenwelt der Reichspublizistik noch weit bis in 19. Jahrhundert, jedoch liegt hier eher die Vermutung nahe, daß von interessierten Kreisen bewußt auf ein einzelnes traditionelles Herrschaftsrecht zurückgegriffen wurde, um ein bestimmtes politisches Programm zu legitimieren und durchzusetzen. Es war demnach hier gerade nicht so, wie von Mohl bei Klüber kritisiert, daß es den Befürwortern dieses Gewaltenteilungsmodells an analytischer Schärfe mangelte. Vor diesem Hintergrund stellt sich nun Frage, was diese Autoren mit ihrem Gewaltenteilungsmodell bezweckten, welchen staatstheoretischen Ansatz sie hatten und welche politischen Ansichten sie teilten. Offenbar wurde hier eine Tradition der Reichspublizistik gezielt gegen den Konstitutionalismus eingesetzt. Strebten die Autoren vielleicht sogar ein als spätabsolutistisch zu bezeichnendes Herrschaftskonzept an? Um diese Fragen beantworten zu können, ist ein vertiefter Blick in die staatstheoretischen Schriften von Karl Heinrich von Gros, Anton Bauer, Wilhelm Traugott Krug und vor allem Theodor von Schmalz vonnöten.

3. Das Gewaltenteilungsmodell der Inspektive – theoretische Legitimation eines spätabsolutistischen Staatsideals

Theodor von Schmalz lehnt das dreiteilige Gewaltenteilungsmodell nach Montesquieu zunächst wie die Mehrheit der zeitgenössischen, auch liberalen Staatsrechtler mit der Argumentation, es sei willkürlich und der Logik widersprechend, ab. Er führt an, daß die gesetzgebende Gewalt mit der vollziehenden und richterlichen nicht verschiedene Gegenstände und Lebenssachverhalte zum Gegenstand habe, die sie trennten, sondern vielmehr die Gemeinsamkeiten überwögen. Ein Unterschied bestehe lediglich darin, daß die Legislative im allgemeinen vorschreibe, und Exekutive und Judikative schon bestehende Fälle beschrieben.[467] Des weiteren führt er aus, daß in keinem Staat die Trennung von Exekutive und Legislative gelungen wäre. Interessant ist hierbei, daß er bei den Negativbeispielen auch die Vereinigten Staaten nennt. Er schreibt: *„In Amerika ist der Präsident unter dem Kongreß, und das Haupt der Republik nur in ähnlicher Art wie ehemals der Konsul in Rom. Denn der Kongreß hat die Gewalt Handlungen der Regierung zu mißbilligen, zu ändern.“*[468] Diese Einschätzung ist bemerkenswert, stellen die USA doch den Staat dar, in dem das Prinzip der Gewaltenteilung in Judikative, Exekutive und Legislative bis heute am strengsten umgesetzt wurde. Zwischen Kongreß und Präsident besteht eine klare Trennungslinie. Dieser und seine Administration sind nicht Abgeordnete des Kongresses und damit kein Teil der Legislative wie dies z.B. in westeuropäischen Demokratien der Fall ist. Schmalz‘ Einschätzung zeugt daher vom Unverständnis von Gewaltenteilung und -verschränkung als Mittel der Kontrolle und Eindämmung von Machtmißbrauch. Daß in einem solchen System auch der amerikanische Präsident als Staatsoberhaupt vom Kongreß abhängig ist, widerspricht Schmalz‘ antikonstitutioneller Einstellung und begründet somit seine Ablehnung. Seine Ansicht, die Vereinigten Staaten seien ein Beispiel für die Fehlerhaftigkeit des dreiteiligen Gewaltenteilungsmodells nach Montesquieu, paßt aber in den zeitlichen Kontext. Wie im Kapitel „Historische Vorbilder des Auslandes – Die Vereinigten Staaten von Amerika“ gezeigt, wurde die Verfassung der Vereinigten Staaten nicht als Beleg für das Funktionieren eines gewaltenteilig organisierten Staates angeführt, weil man diesen noch jungen Staat mit den Jahrhunderte alten Monarchien in Europa als nicht vergleichbar erachtete. Schmalz argumentiert, daß Exekutive und Judikative sich vor allem in einem Punkt unterschieden: Letztere verhandele in Sachen, die die Rechte einzelner beträfen, während erstere das Ganze verkörpere. Gemeinsam sei jedoch beiden Gewalten, daß sie sich beide an die Regeln des Gesetzes halten müssen, gleichgültig ob Streitfälle verhandelt oder Abgaben und Steuern eingetrieben würden.[469]

Schmalz beläßt es nicht bei seiner Ablehnung, er konstruiert vielmehr ein eigenes Gewaltenteilungsmodell, das von dem Montesquieus erheblich abweicht. Zwar hält er grundsätzlich an der Idee einer einheitlichen und ungeteilten Staatsgewalt fest. Jedoch teilt er die Majestätsrechte in drei verschiedene Gewalten ein. Dabei geht er folgendermaßen vor: Er zieht zunächst einen Vergleich zwischen

467 Theodor von Schmalz, Kleine Schriften über Recht und Staat, Halle 1805, S. 20 ff. (Ueber die bürgerliche Freiheit. Eine Rede am Geburtstage des Königs im großen Hörsaale der Friedrichs-Universität zu Halle 1804) insbesondere S. 40 ff.; Handbuch der Rechtsphilosophie, S. 284 ff.; Handbuch des teutschen Staatsrechts, Halle 1805, S. 189 ff.

468 Theodor von Schmalz, Kleine Schriften, S. 52.

469 Theodor von Schmalz, Kleine Schriften, S. 44.

der Gesellschaft und einer natürlichen Person. Genauso wie ein Mensch von seinem Denkvermögen geleitet werde, so solle die Gesellschaft von der höchsten Gewalt regiert werden. Da das Denkvermögen sich in drei Teile, Verstand, Vernunft und Urteilskraft gliedern lasse, müsse man deren Entsprechung auch in der höchsten Gewalt suchen. Schmalz definiert die drei Bestandteile des Denkvermögens wie folgt: *„Verstand [ist] die Kraft unsers Gemüths, wodurch wir Begriffe erwerben; Vernunft ist das Vermögen der Ideen, und also in praktischer Hinsicht das Vermögen der praktischen Ideen oder Gesetze für unsere Handlungen; Urtheilskraft ist das Vermögen, wodurch wir die theoretischen Ideen oder die praktischen Gesetze auf vorkommende Begriffe, auf vorkommenden Handlungen anwenden.*[470]*"*

Danach ordnet er jedem dieser Begriffe eine Staatsgewalt zu. Dem menschlichen Verstand entspricht seiner Meinung nach die sogenannte inspektive Gewalt, das Recht der Oberaufsicht. Dieses setzt sich aus folgenden Befugnissen zusammen: *„dem Recht von allem Kenntnis zu nehmen, alles zu untersuchen, was den Staat und seinen Zweck betrifft; und alle Mitglieder der Gesellschaft sind in dieser Rücksicht verpflichtet, alles was sie darüber wissen, anzuzeigen, wenn der Staat es fordert."* Der Vernunft teilt er die Legislative zu. Bemerkenswert ist, daß er der Urteilskraft nicht die Judikative gegenüberstellt, sondern die Exekutive, die sich jeweils mit Justizsachen oder der Vollziehung von Gesetzen beschäftigt. Dies begründet er damit, daß die richterliche Gewalt lediglich einen Teil der exekutiven Gewalt darstelle, die *„Justizgesetze zur Vollziehung bringt"*. Die Gemeinsamkeiten, die er wie folgt aufzählt, überwiegen demnach: *„Sie empfängt, wie die übrige exekutive Gewalt die Norm ihrer Handlungen vom Gesetze; sie verrichtet auf eben die Art, wie die übrige exekutive Gewalt die Norm ihrer Handlungen vom Gesetze, sie verrichtet auf eben die Art, wie die übrige exekutive Gewalt ihre Geschäfte."*[471] Lediglich die Gegenstände, mit denen sich die richterliche Gewalt beschäftige, unterscheide sie von anderen Zweigen der exekutiven Gewalt, wie beispielsweise Finanzen oder Polizei.

Damit steht Schmalz auf der Seite der überwiegenden Mehrheit der Staatsrechtler im Vormärz, die der richterlichen Gewalt generell die Eigenständigkeit als Staatsgewalt absprachen.

Die gesetzgebende Gewalt beschreibt Schmalz als *„das Recht, die Mittel zum Zweck des Staates zu bestimmen"*. Unter diesen Mitteln versteht er wiederum Gesetze im Sinne des positiven Rechts. Diese sollen seiner Meinung nach so allgemein sein, daß sie alle Bürger in gleicher Weise berechtigen und verpflichten.

---

470 Theodor von Schmalz, Kleine Schriften, S. 44.
471 Theodor von Schmalz, Kleine Schriften, S. 45.

Ungleichheiten seien nur dann ausnahmsweise zulässig, wenn sie zur Durchsetzung des Staatszwecks unvermeidlich erschienen.[472]

Die vollziehende Gewalt definiert Schmalz als *„das Recht der Souverainität, die von der gesetzgebenden Gewalt bestimmten Mittel in Ausübung zu bringen, oder, das ungeschehen zu machen, was diese bestimmt hat"*.[473]

Die Exekutive verfüge daher über das Recht des Befehlens und der Entscheidung. Jeder Untertan sei dem Befehl der exekutiven Gewalt vollkommen verpflichtet. Jedoch sei die Exekutive an die Legislative gebunden. Im Falle, daß die Auslegung eines Gesetzes unklar sei, entscheide darüber die Legislative und nicht die Exekutive.[474]

Um das Zusammenspiel der von ihm definierten Staatsgewalten zu charakterisieren, entwirft er folgendes Bild: *„Die gesetzgebende Gewalt hat im Gesetze den Obersatz des Syllogismus gegeben, die inspektive Gewalt findet durch die Untersuchung den Untersatz, und die exekutive Gewalt leitet aus beiden auch ihre Konklusion her, die sie in Mandaten und Sentenzen, Dekreten und Rescripten ausspricht."*[475]

Offensichtlich bedient sich hier Schmalz Kants Syllogismus zur Beschreibung der Gewaltenteilung, auf den bereits eingehend eingegangen wurde.[476] Dies ist auf den ersten Blick erstaunlich, da Schmalz Montesquieus dreiteiliges Gewaltenteilungsmodell, für das sich auch Kant ausspricht, ablehnt und einen anderen Entwurf favorisiert. Der hier gezeigte Gegensatz, d.h. die Benutzung von Kants Bild zur Verteidigung eines anderen Modells, zieht sich insgesamt durch die Diskussion, inwieweit Schmalz von Kants Philosophie geprägt war. Hans-Christof Kraus zeigt in seiner umfangreichen Monographie, in welchen Bereichen Schmalz Kant nachfolgt und in welchen er Kant ablehnt. Besonders im Vorwort von Schmalz „reinem Naturrecht" aus dem Jahr 1792 betont dieser, von der Lehre Kants beeinflußt zu sein und stellt die große Rolle Kants für die Wissenschaften heraus.[477] Er übernimmt beispielsweise den Kategorischen Imperativ und die Zweckbestimmung des Menschen, lehnt aber Kants *„Deduction des Begriffs eines nicht empirischen Besitzes"* ab. Schmalz kritisiert hier Kant, der in seiner Besitzlehre ein nicht physisches Besitzrecht kennt.[478] In der For-

472 Theodor von Schmalz, Das natürliche Staatsrecht, Königsberg 1794, S. 79 f.
473 Theodor von Schmalz, Das natürliche Staatsrecht, Königsberg 1794, S. 85.
474 Theodor von Schmalz, Das natürliche Staatsrecht, Königsberg 1794, S. 88 ff.
475 Theodor von Schmalz, Kleine Schriften, S. 45.
476 Immanuel Kant, Metaphysik der Sitten, Rechtslehre (Gesammelte Schriften. 6) Hrsg. Königlich Preußische Akademie der Wissenschaften, Berlin, Reimer, 1914, § 42 (2), S. 313; siehe hierzu auch das Kapitel „Die klassische Lehre – Kant".
477 Theodor von Schmalz, Das reine Naturrecht, Königsberg 1795, Aalen 1969, S. 6 ff.
478 Bernd Ludwig, Kants Rechtslehre, Hamburg 1988, S. 106 f.

schung ist daher umstritten, ob Schmalz überhaupt als Kantianer zu bezeichnen ist. Sein Lebensweg zeichnet ihn eher als Konservativen aus. Jedoch muß man bedenken, daß nicht jeder von Kant beeinflußte Autor auch gleichzeitig ein Liberaler war, wie Herbert Krüger in seinem Aufsatz „Kant und die allgemeine Staatslehre des 19. Jahrhunderts" feststellt.[479] Schmalz ist aufgrund seiner Ablehnung der Gewaltenteilung in der Tradition Montesquieus daher als Rechtskantianer zu bezeichnen, wie Kraus formuliert.[480] Insofern liegt auch kein Widerspruch in der Tatsache, daß Schmalz den Syllogismus-Vergleich benutzt, um sein eigenes, von Kant abweichendes Gewaltenteilungsmodell argumentativ zu untermauern.

Auffällig ist vor allem, wie sehr Schmalz in seinem Gewaltenteilungsmodell die inspektive Gewalt betont. Durch dieses Konstrukt billigt er dem Staat umfangreiche Befugnisse zur Informationsbeschaffung zu. Auch seien die Einwohner, wie bereits oben geschildert, dazu verpflichtet, ihre Kenntnisse von Geschehnissen, die den Staat und seine Einrichtungen betreffen, den entsprechenden Behörden mitzuteilen und Anzeige zu erstatten. Dies erweckt den Eindruck, als würde Schmalz zur Denunziation auffordern. Sein Gewaltenteilungsmodell mit einer Inspektive legitimiert jedenfalls den Staat beim Ausspähen seiner Bürger. An dieser Stelle wird deutlich, wie sehr sich die Bedeutung des Inspektionsrechts gewandelt hat. Während zur Zeit der Reichspublizistik darunter u.a. das Recht zur Vornahme von Landesvisitionen, wie oben dargestellt, zu verstehen war, geht es nun um Repression und Bespitzelung. Daß Schmalz' Ausgestaltung der potestas inspectiva dem Mißbrauch Tür und Tor öffnet, war ihm durchaus bewußt und wurde von ihm auch thematisiert: *„Die Souveränität darf dies für die Ruhe und Sicherheit so gefährliche Recht nicht anwenden als da, wo sie Pflicht dazu hat."* Außerdem schreibt er: *„Ich opfre dem Genius der Zeiten, indem ich dieß Recht gefährlich nenne [...] Der Vorwand des öffentlichen Wohls steht der Tyranney stets zu Gebote"; [deshalb solle man nie aufhören] „eine Wahrheit, die nie schädlich, nie unnütz seyn kann, den Gewalthabern ... laut zu predigen und zu wiederholen, nemlich die: daß sie nie zur Ausübung ihrer Gewalt berechtigt sind, wenn sie nicht dazu verpflichtet sind. Denn sie tragen ihr Schwert nicht zur Zierde, und haben ihre Gewalt zu nichts in der Welt, als zum Zweck des Staats."*[481]

Die Möglichkeit zum exzessiven Gebrauch und Mißbrauch der Inspektive realisiert Schmalz somit genau. Allerdings hat er in sein Modell keinerlei Sicherung gegen Machtmißbrauch eingebaut. Die oben zitierten Zeilen haben wohl

479 Herbert Krüger, Kant und die allgemeine Staatslehre des 19. Jahrhunderts, S. 55.
480 Hans-Christof Kraus, Theodor Anton Heinrich Schmalz, S. 333.
481 Theodor von Schmalz, Das natürliche Staatsrecht, Königsberg 1794, S. 77.

lediglich Appellcharakter und eine gewisse Warnfunktion: Er ermahnt den jeweiligen Machthaber, sich stets des einschränkenden Staatszwecks als Maßstab für die Anwendung der potestas inspectiva bewußt zu sein. Insofern vertraut hier Schmalz lediglich darauf, daß der Souverän so aufgeklärt sein werde, daß er sich freiwillig an die Beschränkung eben dieses Majestätsrechts hält. Schmalz bleibt hier hinter dem zeitgenössischen staatstheoretischen Erkenntnisniveau zurück. Er geht weiter vom Ideal des weisen, aufgeklärten absolutistischen Herrschers aus. Die Tatsache, daß einem möglichen Mißbrauch eben nicht nur appellativ, sondern auch institutionell – etwa durch Begrenzung oder Verschränkung der Staatsgewalten untereinander – entgegengewirkt werden kann, war ihm nicht geläufig.[482] Schmalz' politische Einstellung kann daher als äußerst konservativ und legitimistisch charakterisiert werden. Seine Haltung war antirevolutionär und konstitutionskritisch.[483] Selbst die Lehre vom monarchischen Prinzip, die unter Vorbehalt des Letztentscheidungsrechts des Monarchen, die Macht im Staat zwischen diesem und der Volksvertretung aufteilte, kommt in Schmalz' Ansatz nicht vor. Offensichtlich ging Schmalz daher von einem spätabsolutistischen Staatsideal aus.

Die oben bereits genannten Karl Heinrich von Gros, Wilhelm Traugott Krug und Anton Bauer vertraten ebenfalls die Meinung, daß die Inspektive eine eigene Staatsgewalt sei und das Recht des Staates beinhalte, von allem Kenntnis nehmen zu können, was für die innere Sicherheit von Bedeutung erscheine.[484]

Es handelt sich hierbei allesamt um Professoren, deren Werke z.T. hohe Auflagen erreichten und demnach viel gelesen wurden. In diesem Zusammenhang ist das „Lehrbuch der philosophischen Rechtswissenschaft oder des Naturrechts" von Karl Heinrich von Gros zu nennen, das im Jahr 1841 sogar noch nach dem Tod des Verfassers in einer sechsten Auflage erschien.[485] Gros war königlich württembergischer Geheimrat und Professor der Rechtswissenschaft an der Universität Erlangen. In seinem Buch betont er, daß es nur eine Staatsgewalt gebe, sich diese wiederum aber in Gewalten, Hoheits-, Regierungs- und Majestätsrechte aufgliedern lasse. Besonders interessant sind seine Anmerkungen zur Inspektive: *„Die Befugnis des Staatsoberhaupts zu den Mitteln, sich diese Kenntniss zu verschaffen, und nöthigenfalls auch die Mitteilung der dazu*

482 Hans-Christof Kraus, Theodor Anton Heinrich Schmalz, S. 388.
483 So auch Hans-Christof Kraus, Theodor Anton Heinrich Schmalz, S. 289.
484 Karl Heinrich von Gros, Lehrbuch der philosophischen Rechtswissenschaft oder des Naturrechts, 6. Aufl., Stuttgart 1841, S. 130 f.; Anton Bauer, Lehrbuch des Naturrechts, 3. Aufl., Göttingen 1825, S. 279; Wilhelm Traugott Krug, System der praktischen Philosophie, Erster Theil. Rechtslehre, Königsberg 1817, S. 316.
485 Karl Heinrich von Gros, Lehrbuch der philosophischen Rechtswissenschaft oder des Naturrechts, 6. Aufl., Stuttgart 1841.

dienlichen Nachrichten von Einzelnen zu fordern heisst das Recht der Aufsicht [...]. Das Recht der Aufsicht erstreckt sich auf Gesellschaften sowohl als auf Individuen, und, was jene betrifft, insbesondere auch auf kirchliche Gesellschaften, damit der Regent sich versichern könne, dass im Innern einer solchen Gesellschaft, welche mit besonderer Kraft auf die Gemüther der Menschen wirkt, nichts vorgehe, was dem Staatszweck entgegen ist. "[486]

Liest man diese Zeilen, so fällt auf, daß Gros hier dem Staatsoberhaupt ausdrücklich die Kompetenz zubilligt, sich Informationen und Nachrichten von und über Einzelpersonen und Gesellschaften zu verschaffen, die eventuell staatsfeindliche Ziele verfolgen. Diesem Bespitzelungsrecht wird dann im Ergebnis quasi Verfassungsrang zugesprochen, der sich darin manifestiert, daß das Recht der Inspektive eine dritte Staatsgewalt darstellen soll. Insgesamt wird deutlich, daß Gros Gewaltenteilung als Korrektiv der Staatsgewalt ablehnt. Er benutzt in diesem Zusammenhang auch nicht die Formulierung *„Gewaltenteilung" oder „Gewaltentrennung"*, sondern spricht lediglich von den *„einzelnen Theilen der Staatsgewalt und deren Ausübung"*.[487] Dabei unterscheidet er zwischen inneren und äußeren Hoheitsrechten. Erstere untergliedert er wiederum in allgemeine (formelle) und besondere (materielle). Als allgemeine Hoheitsrechte sieht er die Exekutive und Legislative. *„Mit beiden stehen, als Mittel zu deren Ausübung, zwei andere Rechte in nothwendiger Verbindung: das Recht der Aufsicht und das Recht der Aemter"*, fährt Gros in seiner Einteilung fort.[488]

Auch Anton Bauer, ebenfalls Hofrat und Professor an der Universität Göttingen, befürwortet in der dritten Auflage seines Lehrbuchs des Naturrechts, die Einteilung der Staatsgewalt in Exekutive, Legislative und Inspektive. Auch er ist ein Gegner des Gewaltenteilungsprinzips, denn er spricht lediglich von einer *„Classification der Hoheitsrechte"* und stellt klar: *„Der herkömmliche Ausdruck Gewalten soll hier nur Rechte bezeichnen."*[489] Dem Regenten als Inhaber der oberaufsehenden Gewalt stehe das Recht zu, sich *„genaueste Kenntnis der Staatskräfte zu erwerben"* und zwar auch im Innern, wenn Gefahr von einzelnen oder Gesellschaften drohe.[490] Auch der Philosophieprofessor an der Universität Leipzig Wilhelm Traugott Krug meint hierzu in seinem „System der praktischen Philosophie": *„Das Recht der Oberaufsicht betrachten wir als das erste Majestätsrecht oder als den ersten Zweig der höchsten Gewalt."*[491] Und weiter: *„Es kann daher im Staate keine Gesellschaft zugelassen werden, die sich als eine ge-*

486 Karl Heinrich von Gros, Lehrbuch, S. 130 f.
487 Karl Heinrich von Gros, Lehrbuch, S. 130 f.
488 Karl Heinrich von Gros, Lehrbuch, S. 129.
489 Anton Bauer, Lehrbuch des Naturrechts, 3. Aufl., Göttingen 1825, S. 274 f. (276).
490 Anton Bauer, Lehrbuch des Naturrechts, S. 279.
491 Wilhelm Traugott Krug, System, Erster Theil, S. 316.

heime [...] der Oberaufsicht des Staats dergestalt entzöge, dass sie ihm weder von ihrer innern Einrichtung, noch von ihren Gliedern, noch von ihren Zwecken und Mitteln Rechenschaft geben wollte."[492]

Auch hier wird ähnlich drastisch wie bei Gros deutlich, daß das Oberaufsichtsrecht bzw. das Recht der Inspektive dazu dienen soll, dem Monarchen umfassende Informationsmöglichkeiten über staatsfeindliche Umtriebe zu verschaffen. Die ausdrückliche Erwähnung von Geheimgesellschaften deutet darauf hin, daß Krug hier wohl den sogenannten Tugenbundstreit vor Augen hatte, als er diese Zeilen schrieb.

Die hier aufgeführten Stellungnahmen von Gros, Krug und Bauer erhärten daher die These, daß der sogenannte Tugendbundstreit nicht nur eine Auseinandersetzung zwischen Schmalz allein und mehreren Liberalen war. Vielmehr spiegelt sich dieser Konflikt um Geheimgesellschaften auch in der damaligen staatsrechtlichen und staatstheoretischen Literatur wider. Das oben beschriebene Gewaltenteilungsmodell mit Inspektive war nicht nur ein theoretisches Konstrukt. Seine Auswirkungen lassen sich auch anhand einer heftig geführten politischen Auseinandersetzung aufzeigen. Dieser Zusammenhang wird noch viel klarer, wenn man die Hintergründe diese Konflikts beleuchtet, dabei vor allem Schmalz' Rolle betrachtet und seine Ausführungen zur Inspektive mit der Tugendbundproblematik verknüpft.

4. Hintergründe des Tugendbundstreits

Der Tugendbund war ein politischer patriotischer Verein, der 1808 in Königsberg gegründet wurde, um, wie es hieß, Vaterlandsliebe und politischen Gemeingeist zu erwecken und zu verbreiten. Zu seinen Mitgliedern zählten so berühmte Persönlichkeiten wie General Scharnhorst, Freiherr vom Stein, Fichte und Humboldt. Er wurde jedoch schon wieder 1810 auf französischen Druck hin durch Kabinettsorder vom preußischen König offiziell aufgelöst. In dem Mittelpunkt des öffentlichen Interesses geriet der Tugendbund aber erst durch eine Schrift von Schmalz, die er im Jahr 1815 veröffentlichte.[493] Er wandte sich darin gegen geheime politische Vereinigungen und sprach sich in polemischer Art und Weise gegen die Einung Deutschlands sowie den Erlaß von Verfassungen aus. Mittelpunkt seiner Angriffe war vor allem der zu diesem Zeitpunkt bereits auf-

492 Wilhelm Traugott Krug, System, Erster Theil, S. 317.

493 Theodor Schmalz, Berichtigung einer Stelle in der Bredow-Venturischen Chronik für das Jahr 1808. Über politische Vereine und ein Wort über Scharnhorsts und meine Verhältnisse zu ihnen, Berlin 1815.

gelöste Tugendbund, in dem er vor allem eine Vereinigung revolutionärer Elemente sah und ihn daher mit dem Jakobinerclub verglich. Das Echo, das seine Äußerungen hervorriefen, war gewaltig. Mehrere Autoren, wie Schleiermacher, Niebuhr, Koppe und Wieland griffen Schmalz in Gegenschriften und Erwiderungen persönlich an.[494] So heißt es beispielsweise im Staatslexikon von Rotteck und Welcker unter dem Stichwort „Tugendbund“: *„Ueber den Eindruck, den die Schmalz'sche Denunciation gemacht hat, sagt Niebuhr in seiner zerschmetternden Beleuchtung jenes Pamphlets, daß er dem gleich sei, der vor Zeiten das Gerücht hervorbrachte, die weiße Frau habe sich im Schlosse sehen lassen, ja beinahe dem, den ein Feuerlärm im gefüllten Schauspielhaus erregt.“*[495]

Äußerungen wie diese zeigen, wie aufgeheizt die Atmosphäre zwischen Liberalen und Konservativen zu dieser Zeit war. Der Streit spitzte sich dermaßen zu, daß die preußische Regierung am 6. Januar 1816 eine Kabinettsorder erließ, in der sie feststellte, daß der König selbst den Tugendbund als Förderungsmittel des Patriotismus genehmigt habe. Später sei es, durch die Lage im Staate bedingt, notwendig geworden, den Verein aufzulösen. Es wurde noch einmal an das Edikt vom 20.10.1798 über geheime Verbindungen erinnert und generell der Streit über den Tugendbund und andere geheime Gesellschaften für „unnütz“ erklärt und der Druck weiterer Schriften zu diesem Thema verboten.[496] Die Zeit, in die der Tugendbundstreit und die Auseinandersetzung um Geheimbünde fielen, war geprägt durch zunehmende Repressionen gegen das liberale Bürgertum, die ihren Höhepunkt in den Karlsbader Beschlüssen von 1819 fanden. Schmalz rechtfertigt offensichtlich diese mittels seiner Gewaltenteilungskonzeption mit Inspektive. Seine Feststellung, daß jeder im Staat verpflichtet sei, auf Befehl der Regierung dieser Nachricht von den Tatsachen zu geben, welche er kennt, erklärt die Differenzen zwischen Schmalz und den Vertretern des Tugendbunds. Sein damaliges Handeln wird durch seinen theoretischen Ansatz und das von ihm vertretene Gewaltenteilungsmodell leichter verständlich und nachvollziehbar.[497]

494 Zusammenstellung der einzelnen Schriften, die in Zusammenhang zum Tugendbundstreit stehen, bei: August Lehmann, Der Tugendbund, Berlin 1867, S. IX f.; Otto Dann, Geheime Organisierung und politisches Engagement im deutschen Bürgertum des frühen 19. Jahrhunderts. Der Tugendbundstreit in Preußen, in: Ludz, Peter Christian (Hrsg.), Geheime Gesellschaften, Heidelberg 1979, S. 399-428 (406 f.).

495 Dr. Scheidler in Rotteck/ Welcker, Tugendbund, Bd. XII, S. 589.

496 Dr. Scheidler in Rotteck/ Welcker, Tugendbund, Bd. XII, S. 590.

497 Theodor von Schmalz, Handbuch des teutschen Staatsrechts, S. 189 f.

5. *Ergebnis*

Das Recht, von allem Kenntnis zu erlangen, was die Belange des Staates betrifft, hatte in der Zeit nach den Karlsbader Beschlüssen, die von Repression und Bespitzelung geprägt war, eine ganz andere Bedeutung als in der Zeit des Alten Reichs, als die Inspektive nur ein Baustein in einem ganzen System von traditionellen Herrschaftsrechten bzw. Regalien war. Zu dieser Zeit beinhaltete dieses Hoheitsrecht, wie bereits gezeigt, u.a. die Möglichkeit des Fürsten zur Vornahme von Landesvisitationen. Im Vormärz, nach dem Ende des Alten Reichs, wandelte sich aber der Sinngehalt des Inspektionsrechts. Es hatte danach nicht mehr nur eine rein klassifikatorische Bedeutung im Zusammenhang mit einem ganzen Katalog von Hoheitsrechten, sondern eine begriffliche, mit der sich gezielte repressive staatliche Maßnahmen zur Bekämpfung oppositioneller Umtriebe verbanden. Im Laufe des 18. Jahrhunderts entwickelte es sich zu einer eigenständigen Gewalt. Zur Zeit des Deutschen Bundes bot die Inspektive dann eine hervorragende Möglichkeit, die geheimdienstlichen Aktivitäten der Einzelstaaten auf ein theoretisches Fundament zu stellen. Teile der konservativen Staatslehre interpretierten die Inspektive daher in ihrem Sinne und entwickelten sie entscheidend fort. Diese Tatsache wird sehr gut bei Theodor von Schmalz deutlich, der sein Verhalten im Tugendbundstreit, also die Denunziation von Geheimgesellschaften, eben mit dem Recht des Staats, von allem Kenntnis zu nehmen, verteidigt und als Hauptvertreter des Gewaltenteilungsmodells mit der Inspektive als dritter Gewalt gilt. Schmalz‘ politische Forderungen stehen daher im Einklang mit seinen theoretischen Ausführungen. Mit seinem Gewaltenteilungsmodell und dem von ihm propagierten spätabsolutistischen Staatsaufbau stieß Schmalz bei den führenden Liberalen auf erheblichen Widerstand und löste eine aufgeregt geführte Diskussion aus. Bei ihm, aber auch bei den anderen oben untersuchten Autoren läßt sich überzeugend nachweisen, daß das Gewaltenteilungskonzept mit der Inspektive als dritter Gewalt die Rolle eines reaktionären Gegenentwurfs zum dreiteiligen Modell nach Montesquieu und Kant zukam. Die Vertreter dieses Modells lassen sich daher als Angehörige einer spätabsolutistischen Strömung in der Staatslehre einordnen. Ausgehend vom Gewaltenteilungsmodell mit einer Inspektive als dritter Gewalt, als dessen Hauptvertreter Schmalz anzusehen ist, läßt sich ein Bogen zum Tugendbundstreit spannen.[498] Die Diskussion um ein Gewaltenteilungsmodell setzte sich somit in einem tagespolitischen Konflikt fort.

498 Karl von Rotteck, Lehrbuch, Bd. II, S. 217; Sylvester Jordan, Versuche, S. 217.

III. Befürworter der Gewaltenteilung nach Montesquieu

1. Einleitung

Wie bereits in den vorangegangenen Kapiteln deutlich wurde, nahm die Staatslehre im Vormärz eine überwiegend ablehnende Haltung gegenüber Montesquieu ein, gleichgültig, ob die Autoren aus dem konservativen oder liberalen Lager stammten. Montesquieus Gewaltenteilungsmodell stieß aber nicht ausschließlich auf Kritiker, vielmehr gab es auch wenige Stimmen, die sich für ein dreiteiliges Gewaltenteilungsmodell in seinem Sinne aussprachen. Bei seinen Befürwortern handelt es sich jedoch nur um einen relativ kleinen Personenkreis. Zu diesem zählt u.a. Carl Theodor Welcker, auf den bereits umfassend eingegangen wurde. Er ist der einzige der dort untersuchten Autoren, der uneingeschränkt das dreiteilige Gewaltenteilungsprinzip unterstützte. Neben ihn können aber noch Carl Salomo Zachariä und dessen Bruder Theodor Maximilian Zachariä sowie Carl August Eschenmayer zu dieser Gruppe gezählt werden. Auf den folgenden Seiten soll nun die jeweilige Argumentation für das dreiteilige Gewaltenteilungsmodell auf etwaige Gemeinsamkeiten hin untersucht werden, um die Frage zu klären, ob es bei den Befürwortern über ihre Zustimmung hinaus weitere Parallelen gab.

2. Carl Theodor Welcker

Carl Theodor Welcker setzt sich, wie im Kapitel „Historische Vorbilder des Auslandes – Die Vereinigten Staaten Amerika" gezeigt, umfassend mit dem US-amerikanischen Verfassungssystem auseinander, in der er gerade das dreiteilige Gewaltenteilungsprinzip wirksam und gelungen umgesetzt sieht. Außerdem spricht er sich in seinem Artikel „Gleichgewicht der Gewalten" im von ihm mit herausgegebenen Staatslexikon nicht nur für Gewaltenteilung aus, sondern er favorisiert ein *„inneres politisches organisches Gleichgewicht"*, eine *„Theilung und ein Gegengewicht oder ein Gleichgewicht der Gewalten"* oder auch ein *„organisirtes System gegenseitiger Mäßigung und gegenseitiger Vereinbarung"*.[499]

Im Gegensatz zu großen Teilen auch der liberalen Staatslehre sieht Welcker in der gegenseitigen Hemmung der einzelnen Staatsgewalten demnach keine Blockade, die die Funktion des Staates in existentieller Weise beeinflussen

499 Carl Theodor Welcker, Art. Gleichgewicht der Gewalten, in: Staats-Lexikon, Band VI, S. 40.

könnte, sondern gerade ein zentrales Funktionsprinzip der Gewaltenteilung, durch das sich die einzelnen Gewalten gegenseitig die Waage halten und insgesamt das optimale Funktionieren des Staatswesens gewährleistet wird. Das Werk Welckers, das bisweilen als unwissenschaftlich kritisiert wird[500], bietet, wie bereits erörtert, im Hinblick auf den Begriff Gewaltenteilung eine innere Stringenz, die andere, viel berühmtere Autoren nicht aufweisen.[501] Welcker hat sich als Liberaler immer für das dreiteilige Gewaltenteilungsmodell ausgesprochen und verteidigt dieses theoretisch in seinen Schriften gegen die überwiegende Mehrheit der liberalen Staatslehre. Der Name Welcker steht daher für eine weitreichende und umfassende Beschäftigung mit Gewaltenteilung. Er gilt zu Recht als einer der wenigen Befürworter der dreiteiligen Gewaltenteilung.

3. *Theodor Maximilian Zachariä*

Theodor Maximilian Zachariä, ein jüngerer Bruder Carl Salomo Zachariäs, war ebenfalls ein Verteidiger des dreiteiligen Gewaltenteilungsmodells. Auch er war Professor der Rechtswissenschaft u.a. in Breslau. Ihm wurde aber nie der gleiche Ruhm zuteil wie seinem Bruder.[502] Mit diesem verband ihn aber seine Parteinahme für das dreiteilige Gewaltenteilungsmodell. Dabei betont er in seinem Hauptwerk „Philosophische Rechtslehre oder Naturrecht und Staatslehre“ vor allem die Unabhängigkeit der richterlichen Gewalt. Sein Eintreten für die Selbständigkeit der Judikative ging so weit, daß er sich explizit für Geschworenengerichte einsetzte, da nur diese den Willen des Volkes in angemessener Weise berücksichtigten:

„Denn da die richterliche Gewalt, ihrer allgemeinen Idee nach, wesentlich dazu bestimmt ist, zu verhindern, daß weder der vom Volke ausgehende gesetzgebende Körper sich des Zügels der Regierung bemächtige, noch auch von der andern Seite sich der Regent an die Stelle jenes erstern setzen und die Rechte desselben mit den seinigen vereinigen möge; so wird sie diesem ihrem idealen Charakter nach unstreitig am entsprechendsten und durch eine Behörde ausgeübt werden können, die ein aus beiden Elementen, nämlich dem Volkswillen und

---

500 Zu Welckers Bild in der Literatur siehe: Rainer Schöttle, Politische Freiheit für die deutsche Nation. Carl Theodor Welckers poltische Theorie, Baden-Baden 1985, S. 13 ff.

501 Siehe hierzu das Kapitel „Carl Theodor Welckers Ausnahmeposition“, S. 136 ff.

502 Theodor Maximilian Zachariä wurde am 30.8.1781 in Meißen geboren. Nach seiner Habilitation in Wittenberg lehrte er in Königsberg, Breslau und Heidelberg. Im Jahr 1823 entzog ihm die hessische Regierung die „venia legendi“ und erklärte ihn „pro mente capto“, da er politisch unbequem war.

der Macht der Regierung, gleichsam zusammengesetztes organisches Ganzes bildet. Diesen wesentlichen Charakter haben nun aber die sogenannten Geschworenen-Gerichte oder Jurys, und daher der obige Grundsatz.[503]"

Für Theodor Maximilian Zachariä ist die Aufteilung der Staatsgewalt in Exekutive, Legislative und Judikative unabdingbare Voraussetzung für einen funktionierenden Staat. Dabei unterscheidet er ganz klar zwischen den Einzelgewalten. Auffällig ist hierbei, daß er gegenüber der durch das monarchische Prinzip verbrieften besonderen Stellung des Monarchen keinerlei Kompromisse eingeht wie andere Autoren, die das organische Zusammenspiel der Einzelgewalten im Staat betonen und dem Fürsten eine übergeordnete Position zubilligen:

„*Soll die von der Vernunft vorgeschriebene, durch die vereinte Kraft alle coexistirenden vernünftig-sinnlichen Wesen allein zu Stande zu bringende Anstalt, die wir schon oben mit dem Worte: Staat, bezeichneten und näher charakterisirten, wirklich zu Stande gebracht werden, so wird dazu wesentlich, schon ihrem allgemeinen Begriffe nach dreyerlei vorausgesetzt:*

[...]

Daß eine aus der Mitte der Staatsbürger zwar ebenfalls hervorgegangene, aber vom ganzen Volke eben so wohl als von der eigentlichen Regierung verschiedene und von beiden gleich unabhängige Behörde errichtet werde, welche die Befugnis habe, in zweifelhaften Fällen zu entscheiden, ob die Bedingungen der Anwendung des allgemeinen Gesetzes auf den einzelnen Fall gegeben seyn oder nicht. Diese Behörde wird die richterliche Behörde und ihre Macht die richterliche Gewalt genannt.

Mithin zerfällt die Staatsgewalt im allgemeinen in drey wesentliche Bestandteile:

1) gesetzgebende

2) vollziehende

3) richterliche Gewalt;

und eben deshalb hat auch die Staatsconstitutionslehre nothwendig wieder drey Unterabteilungen.[504]

Betrachtet man diese Ausführungen Theodor Maximilian Zachariäs zur Gewaltenteilung, so wird deutlich, daß er den Fürsten unerwähnt läßt. Bei seiner Definition des Staats als ein von der Vernunft geleiteter alleiniger Zusammenschluß aller „vernünftig-sinnlichen Wesen" wird der Monarch offensichtlich bewußt weggelassen. Dabei betont er die Unabhängigkeit der Judikative und hebt hervor, daß diese aus der Mitte der Staatsbürger hervorgehen müsse. Zachariä ist

503 Theodor Maximilian Zachariä, Philosophische Rechtslehre oder Naturrecht und Staatslehre, 2. Aufl. Breslau 1820, S. 138.

504 Theodor Maximilian Zachariä, Philosophische Rechtslehre, S. 134 f.

demnach auch Befürworter von Geschworenengerichten. Insgesamt ist festzuhalten, daß er die Unabhängigkeit der Judikative in besonderem Maße herausstellt. Betrachtet man diese Ausführungen und das Jahr ihrer Veröffentlichung, die zweite Auflage seiner philosophischen Rechtslehre erschien 1820, ein Jahr nach den Karlsbader Beschlüssen, so nimmt es nicht wunder, daß Theodor Maximilian Zachariä in Konflikt mit der Obrigkeit geriet. Im Jahr 1823 wurde ihm zwei Jahre nach seiner Berufung nach Marburg von der kurhessischen Regierung die Lehrerlaubnis entzogen. Es kam zwar zu keinem Prozeß, jedoch entfernte man ihn aus dem Amt. Zachariä, der fortan nur noch eine karges Ruhegeld bezog, ging nach Leipzig, wo er sich als Privatgelehrter durchs Leben schlug. Seine schriftstellerische Tätigkeit kam vollkommen zum Erliegen. Er veröffentlichte bis auf eine Ausnahme keine weiteren Schriften. In der Allgemeinen Deutschen Biographie heißt es, daß Zachariä als *„infolge des ihm angethanen Unrechtes für immer ein gebrochener Mann"* blieb.[505]

4. Carl Salomo Zachariä

„Die richterliche Gewalt muß in der konstitutionellen Monarchie von den andern beiden Grundgewalten des Staates nicht blos gesondert, sondern selbst unabhängig seyn. Sie ist, da die gesetzgebende und die vollziehende Gewalt von einander abhängig sind, die einzige selbständige Gewalt in dieser Verfassung."[506]

Diese Aussage Zachariäs bezüglich der Unabhängigkeit der Judikative läßt sich an Klarheit kaum übertreffen. Carl Salomo Zachariä fordert auch in der Verfassungspraxis eine weitgehende Unabhängigkeit der Gerichte. Dies zeigt sich vor allem in seinem Aufsatz mit dem Titel *„Erstreckt sich das richterliche Entscheidungsrecht auf die Frage, ob die Regierung eine Verordnung, auf welche sich in einer Streitsache die Partheyen beziehn, zu erlassen berechtigt gewesen sey"*, den er im Archiv für die civilistische Praxis im Jahr 1833 veröffentlichte.[507] Dort fordert er die volle gerichtliche Überprüfbarkeit von Regierungsverordnungen. Mit diesem Aufsatz und der Erwiderung von Justus Thimotheus

---

505 ADB 44, S. 652 f.

506 Carl Salomo Zachariä, Vierzig Bücher vom Staate, Bd. I-III, S. 238.

507 Carl Salomo Zachariä, „Erstreckt sich das richterliche Entscheidungsrecht auf die Frage, ob die Regierung eine Verordnung, auf welche sich in einer Streitsache die Partheyen beziehn, zu erlassen berechtigt gewesen sey", in: AcP 16,1833, S. 143 ff., (147).

Balthasar Linde[508] erreichte die in den zwanziger Jahren des 19. Jahrhunderts einsetzende Diskussion über das richterliche Prüfungsrecht von Rechtssetzungsakten insbesondere von Regierungsverordnungen ihren ersten Höhepunkt. Für Zachariä ist in einer konstitutionellen Monarchie grundsätzlich und systembedingt vorgegeben, daß der Monarch beim Erlaß von Verordnungen an bestimmte Voraussetzungen gebunden sei und den Gerichten das Recht zustehe, über die Gültigkeit dieser Verordungen und ihr ordnungsgemäßes Zustandekommen unter Beteiligung der Ständevertretung zu wachen.[509] Linde wendet gegen Zachariäs Argumentation ein, daß es sich um einen Zirkelschluß handele und gibt zu bedenken, die Einzelstaaten im Deutschen Bund seien eher „monarchische Constitutionen" denn „constitutionelle Monarchien".[510] Auf diesen Streit soll aber weiter nicht eingegangen werden.[511] Wichtig ist hier, daß Zachariä von der Unabhängigkeit der Justiz so überzeugt war, daß er über die üblichen Forderungen des Liberalismus nach richterlicher Unabhängigkeit hinaus konkret die gerichtliche Überprüfbarkeit von Regierungsverordnungen forderte. Im damaligen Kontext gesehen, leitet Zachariä aus der Unabhängigkeit einer eigenständigen Justiz demnach relativ weitgehende Forderungen ab. Allerdings muß hier einschränkend hinzugefügt werden, daß er in seiner umfangreichsten Schrift zum US-amerikanischen Verfassungsrecht das Prinzip der Gewaltenteilung, welches als tragendes Verfassungsprinzip anzusehen ist, unerwähnt läßt.[512] Somit offenbaren sich auch bei ihm Defizite beim Transfer der Grundsätze der Gewaltenteilung. Diese These wird noch durch die bereits gezeigte Tatsache unterstützt, daß er in seinem Hauptwerk, den „Vierzig Bücher vom Staate", im Kapitel „Rechte der Machtvollkommenheit" bei den „formalen Rechten" zwischen gesetzgebender und vollziehender Gewalt differenziert und dabei die vollziehende Gewalt in richterliche und vollziehende Gewalt im engeren Sinn aufteilt.[513] In diesem Abschnitt, in dem Zachariä einzelne Rechte, Gewalten oder auch „Regalien" in der Tradition der Reichspublizistik ordnet, zeigt sich, wie sich noch die Gliede-

508 Justus Thimotheus Balthasar Linde, „In Monarchien mit landständischer Verfassung sind die Gerichte nicht befugt, die Gültigkeit der von den Monarchen ohne Mitwirkung der Landstände erlassene Gesetze (Verordnungen) einer Prüfung und Entscheidung zu unterwerfen", in: AcP 16, 1833, S. 303 ff., (323 ff.).

509 Carl Salomo Zachariä, Das richterliche Entscheidungsrecht, AcP 16, S. 175.

510 Linde, Monarchien, AcP 16, 1833, S. 362.

511 Vgl. hierzu: Regina Ogorek, Richterliche Normenkontrolle im 19. Jahrhundert: Zur Rekonstruktion einer Streitfrage, in: ZNR 1989 (11), S. 12-38.

512 Carl Salomo Zachariä, Constitution der Vereinigten Staaten. (Nordamerika), in: Kritische Zeitschrift für Rechtswissenschaft und Gesetzgebung des Auslandes, 8 (1836), S. 1-34; siehe das Kapitel „Historische Vorbilder des Auslandes - Die Vereinigten Staaten von Amerika, S. 81 ff.

513 Carl Salomo Zachariä, Vierzig Bücher vom Staate, Bd. I-III, S. 119.

rungsmodelle der Reichspublizistik mit dem dreiteiligen Gewaltenteilungsmodell überlagern.[514] Diese Defizite schränken daher Zachariäs Eintreten für eine unabhängige Judikative ein.

5. *Carl August Eschenmeyer*

Auch im Vormärz gab es noch einzelne Kantianer, die das dreiteilige Gewaltenteilungsmodell in dessen Sinne vertraten. Ein Beispiel hierfür ist der Tübinger Professor für Medizin und praktische Philosophie Adam Karl August Eschenmeyer.[515] Zwar war Eschenmeyer kein Jurist, jedoch beschäftigt er sich in seinem zweibändigen Werk „Normal-Recht" aus dem Jahr 1820 ungewöhnlich ausführlich mit privat- und öffentlich-rechtlichen Inhalten. Es handelt sich daher auch um ein Werk der Staatslehre. In diesem Buch setzt er sich auch umfassend mit Kant und der Gewaltenteilung auseinander. Hierbei billigt Eschenmeyer insbesondere der Judikative eine starke Stellung zu. Er schreibt: *„Kant nennt diese Dreiheit Trias politica, nur setzt er die vollziehende Gewalt über die richterliche, was mir umgekehrt scheint, weil jede Vollziehung von der vorausgehenden Sentenz abhängt. Diese drei Gewalten, wenn sie gehörig geordnet sind und zusammenwirken, bestimmen die Güte einer Regierung, so wie ihre Fehler die Mangelhaftigkeit derselben. [...] Fehlt es an der richterlichen Gewalt, so ist die Regierung parteiisch."*[516]

Hier wird deutlich, daß Eschenmeyer in besonderem Maße die Unabhängigkeit der richterlichen Gewalt fordert.

---

514 Siehe hierzu das Kapitel „Die Spuren der Reichspublizistik in der vormärzlichen Diskussion".

515 Adolph Carl August Eschenmeyer wurde am 4.7.1768 in Neuenbürg (Württ.) geboren. Nach dem Studium der Medizin in Stuttgart und Tübingen promovierte er im Jahr 1796 mit einer naturphilosophischen Arbeit, die Schellings Aufmerksamkeit erregte. 1811 wurde er a.o. und 1818 o. Professor für Medizin und praktische Philosophie in Tübingen. Eschenmeyers Schrift „Die Philosophie in ihrem Übergang zur Nichtphilosophie" aus dem Jahr 1803 soll Schelling einen entscheidenden Impuls für seine Lehre erhalten haben. Sein Werk „Normal-Recht" auf das in dieser Untersuchung näher eingegangen wird, ist weitgehend in Vergessenheit geraten, so daß es in Hermann Zeltners Artikel über Eschenmeyer in der Neuen Deutschen Bibliographie nicht mehr erwähnt wird. Jedoch stellt es als juristisches Werk, das sich noch im Jahr 1820 eindeutig für Kant und Gewaltenteilung ausspricht eine Besonderheit in der zeitgenössischen Literatur der Staatslehre dar. Eschenmeyer starb am 17.11.1852 in Kirchheim u. Teck; s. NDB, Band 4, Sp. 644; ADB, Band 6, S. 349 f.

516 Carl August Eschenmeyer, Normal-Recht, Bd. II, Anwendung der Fundamental-Sätze auf das Privat- und öffentliche Recht, Stuttgart 1820, S. 211.

„Die Natur der richterlichen Gewalt führt zunächst auf eine große Verantwortlichkeit des Unrechts. Wer aber verantwortlich ist, muß frei in seiner Überzeugung seyn, und nach gutem Wissen und Gewissen sprechen können. Dieß setzt mithin eine Unabhängigkeit von allem fremdartigen Einfluß voraus, und daher kann selbst der Monarch, dem zwar die Anordnung und Besetzung des Richteramts zusteht, sich doch unmittelbar nie in dasselbe mischen. Alle geheime Kabinetsjustiz, alles besondere commissarische Verfahren, das nicht auf das allgemeine Richteramt rekurrirt, ist mit einer wahren Justizpflege, wie sie das Normalrecht fordert, unvereinbar. Der Monarch kann daher weder die Formalitäten noch die Instanzen unterdrücken, noch willkührliche Rechtssätze unterschieben, wenn nicht die richterliche Gewalt gemißbrauchte und aus Recht Unrecht werden soll.“[517]

Dieses Zitat ist deshalb von Interesse, da es zum einen Eschenmeyers Verwurzelung im Gedankengut der Aufklärung zeigt und zum anderen deutlich macht, daß ihm an der Unabhängigkeit der Richter besonders gelegen ist. Bemerkenswert ist vor allem, daß er diese Ausführungen zur richterlichen Unabhängigkeit in dem Unterkapitel „Richterliche Gewalt“ macht. In insgesamt drei dieser Kapitel mit den Überschriften Gesetzgebung, richterliche und vollziehende Gewalt beschreibt er, nachdem er das dreiteilige Gewaltenteilungsprinzip erläutert hat, wie die jeweilige Einzelgewalt konkret beschaffen sein müsse. Bei der Judikative stellt er die richterliche Unabhängigkeit in den Mittelpunkt seiner Ausführungen und verurteilt jegliche Einflußnahme seitens des Monarchen sowie die geheime Kabinetsjustiz. Seine Erörterungen zur Unabhängigkeit der Richter stehen daher in direktem Zusammenhang zur Gewaltenteilung. Dies ist besonders hervorzuheben, da, wie oben bereits gezeigt, in der Staatslehre im Vormärz richterliche Unabhängigkeit nicht mit Gewaltenteilung in Verbindung gebracht wurde. Zwar forderte man diese immer und verurteilte die „Kabinettsjustiz“, allerdings ohne Forderungen im Sinne einer unabhängigen dritten Gewalt zu stellen.[518] Eschenmeyers besondere Betonung einer unabhängigen Judikative als eigenständige Gewalt ist daher in der Zeit des Vormärz als eher ungewöhnlich zu bewerten.

517 Carl August Eschenmeyer, Normal-Recht, Bd. II, S. 221.

518 Siehe hierzu das Kapitel „Justizstaatslehre, Administrativjustiz und Unabhängigkeit der Gerichte“.

6. *Ergebnis*

Die hier als Befürworter des dreiteiligen Gewaltenteilungsmodells vorgestellten Autoren Carl Theodor Welcker, Theodor Maximilian Zachariä, Carl Salomo Zachariä und Carl August Eschenmeyer verbindet außer der Tatsache, daß sie alle dem liberalen Lager angehörten, keine weiteren Gemeinsamkeiten; weder sind sie Vertreter einer gemeinsamen Richtung des Liberalismus wie des vernunftrechtlichen oder historisch-organischen, noch sind sonstige Übereinstimmungen in ihren staatstheoretischen Ausführungen und Konzepten erkennbar. Während beispielsweise Carl August Eschenmeyer als Kantianer gilt, ist dies bei den Gebrüdern Zachariä und bei Welcker nicht der Fall. Außerdem wird Welcker allgemein zum historisch-organischen Liberalismus gezählt, während Carl Salomo Zachariä sich nicht in dieses Schema einordnen läßt und als sogenannter Außenseiter gilt.[519]

Wie wir im Kapitel „Fragen der Gewaltenteilung in der verfassungspoltischen Auseinandersetzung" gesehen haben, konnte weder beim Streit zwischen der Justizstaatslehre und der Administrativjustiz über die Unabhängigkeit der Gerichte noch bei dem Konflikt über die Ministerverantwortlichkeit festgestellt werden, daß in den jeweiligen Diskussion das dreiteilige Gewaltenteilugnsmodell bzw. Gewaltenteilung im allgemeinen als Argumentationsgrundlage herangezogen worden wäre.

Die Frage des Befürwortens des dreiteiligen Gewaltenteilungsmodells hatte somit keinerlei Einfluß auf die zeitgenössische staatstheoretische Diskussion über einzelne Aspekte, die nicht direkt mit der abstrakt geführten Gewaltenteilungsdiskussion in Verbindung standen, oder sogar für die politische Auseinandersetzung. Zwischen den hier untersuchten Vertretern des dreiteiligen Gewaltenteilungsmodells mit einer unabhängigen Judikative kann daher kein darüber hinausgehender Zusammenhang festgestellt werden.

IV. Terminologische Unterscheidung zwischen Gewaltentrennung und Gewaltenteilung: ein selbständiges Gewaltenteilungsmodell?

Hans Fenske beschreibt in seinem Artikel zur Gewaltenteilung in den „Geschichtlichen Grundbegriffen" ein Modell einer terminologischen Unterscheidung von Gewaltenteilung und Gewaltentrennung und führt Karl Heinrich August Pölitz und Friedrich Ancillon als dessen Vertreter an. Dabei hebt er hervor,

519 Siehe hierzu das Kapitel „Autorenauswahl im Feld der Gewaltenteilungsdiskussion".

deren Modell hätte zu einem besseren Verständnis der Gewaltenteilung in der damaligen Diskussion beitragen können. Gleichzeitig konstatiert er aber auch, daß dieses kaum Nachfolger fand, und „es überhaupt nicht zu einer terminologischen Übereinstimmung“ zwischen den beiden Autoren kam, und relativiert seine Aussage somit wieder.[520] Michael Stolleis meint hingegen, Pölitz sei weder Anhänger der Volkssouveränität noch der Gewaltenteilung gewesen, sondern vor allem ein ausdrücklicher Befürworter des monarchischen Prinzips.[521]

Dem Eindruck, Pölitz und Ancillon hätten ein eigenes Gewaltenteilungsmodell entwickelt bzw. durch die terminologische Unterscheidung zwischen „Trennung“ und „Teilung“ einen wichtigen Beitrag zur Gewaltenteilungsdiskussion geleistet, widerspricht ebenso Hartwig Brandt in seinem Buch „Landständische Repräsentation im deutschen Vormärz“. Er schreibt: „Absolutistisches Erbe und vernunftrechtliche Tradition wirken so in Pölitz‘ Auffassung von der im Monarchen sichtbaren Unteilbarkeit der Staatsgewalt nach. Der Fürst ist im alleinigen Besitz aller öffentlichen Gewalt, mag sie der gesetzgebenden, der rechtsprechenden oder der ausführenden Sphäre zugehören. Ihre organisatorische Verselbständigung würde – so Pölitz - notwendig den Verfall des Staats nach sich ziehen.“[522]

Diese Aussage belegt Brandt mit folgendem Zitat:

„Kein Staat wird auf Dauer bestehen, oder in sich zur Eintracht kommen, wo die gesetzgebende Gewalt auf der Trennung und Entgegensetzung des Regenten und der Volksvertreter beruht [...]“.[523]

Pölitz spricht sich hier so klar gegen eine unabhängige Legislative aus, daß sich die Frage stellt, inwieweit er überhaupt als Vertreter eines Gewaltenteilungsmodells angesehen werden kann, wenn er grundlegende Elemente jeglicher Gewaltenteilung ablehnt. Es ist daher fraglich, ob die Annahme Fenskes, Pölitz und Ancillon hätten mit einem eigenen Gewaltenteilungsentwurf einen Beitrag zur damaligen Diskussion geliefert, überhaupt zutrifft. Um eine Anwort hierauf zu finden, soll zunächst auf Pölitz‘ Analyse des dreiteiligen Staatsgrundvertrages eingegangen werden, der in der zeitgenössischen Verfassungsdiskussion eine große Rolle spielte.[524] Eine solche Betrachtung läßt methodische Rückschlüsse auf seine Ausführungen zur Gewaltenteilung zu.

Karl Heinrich Ludwig Pölitz, der von 1772 bis 1838 lebte, rechnet man aufgrund seiner zahlreichen Veröffentlichungen noch heute zu den Hauptvertretern

520 Hans Fenske, Gewaltenteilung, S. 948.
521 Michael Stolleis, Geschichte des öffentlichen Rechts, Bd. II, S. 166.
522 Hartwig Brandt, Landständische Repräsentation, S. 216.
523 Karl Heinrich Ludwig Pölitz, Staatswissenschaften, 1.Teil, S. 187.
524 Hartwig Brandt, Landständische Repräsentation, S. 215.

der damaligen Staatslehre.[525] Seine vernunftrechtliche Ausrichtung zeigt sich u.a. daran, daß für ihn drei unverzichtbare Bedingungen als Grundvoraussetzung für das menschliche Zusammenleben in einem Staat existieren. Da sind zunächst die Urverträge, auf welchen der Staat als *„Rechtsgesellschaft"* beruht. Des weiteren führt er die *„höchste Gewalt im Staate nach ihren einzelnen Theilen"*, also die Gewaltenteilung an, allerdings nicht im Sinne Montesquieus. Als dritte Voraussetzung nennt er *„die aus den Urverträgen und der Theilung der höchsten Gewalt hervorgehende, rechtliche Form der Verfassung und Regierung des Staates"*.[526] Überhaupt spielt für ihn die Lehre von den Urverträgen eine sehr wichtige Rolle, da seiner Meinung nach nur ein Gesellschaftsvertrag Grundstein des Staates sein kann. Er schreibt: *„Die Vernunft kann nur diejenige Gesellschaft als rechtmäßig anerkennen, welche auf Vertrag beruht, weil kein Verhältniß in dem äußern freien Wirkungskreise sittlicher Wesen, und namentlich keine Beschränkung oder Erweiterung dieses Kreises, anders, als durch freie Zustimmung und Vereinigung der contrahierenden Theile, gedacht werden kann"*.[527] Hier wird sein naturrechtlicher Ansatz besonders deutlich. Dabei beruft er sich explizit auf Grotius, Locke, Kant, Hobbes und Rousseau, wenn er einen „Staatsgrundvertrag" als Fundament einer Verfassung und generell den Staat als einen Verein freier Wesen definiert.[528] Nach Pölitz setzt sich der Staatsgrundvertrag aus insgesamt drei Teilen zusammen, Vereinigungsvertrag, Verfassungsvertrag und Unterwerfungsvertrag. Im Vereinigungsvertrag ist der Zweck des Staates als Grundlage der gemeinschaftlichen bürgerlichen Verbindung öffentlich ausgesprochen und unwiderruflich festgesetzt. Im Verfassungsvertrag sind die Mittel und Bedingungen, durch welche der allgemeine Zweck des Staates innerhalb der bürgerlichen Gesellschaft erreicht werden solle, festgelegt. Dritter und letzter Teil ist der Unterwerfungsvertrag, in dem die Art und Weise definiert wird, wie innerhalb des Staates der Zweck desselben durch die, in dem Verfassungsvertrag enthaltenen Mittel erreicht und für immer gesichert werden kann und soll.[529]

---

525 Er wurde am 17. August 1772 in Ernstthal im Schönburgischen als Sohn eines Geistlichen geboren. Nach dem Besuch des Gymnasiums im Chemnitz von 1786-1791, fing er ein Studium an der Universität Leipzig an. 1793 bekam er einen Magistertitel in Philosphie und wurde ein Jahr später an der philosophischen Fakultät habilitiert. 1795 wurde Pölitz Professor am Kadetteninstitut in Dresden. 1803 wurde als außerordentlicher Professor der Philosophie in Leipzig berufen. Wiederum ein Jahr später wechselte er als ordentlicher Professor des Natur- und Völkerrechts nach Wittenberg. Eine weitere Station war Leipzig (1815), wo am 7. Februar 1838 verstarb. (Mataja in: ADB 26 (1888), S. 389 ff.).

526 Karl Heinrich Ludwig Pölitz, Staatswissenschaften, 1.Teil, S. 170.

527 Karl Heinrich Ludwig Pölitz, Staatswissenschaften, 1.Teil, S. 170 f.

528 Karl Heinrich Ludwig Pölitz, Staatswissenschaften, 1.Teil, S. 170.

529 Karl Heinrich Ludwig Pölitz, Staatswissenschaften, 1.Teil, S. 176 ff.

Pölitz fährt damit fort, aus diesen Einzelverträgen Schlüsse zu ziehen und stellt als Ergebnis fest, daß ursprünglich die Gesamtmacht des Staates im Volk ruhe. In dem Moment, in dem der Staat existiere, werde die Gewalt vom Volk auf den Regenten übertragen. Von diesem Zeitpunkt an sei der Regent der rechtmäßige Inhaber der Herrschaftsgewalt. Jegliche Gewaltäußerungen des Volkes seien damit widerrechtlich und illegal. Die Herrschaftsgewalt des Regenten sieht er als insofern eingegrenzt, als dieser der Verfassung und den Regeln des Vernunftrechts unterworfen sei. Liest man diese Ausführungen, meint man zunächst in Pölitz einen Verfechter der Volkssouveränität zu erblicken. Er schreibt, daß die Gewalt ursprünglich beim Volk liege und auf den Regenten übertragen werde. Das allerdings wiederum als Volkssouveränität zu bezeichnen, geht ihm zu weit. Hans Boldt führt daher aus, der Staatsgrundvertrag sei lediglich der Ausgangspunkt der Pölitzschen Verfassungskonzeption, den er als Alternative zwischen einem fürstlichen Verfassungsoktroi und einer aus den Beratungen einer konstituierenden Nationalversammlung resultierenden Verfassungsgebung ansehe.[530]

Pölitz bleibt in seinen Ausführungen vage und wenig konkret. Es scheint so, als habe Pölitz aus politischer Rücksicht seine Lehre nicht konsequent durchgeführt. Die Pölitzsche Staatslehre wirkt dadurch wenig präzise. Hans Boldt spricht daher auch von einem „Mittelweg". Hinter dieser Konstruktion der Verfassungsgebung stehe ein staatstheoretischer Ansatz, der schon selbst als eine Verbindung von „Theorie" und „Praxis" konzipiert sei. Pölitz' Staatstheorie vermittle daher zwischen dem philosophischen Staatsrecht und der Staatswirklichkeit.[531] Diese, in seiner Staatsvertragslehre deutlich hervortretende, vermittelnde Ansicht läßt ihn auch bei der Gewaltenteilung weitreichende Zugeständnisse an die herrschenden Verhältnisse machen. Er kennt lediglich die Legislative und Exekutive an und spricht sich ausdrücklich gegen die Judikative als dritte Gewalt aus, die seiner Meinung nach ein Teil der vollziehenden Gewalt darstellt. Er schreibt: *„[...] die richterliche Gewalt, welche von vielen Theoretikern (in der sogenannten trias politica) mit der gesetzgebenden und vollziehenden Gewalt auf gleiche Höhe des politischen Standpunctes gestellt wird, ist, an sich betrachtet nur ein Theil der vollziehenden Gewalt, [...]"*[532] Hier bezieht er sich mit dem Ausdruck „trias politica" auf Kant, der in seiner Rechtsphilosophie diese Bezeichnung wählte, um sein auf Montesquieu zurückgehendes dreiteiliges Modell zu beschreiben. Pölitz meint hierzu: *„Nach der Idee der Vernunft kann die höchste*

---

530 Hans Boldt, Deutsche Staatslehre, S. 187 f.

531 Hans Boldt, Deutsche Staatslehre, S. 187.

532 Karl Heinrich Ludwig Pölitz, Staatswissenschaftliche Vorlesungen, Bd. I, Leipzig 1831, S. 100 f.

Gewalt oder die Gesammtmacht im Staate nur Eine seyn; allein sie wird im Begriffe unterschieden nach ihren beiden wesentlichen Theilen: als gesetzgebende und vollziehende Gewalt. Die richterliche Gewalt kann nicht auf gleiche Linie mit der gesetzgebenden und vollziehenden gestellt werden. Es giebt keine trias politica."[533]

An dieser Stelle wird einmal mehr Pölitz' kritische Haltung zur Gewaltenteilung deutlich. Er geht grundsätzlich von einer unteilbaren Staatsgewalt aus. Dabei kommt der Judikative prinzipiell nicht die Rolle einer selbständigen Gewalt zu. Vergegenwärtigt man sich noch seine oben dargestellte Aussage, die Legislative könne nicht unabhängig sein, so läßt sich Fenskes Ansicht, wonach Pölitz zu einem sicheren Verständnis der Gewaltententeilung hätte beitragen können[534], nicht verifizieren. Zwar ist ihm zuzugestehen, daß Pölitz mit den Begriffen Trennung und Teilung operiert. Ob diesen allerdings eine grundlegende Bedeutung zukommt, soll eine kurze Analyse der einschlägigen Passagen klären: Für Pölitz stellt sich die Trennung zweier Teile als *„eine Absonderung von einander"* dar, die sich *„als Entgegensetzung ankündigen würde"*. Diese Trennung lehnt er aber in Bezug auf Gewaltenteilung ausdrücklich ab. Vielmehr propagiert er *„eine Unterscheidung und erfahrungsmäßige Wahrnehmung der in Einem Ganzen aus innigst verbundenen einzelnen Bestandtheilen"* der Staatsgewalt.[535] Nach Pölitz wird die Legislative gemeinschaftlich von Staatsoberhaupt und Volksvertretern ausgeübt. Ihm Rahmen der Ausübung der Exekutiven obliegt dem Regenten *„die Leitung der vier Zweige derselben (der Gerechtigkeitspflege, der Polizei, der Finanzen und des Kriegswesens) [...], so daß er zu allen Verwaltungsbehörden ernennt, und die gesammte Verwaltung in seinem Namen geübt wird"*.[536]

Letztendlich liegt somit alle Gewalt beim Monarchen. Zwar bemüht sich Pölitz durch seinen - oben anhand seiner Ausführungen zum dreiteiligen Staatsgrundvertrag skizzierten - Mittelweg, das kontroverse Thema Gewaltenteilung geschickt zu umschiffen, letztendlich lehnt er aber doch Gewaltenteilung ab und läßt die Rolle des Souveräns unangetastet. Hans Fenskes Auffassung, Pölitz habe hier eine wichtigen Beitrag zur Gewaltenteilungsdiskussion geleistet, geht daher zu weit. Dagegen sind Michael Stolleis' und Hartwig Brandts Beurteilungen Pölitz' als einem Gegner der Gewaltenteilung zutreffend.[537]

533 Karl Heinrich Ludwig Pölitz, Grundriß für encyklopädische Vorträge über die gesammten Staatswissenschaften, Leipzig 1812, S.46 f.

534 Hans Fenske, Gewaltenteilung, S. 948.

535 Karl Heinrich Ludwig Pölitz, Grundriß, S. 47.

536 Karl Heinrich Ludwig Pölitz, Grundriß, S. 47.

537 Michael Stolleis, Geschichte des öffentlichen Rechts, Bd. II, S. 166; Hartwig Brandt, Landständische Repräsentation, S. 216.

Hans Fenskes Annahme einer eigenständigen terminologischen Unterscheidung zwischen Trennung und Teilung läßt sich auch bei Friedrich Ancillon widerlegen.[538] Er schreibt: „Ancillon verstand unter ‚Trennung' die völlige Unabhängigkeit, während ‚Teilung' ihm als Sonderung und gleichzeitige Verbindung bedeutete. In enger Anlehnung an Montesquieu entwickelte er das System einer dreigliedrigen Gewaltenteilung."[539] Diese Einordnung ist aber nur bedingt richtig. Zwar äußert sich Ancillon wie folgt zu den einzelnen Gewalten: *„Die verbindende Kraft muß mit den beiden andern Verwandtschaft und also Berührungspunkte haben, aber doch von ihnen verschieden seyn. Dann erst werden die politischen Gewalten nicht getrennt und entgegengesetzt, sondern getheilt und verschieden, nicht vermischt, sondern verbunden seyn."*[540] Was Ancillon hier meint, bleibt jedoch unklar. Die Begriffspaare „nicht getrennt und entgegengesetzt", „getheilt und verschieden", „nicht vermischt, sondern verbunden" werden nicht definiert, sondern wirken eher wie stilistische Umschreibungen und nicht wie präzis formulierte Termini. Ancillon neigt offensichtlich zur begrifflichen Unschärfe. Dies wurde bereits von seinen Zeitgenossen, wie Robert von Mohl, kritisiert.[541] Auch die heutige Forschung schließt sich diesem begründeten Urteil an. Michael Stolleis bewertet sein Schaffen mit drastischen Worten: „Vielmehr adaptierte er als Eklektiker die gängigen Stichworte und arrangierte sie in einem Konversationston. Verehrung für Friedrich den Großen und Ablehnung der Aufklärung verband er auf widersprüchliche, aber elegante Weise. Seine Ansichten wandelten sich, wie nicht anders zu erwarten, mit den Ereignissen. [...] Verwerflich erschien ihm die gesamte rationale Staatskonstruktion, Volkssouveränität und Volksvertretung, Gewaltenteilung und Grundrechte, ja, die Verfassungsbewegung insgesamt war ihm eine „epidemische Krankheit". Was er dagegegenzusetzen hatte, war allerdings kaum mehr als religiöse und patriotische Emphase und phrasenhafte Anrufungen des Gemeingeistes."[542]

Diese Kritik an Ancillons feuilletonistischem Stil und phrasenhaften Ausführungen ist, wie obiges Beispiel deutlich macht, gerechtfertigt. Hinzu kommt, daß

---

538 Ancillon wird als konservativ charakterisiert und machte Karriere in Diensten der preußischen Krone. Er war ab 1792 Professor an der Berliner Militärakademie, 1805 wurde er Mitglied der Akademie der Wissenschaften und ab 1810 war er als Erzieher von Friedrich Wilhelm IV. tätig. Seinen beruflichen Werdegang beendete er mit der Führung des Außenministeriums, die er 1832 erlangte. (Michael Stolleis, Geschichte des öffentlichen Rechts, Bd. II, S. 140 u. 147).

539 Hans Fenske, Gewaltenteilung, S. 948.

540 Friedrich Ancillon, Über die Souveränität der Staats-Verfassungen, 2. Aufl, Berlin 1816, S. 38.

541 Michael Stolleis, Geschichte des öffentlichen Rechts, Bd. II, S. 147 f.; Robert von Mohl, Geschichte und Literatur, Bd. III, S. 399.

542 Michael Stolleis, Geschichte des öffentlichen Rechts, Bd. II, S. 147 f.

er trotz aller begrifflichen Unschärfe ein viergliedriges Modell mit einer Administrative als vierter Gewalt propagiert. Ancillon wurde daher schon von der damaligen Staatslehre zur Gruppe der französischen Autoren um Benjamin Constant gerechnet.[543]

In seiner Schrift „Über die Souveränität und Staats-Verfassungen" schreibt er zur Gewaltenteilung:

„Die Natur einer Verfassung besteht wesentlich in der Art, wie die Souverainität bei einem Volke organisiert ist. Die Eintheilung der Gewalten giebt also nicht den alle Verfassungen bestimmenden und unterscheidenden Grundsatz ab. In einem jeden Staate treffen wir eine gesetzgebende, richterliche, vollziehende, verwaltende Gewalt an; [...]. Allein die gesetzgebende Gewalt, aus welcher alle Gewalten ausgehen, ihre Form und ihre Thätigkeit erhalten, ist und bleibt immer die Hauptsache. Die Formen der richterlichen, der vollziehenden, der verwaltenden Gewalt, sind eigentlich keine wesentliche Bestandtheile der Verfassung. Sie können dieselben bleiben, und die Verfassung kann sich verändern, wenn die Souveränität anders constituirt wird; sie können eine ganz neue Gestalt annehmen, und die Verfassung dessen ungeachtet dieselbe bleiben."[544]

Hier spricht Ancillon von Exekutive, Legislative, Judikative und der Administrative und greift somit Constants Modell auf, wie Aretin richtig ausführt.[545] Von einem System einer dreigliedrigen Gewaltenteilung nach Montesquieu, wie Fenske meint, ist aber keine Rede. Ancillon durchbricht seine vierteilige Konzeption jedoch, indem er die Legislative als Hauptgewalt definiert und betont, daß die anderen keine wichtigen Bestandteile der Verfassung seien.[546] Daraus leitet er aber keine starke Position für das Parlament im Staat ab. Eine solche Forderung hätte auch nicht mit seiner konservativen Grundeinstellung korrespondiert. Fraglich ist daher, warum er dann die Legislative so heraushebt. Eine Erklärung liegt in dem bereits geschilderten Umstand, daß die jeweiligen Gewaltenteilungsmodelle in keiner Weise mit politischen Forderungen verknüpft wurden.[547] Insofern stimmen Ancillons Ausführungen zur Gewaltenteilung auch in keiner Weise mit seinem Wirken als konservativer Staatsmann überein. Als weiteres Defizit kann festgehalten werden, daß eine tiefergehende Auseinandersetzung mit Constant und dessen Ideen grundsätzlich nicht stattfindet. Ancillons

543 „Ancillon über die Staatswissenschaft, 1820, nahm mit den franz. Publizisten das Pouvoir administrativ als vierte Staatsgewalt an": Johann Christian von Aretin, Staatsrecht, Bd. I, S. 164.

544 Friedrich Ancillon, Souveränität, S. 18 f.

545 Johann Christian von Aretin, Staatsrecht, Bd. I, S. 164.

546 Friedrich Ancillon, Souveränität, S. 18 f.

547 Siehe das Kapitel „Der Gedanke der Gewaltenteilung in einzelnen verfassungspolitischen Auseinandersetzungen".

Erläuterungen zur Gewaltentrennung, -teilung und -verbindung sind daher insgesamt unreflektiert und bleiben somit unklar. Jedenfalls wird nur unzureichend definiert, was eine Trennung von einer Teilung unterscheidet. Die oben beschriebene Einschätzung durch seine Zeitgenossen und die heutige Forschung läßt sich folglich nicht an seiner begrifflichen Unschärfe, sondern auch an seinen widersprüchlichen Ausführungen zu dem Gewaltenteilungsmodell mit Administrative als vierter Gewalt belegen.

Entgegen Hans Fenskes Ausführungen existierte demnach kein eigenes Modell einer terminologischen Unterscheidung zwischen Gewaltentrennung und Gewaltenteilung. Pölitz kann eher dem Personenkreis zugeordnet werden, der Gewaltenteilung ablehnte, und Ancillon ist mit großen Einschränkungen eher Vertreter derjenigen Gruppe, die in ihren Modellen noch ein vierte Gewalt, die Administrative, einführten. Fenskes Kategorisierung in seinem Aufsatz zur Gewaltenteilung in den „Geschichtlichen Grundbegriffen" konnte daher diesbezüglich widerlegt werden.[548]

548 Hans Fenske, Gewaltenteilung, S. 948.

E Die Lösung des Problems: Gewaltenteilung nach „Funktionen“

Bei einer Typologie der einzelnen Gewaltenteilungsmodelle darf die sogenannte Funktionsteilung nicht unerwähnt bleiben. Wie in den Ausführungen zu Friedrich Schmitthenner im Kapitel „Anpassung der Gewaltenteilungsmodelle an das monarchische Prinzip: Die Bildung einer übergeordneten oder höchsten Gewalt“ bereits erwähnt, entwickelte sich dieses Modell, welches anfangs eines unter vielen darstellte, im Laufe der Zeit zur heute herrschenden Auffassung.[549] Seine Bedeutung, seine Aktualität und sein großer Stellenwert in der heutigen Gewaltenteilungsdiskussion rechtfertigen es, diese Arbeit mit diesem Modell zu beschließen. So läßt sich an dieser Stelle auch der Fortgang der vormärzlichen Gewaltenteilungsdiskussion schildern und deren Auswirkungen auf die Gegenwart verdeutlichen. Beschäftigt man sich mit der sogenannten Funktionenlehre bzw. der „Lehre von den Staatsfunktionen“ im Rahmen der Gewaltenteilung, fällt immer wieder der Name Friedrich Schmitthenner als deren Begründer.[550] Hans Fenske beschreibt Schmitthenners Leistung folgendermaßen: „Im Laufe der Diskussion kam die Ablösung von der Theorie der Hoheitsrechte und die Anerkennung der einzelnen Gewalten als Funktion der Gesamtgewalt stetig voran. Endgültig baute Friedrich Schmitthenner die Funktionenlehre aus und konnte damit auch der Gewaltenteilung einen sicheren Platz zuweisen.“[551]

Diese Funktionsteilung ist unmittelbar Folge von Schmitthenners Ablehnung der vernunftrechtlichen Philosophie, vor allem aber von Kant, der der Staatslehre im Vormärz als „mechanistisch“ galt.[552] Die Entwicklung der Funktionsteilung ist daher unmittelbar auf diese geänderte geistige Grundhaltung zurückzuführen. Dies machen die Ausführungen Schmitthenners besonders deutlich, wenn er bei seinen Erläuterungen zur Funktionsteilung schreibt: *„Die machinistische todte Philosophie des achtzehnten Jahrhunderts kam sich selbst getreu zu der Meinung, die innerlichen Momente der Staatsgewalt, die beschließende (gesetzgebende) und executive Gewalt, müßten auch äußerlich gesondert erscheinen. Man*

549 Christoph Degenhart, Staatsrecht I, 11. Auflage, Heidelberg 1995, RN. 218.

550 Hans Fenske, Gewaltenteilung, S. 949; Georg Jellinek, Allgemeine Staatslehre, 4. ND der 3. Aufl., Berlin 1922, S. 609.

551 Hans Fenske, Gewaltenteilung, S. 949.

552 Darauf wurde bereits ausführlich im Kapitel „Anpassung der Gewaltenteilungsmodelle an das monarchische Prinzip: Die Bildung einer übergeordneten oder höchsten Gewalt – Friedrich Schmitthenner“ eingegangen.

hat dies längst als einen Mißgriff erkannt. [...] Wie in dem Begriffe des Organs liegt, organisirt sich das Leben nicht in starrer Nothwendigkeit nach seinen innerlichen Momenten, sondern mit großer Freiheit darnach, wie es dieselben in der Wechselwirkung mit äußern Mächten zur Wirklichkeit zu bringen hat. Gerade darum sind die Formen desselben so mannigfaltig."[553]

Schmitthenner unterscheidet in seinem Modell die Staatsgewalt auf vier verschiedene Arten: *„I. Nach der Art der Äußerung – in beschließende und executive. II. Nach dem Objecte, in Beziehung auf welches sie sich äußert – in Personal und Territorialgewalt. III. Nach den Seiten und Kreißen des Staatslebens, in denen sie sich äußert – in äußere und innere. IV. Nach den Momenten des Staatszwecks – in Rechts- und Wohlfahrtsgewalt [...]."*[554] Dabei betont er die Rolle der „Regierungsgewalt", der ein umfangreicher Katalog von Regierungsrechten zugeordnet wird[555], wie er in der damaligen Staatslehre typischerweise als Erbe der Reichspublizistik immer wieder vorkam.[556] Die Einzelheiten dieser Unterscheidung sind hier weniger wichtig, maßgebend ist vielmehr, daß Schmitthenner seine Einteilung nach den verschiedenen Staatsfunktionen vornimmt. Diese Vorgehensweise begründet er folgendermaßen:

„Eine Theilung oder richtiger eine Unterscheidung der Gewalten im Staate in der Art, daß die Staatsgewalt in verschiedenen organischen Systemen, die zusammen gewisser Maßen den Körper des Staates bilden, aus einander tritt, ist schon aus dem Grunde nothwendig, weil besondere Functionen, d.h. Äußerungen des Lebens oder Thätigkeiten, in denen dasselbe in das äußere Dasein tritt, und die daher durch dieses mit bedingt sind, am vollkommensten durch eigenthümliche Organe vollzogen werden und gerade durch die Ausbreitung der Organe und ihr ideegemäßes Verhalten zu einander die Freiheit und Sicherheit der Einzelnen garantiert wird."[557]

Diese Einteilung formuliert er bewußt in Abkehr vom dreiteiligen Gewaltenteilungsmodell, wenn er sagt:

„Ohnehin ist man bei der berühmten Lehre von der Theilung der Staatsgewalt gewöhnlich von ganz falschen Eintheilungen ausgegangen. Versteht man unter Staatsgewalt i.w.S. den Inbegriff aller öffentlichen Functionen im Volksleben; so ist nach dem Elementarverhältnisse des Staates, demjenigen von dem Regenten zu dem Volk, auch der erste Unterschied, von welchem ausgegangen werden muß, derjenige zwischen Staatsgewalt i.e.S. (Regierungsgewalt, königli-

553 Friedrich Schmitthenner, Grundlinien, S. 478 f.
554 Friedrich Schmitthenner, Grundlinien, S. 295.
555 Friedrich Schmitthenner, Grundlinien, S. 484 ff.
556 Vgl. hierzu das Kapitel „Die Spuren der Reichspublizistik in der vormärzlichen Diskussion".
557 Friedrich Schmitthenner, Grundlinien, S. 478.

che Gewalt) und Volksfreiheit, d.i. dem Inbegriff der (auch öffentlichen Functionen), welche das Volk unabhängig von der Regierung übt."[558]

Aber nicht nur Schmitthenner war Fürsprecher der Funktionsteilung. Auch Karl Ernst Schmid, der von 1774 bis 1852 lebte und ein Zeitgenosse Schmitthenners war, vertrat dieses Modell. Sylvester Jordan schreibt in seinem Staatsrecht von 1828 zu diesem Themenkomplex: *„Man kann die Staatsgewalt, um ihre eigenthümliche Natur und ihre verschiedenen Beziehungen auszumitteln, theils an sich, bloß nach der Art (Form) ihrer Thätigkeit, theils in Bezug auf die Gegenstände (Materie), auf welche sich diese zu erstrecken hat, betrachten, und hiernach die Rechte der Staatsgewalt in formale (Functionen der Staatsgewalt, Gewalten) und materiale (Regierungsrechte im weiteren Sinne, Hoheiten, abtheilen.*"[559] Diese Stelle belegt er mit den Worten *„vorzügl. aber Schmid*"[560], eine Aussage, die auf die Bedeutung Karl Ernst Schmids in dieser Frage schließen läßt.

Schmid war Professor in Jena und Oberappellationsgerichtsrat, demnach auch „Praktiker" und wird zu den liberalen Konstitutionalisten gerechnet. Er schreibt in seinem „Lehrbuch des gemeinen und deutschen Staatsrechts", daß die Gewaltenteilung im Sinne Montesquieus nicht praktikabel sei, sondern eine „Functionstheilung" vorgenommen werden müsse. Schmid spricht in diesem Kontext einer *„nothwendigen Sonderung dieser Functionen"*.[561] Dieses Werk ist wie sein Verfasser heute etwas in Vergessenheit geraten, was wohl auch darauf zurückzuführen ist, daß die Literatur im späten 19. Jahrhundert Schmid eher abfällig kommentierte, wie Ernst Landsberg, der ihm eine *„geringe Wirksamkeit in systematisch fachwissenschaftlichen Werken"* unterstellt.[562] Später änderte sich die Einschätzung der Wissenschaft. Carl Schmitt meint hierzu: *„Eine der ersten Darstellungen des gemeinen deutschen Staatsrechts im neuen Stil ist das unvollendete Lehrbuch des gemeinen deutschen Staatsrechts' des im Jahre 1826 zum ordentlichen Professor in Jena ernannten Staatsrechtslehrers Karl Ernst Schmid. Es ist 1821 erschienen und steht ganz in der Gedanken- und Begriffswelt des westlichen Konstitutionalismus. Wie sehr es in diesem Sinne zeitgemäß war, zeigt sich darin, daß ihm und dem auf Schmids Entwürfe zurückgehenden, Grundgesetz für die vereinigte landständische Verfassung des Herzogtums Sachsen-Meiningen' vom 23. August 1829 der Ruhm gebührt, als erstes staatliches Gesetz – und zwar noch vor den sonst meistens hierfür zitierten französischen und belgischen Gesetzen – das Verbot der Auslieferung politischer Verbrecher*

558 Friedrich Schmitthenner, Grundlinien, S. 476.
559 Sylvester Jordan, Staatsrecht, S. 213.
560 Sylvester Jordan, Staatsrecht, S. 216.
561 Karl Ernst Schmid, Lehrbuch des gemeinen und deutschen Staatsrechts, §§ 34-36.
562 Landsberg, III/2, Noten 33.

und den neuen Gedanken des politischen Asyls in das positive Recht eingeführt zu haben."[563] Schmids Verdienste um die Umsetzung des Asylrechts in die politische Praxis sollen hier aber nicht weiter interessieren. Seine Rolle bei der Formulierung und Entwicklung der Funktionsteilung ist ebenso wichtig.

Schmid unterscheidet dabei nicht schematisch zwischen gesetzgebender, vollziehender und richterlicher Gewalt, sondern differenziert bei der Ausübung der Staatsgewalt nach der Art der Tätigkeit. Somit nennt er die drei Gewalten nicht nur in einer Aufzählung. Vielmehr definiert und charakterisiert er den jeweiligen zugehörigen Handlungsspielraum. Er schreibt:

„Allein in der Ausübung dieser Staatsgewalt unterscheidet sich der Art der Thätigkeit nach eine dreifache Funktion derselben, indem

1) *die Gesetze für das menschliche Handeln aufgestellt werden; gesetzgebende Gewalt (potestas legislatoria);*
2) *diese Gesetzgebung durch den Gesammtwillen (oder dessen Organ) theils angeregt, theils zu wirklichen Ausübung gebracht wird; regierende (vollziehende, anordnende, befehlende) Gewalt (potestas rectoria, executoria); endlich*
3) *die rechtliche Ordnung des Ganzen gegen und für die Einzelnen nach dem allgemeinen Gesetz aufrecht gehalten wird; richterliche Gewalt (Pot. Judiciaria).*"[564]

Schmid formuliert in seiner Schrift zum ersten Mal die neue Methode der Funktionsteilung wie folgt:

Der Unterscheidungsgrund liegt nicht in der Verschiedenheit der Gegenstände, woran sich die Staatsgewalt thätig beweist, sondern in der Verschiedenheit der Thätigkeit selbst. Das Auffinden des Nothwendigen ist ein Act der speculativen Vernunft, welche dem Willen sein Ziel bestimmt, und das Rechtsprechen ist die Subsumtion des einzelnen Falles unter das Gesetz, welche durch den Willen herbeigeführt wird, aber in einem von ihm verschiedenen Act der Urtheilskraft besteht.[565]

Hier wird die Abkehr von dem relativ starren vernunftrechtlichem Einteilungssystem i.S. Kants oder Montesquieus ersichtlich. Schmid untergliedert nicht mehr den Staat in seine einzelnen Teile, sondern schaut auf die jeweilige staatliche Tätigkeit, die er dann der Exekutive, Legislative oder Judikative zuordnet.

---

563 Carl Schmitt, Das „allgemeine deutsche Staatsrecht" als Beispiel rechtswissenschaftlicher Systembildung, in: ZgStW 100 (1940), S. 5-24 (13).

564 Karl Ernst Schmid, Lehrbuch, S. 45.

565 Karl Ernst Schmid, Lehrbuch, S. 45.

Auch Schmitthenner führt in diesem Zusammenhang zur gesetzgebenden Gewalt aus:

„Mit dem Namen der gesetzgebenden Gewalt im formellen Sinne, in welcher sie nur ein bestimmtes Moment der beschließenden, als der gesetzgebenden im materiellen Sinne, ausmacht, bezeichnet man theils das öffentliche Recht, diejenigen Normen, die in dem bestimmten Staate Gesetze heißen, zu erlassen, theils auch das Subject und Organ dieses öffentlichen Rechtes".[566]

Dieses Zitat macht deutlich, wie der Unterschied zwischen Gesetz im formellen und Gesetz im materiellen Sinn schon damals durch Schmitthenner herausgearbeitet wurde. Er ist somit der erste, der zwischen formellen und materiellen Staatsfunktionen unterschied. Diese Vorgehensweise fußt auf folgendem grundlegenden Gedanken: Ausgehend vom jeweiligen Staatsakt unterscheidet man diesen nach seinem formellen und materiellen Gehalt. Während man demnach zum einen nach der Form, d.h. Ursprung oder äußere Gestalt des Staatsaktes schaut, betrachtet man diesen zum anderen auch nach seinem materiellen Gehalt, d.h. dem in ihm geregelten Inhalt. Gesetzgebung im materiellen Sinn bedeutet die Setzung von abstrakt-generellen Normen, welche in die individuelle Freiheitssphäre des Bürgers eingreifen. Unter Gesetzgebung im formellen Sinn versteht man dagegen die Normsetzung durch die Legislativgewalt in den verfassungsmäßig vorgeschriebenen Verfahren und Formen.

Das sogenannte Gewaltenteilungsmodell der Funktionsteilung, das Friedrich Schmitthenner maßgeblich formulierte, wurde mit seiner Differenzierung in „formelle" und „materielle" Staatsfunktionen vor allem von der deutschen Staatslehre um die Jahrhundertwende aufgegriffen, weiterentwickelt und trat an die Stelle des „vernunftrechtlichen" dreiteiligen Gewaltenteilungsmodells der Aufklärung nach Montesquieu und Kant. Dieses glaubte man als undurchführbar erkannt zu haben und versuchte die mangelnde Umsetzbarkeit in der Praxis durch die Funktionsteilung zu überwinden, die sich ganz realitätsnah an den vorhandenen staatlichen Strukturen orientierte. So schreibt beispielsweise Georg Jellinek in „Gesetz und Verordnung" in dem Kapitel „Funktionen des Staates", daß man zwischen einer „Scheidung der Staatsfunktionen" und der Teilung der Gewalten unterscheiden müsse, und daß letztere undurchführbar sei. Er führt hierzu aus: *„Heute, wo die Irrthümer, die in der Lehre von der Gewaltentheilung liegen, klar erkannt sind, ist es wohl bereits an der Zeit, unparteiisch ihre historischen Verdienste um den Ausbau des modernen Staates anzuerkennen. Es ist jedoch klar, dass das Beginnen einer durchgängigen scharfen Trennung der Staatsfunktionen in den sie versorgenden Organen eine Unmöglichkeit ist. Die in sich einheitliche Staatsthätigkeit lässt sich zwar nach logischen und sachlichen*

566 Friedrich Schmitthenner, Grundlinien, S. 522 f.

Gesichtspunkten zergliedern, aber eine streng formale, in der Gliederung des staatlichen Organismus mit unfehlbarer Sicherheit zum Ausdruck kommende Scheidung des seiner Natur nach innerlich Zusammenhängenden lässt sich nicht erreichen. " [567]

Zur Jahrhundertwende entwickelte sich die Funktionsteilung zur herrschenden Lehre und fand namhafte Vertreter in Laband, Anschütz, Thoma und Otto Mayer.[568] Die Ablehnung von Montesquieus dreiteiligen Gewaltenteilungsmodell wirkte jedoch bis Ende des 19. Jahrhunderts fort. Erst wieder Otto Mayer, der damals noch der ganz herrschenden Meinung widersprach, erkannte, daß die Gewaltenteilung nach französischem Vorbild tatsächlich in die Staatspraxis übernommen worden war, obwohl sie in der Staatslehre massiver Kritik ausgesetzt war: *„Die vielverkannte Trennung der Gewalten haben wir nach französischem Vorbild übernommen und aller Verwahrungen ungeachtet in tatsächlicher Geltung.“*[569]

Die Unterscheidung in „formelle“ und „materielle“ Staatsfunktionen und daraus resultierend die Differenzierung zwischen Gesetz im formellen und materiellen Sinn zählt hingegen heute zu den öffentlich-rechtlichen Grundprinzipien und ist somit auch Gegenstand der universitären Lehre. Man kann die Lehre von der Funktionsteilung somit als allgemeine Meinung bezeichnen. So schreibt Christoph Degenhart: „Dabei bedeutet in der Ordnung des Grundgesetzes jedoch Gewaltenteilung nicht strikte Trennung dieser Funktionen, vielmehr bei zwar grundsätzlicher Unterscheidung [...] ein System wechselseitiger Verschränkungen und Einflußnahmen in funktionaler Hinsicht: der Gesetzgeber kann seine Befugnisse auf die Verwaltung delegieren[...], kann andererseits Verwaltungsfunktionen an sich ziehen – über Maßnahmegesetze-; Gesetzgebung und Verwaltung unterliegen in ihrem Funktionsbereich Eingriffen durch die rechtsprechende Gewalt.“[570] Diese Ausführungen, die ganz klar eine praktisch durchgeführte Funktionsteilung beschreiben, stehen unter der Überschrift „Grundsatz der Gewaltenteilung“.[571] Damit stehen heute beide Begriffe nebeneinander und beschreiben dasselbe Prinzip, nämlich die „Begrenzung staatlicher Macht durch gegenseitige Hemmung und Kontrolle einzelner, voneinander getrennter Staatsfunktionen“.[572]

---

567 Georg Jellinek, Gesetz und Verordnung, S. 223.

568 Oskar Werner Kägi, Zur Entstehung, Wandlung und Problematik des Gewaltenteilungsprinzips, S. 159 f.

569 Otto Mayer, Deutsches Verwaltungsrecht, Bd. I, 1. Aufl. Leipzig 1895, S. 67 f.

570 Christoph Degenhart, Staatsrecht I, 11. Auflage, Heidelberg 1995, RN. 218.

571 Christoph Degenhart, Staatsrecht I, RN. 214.

572 Christoph Degenhart, Staatsrecht I, RN. 218.

Ernst-Wolfgang Böckenförde führt in diesem Kontext unter der Stichwort „Bindung der Gewaltengliederung an das demokratische Prinzip“ zur Gewaltenteilung in der Bundesrepublik aus: „Die Relativierung staatlicher Herrschaftsgewalt, auf die der Rechtsstaat in der Form der Gewaltengliederung abzielt, findet ihre Grenze an der Geltung des demokratischen Prinzips, das für alle Ausübung von Staatsgewalt eine demokratische, vom Volk ausgehende bzw. auf es zurückführende Legitimation verlangt (Art. 20 Abs. 2 S. 1 GG). Das hat zur Folge, daß die Gewaltgliederung ihr ursprüngliches Ziel, eine auch politischen Machtverteilung zwischen verschiedenen politisch-sozialen Kräften, das gerade bei Montesquieu und auch noch im 19. Jahrhundert wirksam war, verloren hat und auf eine Funktionengliederung zurückgenommen ist.“[573]

Hier wird nicht mehr klar zwischen den beiden Modellen, dreifache Gewalten- oder Funktionsteilung, differenziert. Der Unterschied, der aus der geschichtlichen Tatsache herrührt, daß die Funktionsteilung in bewußter Abkehr vom vermeintlich zu starren vernunftrechtlichen dreiteiligen Gewaltenteilungsprinzip nach Montesquieu oder Kant entwickelt wurde, ist nicht mehr erkennbar. Somit hat die „Lehre von der Funktionsteilung“ die ursprüngliche Gegenposition in sich aufgenommen und ist zur herrschende Lehre aufgestiegen.

Aus dem von Schmid und Schmitthenner im Vormärz verbreiteten Entwurf, der damals nur einer unter vielen war, ist das herrschende Modell der Gegenwart geworden. Max Imboden faßt diese Entwicklung mit folgenden Worten zusammen: „So ist die Gewaltenteilungslehre, wie sie sich uns in ihrer Bindung an die Funktionenlehre üblicherweise präsentiert, letztlich eine Pflanze, gewachsen auf einer Staatsbetrachtung, die das Gesellschaftliche vorab aus der Ratio erhellt. Sie ist in Deutschland eine späte Frucht des philosophischen Idealismus, bereits abgelöst von ihren Ursprüngen und darum vielfach nicht mehr verstanden und für manche zur Relikt geworden. Aber diese Konzeption der Gewaltenteilung ist nicht die Lehre Montesquieus.“ [574]

Diese Entwicklung birgt eine gewisse Ironie in sich. Das bewußt in Abkehr von Montesquieu entworfene Modell einer Funktionsteilung setzte sich unter dem Namen „dreiteiliges Gewaltenteilungsmodell nach Montesquieu“ durch, obwohl es doch inhaltlich für etwas völlig Anderes steht. Diese Entwicklung ist typisch für den Verlauf der Diskussion über das Gewaltenteilungsprinzip im Vormärz, die eigene, verschlungene Wege nahm, und an deren Ende doch das dreiteilige Gewaltenteilungsmodell mit Exekutive, Legislative und Judikative stand.

573 Ernst-Wolfgang Böckförde, in: Josef Isensee; Paul Kirchhof (Hrsg.), Handbuch des Staatsrechts der Bundesrepublik Deutschland, Bd. I, § 22 RN. 87.

574 Max Imboden, Montesquieu, S. 13.

Insgesamt betrachtet bleiben dagegen die verschiedenen Gewaltenteilungsmodelle im Vormärz rein theoretische Konstrukte, die in besonders anschaulicher Weise die Probleme der damaligen Staatslehre in der theoretischen Auseinandersetzung mit monarchischem Prinzip und Dualismus zwischen Monarch und Volksvertretung verdeutlichen. Während dieser Grundkonflikt weitgehend erforscht ist, sind die damals entwickelten Gewaltenteilungsmodelle weitgehend in Vergessenheit geraten. Auffällig bei der damaligen Diskussion über Gewaltenteilung ist auch, daß konkrete politische Forderungen der Liberalen nicht theoretisch untermauert wurden. Die entwickelten Gewaltenteilungsmodelle wurden fast nie im politischen Diskurs als Argumentationsgrundlage herangezogen.

Es gibt daher in der Zeit des Vormärz nicht nur eine *„Inkongruenz von politischem und wirtschaftlichem Liberalismus"*, die Werner Conze bemängelt[575], sondern auch eine Inkongruenz von liberalen Forderungen und liberaler Staatslehre. Dieses Auseinanderklaffen von Tagespolitik und Staatstheorie kann ebenso wie die gesamte Zeit des Vormärz, wie Conze ausführt, als *„Widerspiel von progressiver Bewegung und restaurativer Beharrung"* charakterisiert werden.[576]

575 Werner Conze, Das Spannungsfeld von Staat und Gesellschaft im Vormärz, in: ders. (Hrsg.), Staat und Gesellschaft im deutschen Vormärz 1815-1848, 2. Aufl., Stuttgart 1970, S. 207-269 (242).

576 Werner Conze, Spannungsfeld von Staat und Gesellschaft, S. 207.

RECHTSHISTORISCHE REIHE

Band 1 Studien zu den germanischen Volksrechten. Gedächtnisschrift für Wilhelm Ebel. Vorträge gehalten auf dem Fest-Symposion anläßlich des 70. Geburtstages von Wilhelm Ebel am 16. Juni 1978 in Göttingen. Götz Landwehr (Hrsg.) 1982.

Band 2 Hans Poeschel: Die Statuten der Banken, Sparkassen und Kreditgenossenschaften in Hamburg und Altona von 1710 bis 1889. 1978.

Band 3 Thomas Kolbeck: Juristenschwemmen, Untersuchungen über den juristischen Arbeitsmarkt im 19. und 20. Jahrhundert. 1978.

Band 4 Norbert Hempel: Richterleitbilder in der Weimarer Republik. 1978.

Band 5 Rolf Stratmann: Die Scheinbußen im mittelalterlichen Recht. 1978.

Band 6 Martin C. Lockert: Die niedersächsischen Stadtrechte zwischen Aller und Weser. Vorkommen und Verflechtungen. Eine Bestandsaufnahme. 1979.

Band 7 Joachim Rückert/Wolfgang Friedrich: Betriebliche Arbeiterausschüsse in Deutschland, Großbritannien und Frankreich im späten 19. und frühen 20. Jahrhundert. Eine vergleichende Studie zur Entwicklung des kollektiven Arbeitsrechts. 1979.

Band 8 Peter Bender: Die Rezeption des römischen Rechts im Urteil der deutschen Rechtswissenschaft. 1979.

Band 9 Friedrich Karl Alsdorf: Untersuchungen zur Rechtsgestalt und Teilung deutscher Ganerbenburgen. 1980.

Band 10 Dietmar Willoweit/Winfried Schich (Hrsg.): Studien zur Geschichte des sächsisch-magdeburgischen Rechts in Deutschland und Polen (Sammelband). 1980.

Band 11 Brigitte Hempel: Der Entwurf einer Polizeiordnung für das Herzogtum Sachsen-Lauenburg aus dem Jahre 1591. 1980.

Band 12 Klaus-Detlev Godau-Schüttke: Rechtsverwalter des Reiches. Staatssekretär Dr. Curt Joël. 1981.

Band 13 Rainer Polley: Anton Friedrich Justus Thibaut (AD 1772-1840) in seinen Selbstzeugnissen und Briefen. Teil 1: Abhandlung. Teil 2: Briefwechsel. Teil 3: Register zum Briefwechsel. 1982.

Band 14 Michael Wettengel: Der Streit um die Vogtei Kelkheim 1275-1276. Ein kanonischer Prozeß.1981.

Band 15 Otto Wilhelm Krause: Naturrechtler des sechzehnten Jahrhunderts. Ihre Bedeutung für die Entwicklung eines natürlichen Privatrechts. 1982.

Band 16 Helga Spindler: Von der Genossenschaft zur Betriebsgemeinschaft. Kritische Darstellung der Sozialrechtslehre Otto von Gierkes. 1982.

Band 17 Holger Otte: Gustav Radbruchs Kieler Jahre 1919 - 1926. 1982.

Band 18 Rüdiger Teuner: Die fuldische Ritterschaft 1510 - 1656. 1982.

Band 19 Gerhard Dilcher/Rudolf Hoke/Gian Savino Pene Vidari/Hans Winterberg (Hrsg.): Grundrechte im 19. Jahrhundert. 1982.

Band 20 Karl-Hans Schloßstein: Die westfälischen Fabrikengerichtsdeputationen - Vorbilder, Werdegang und Scheitern. 1982.

Band 21 Birger Schulz: Der Republikanische Richterbund (1921-1933). 1982.

Band 22 Engelbert Krause: Die gegenseitigen Unterhaltsansprüche zwischen Eltern und Kindern in der deutschen Privatrechtsgeschichte. 1982.

Band 23 Meent W. Francksen: Staatsrat und Gesetzgebung im Großherzogtum Berg (1806-1813). 1982.

Band 24 Gerd von Sonnleithner: Bearbeitung des Handelsrechts durch Ignaz von Sonnleithner in seinem "Leitfaden über das österreichische Handels- und Wechselrecht". 1982.

Band 25 Rudolf Palme: Rechts-, Wirtschafts- und Sozialgeschichte der inneralpinen Salzwerke bis zu deren Monopolisierung. 1983.

Band 26 Helen Bosshard: Pestalozzis Staats- und Rechtsverständnis und seine Stellung in der Aufklärung. 1983.

Band 27 Jens Jessen: Die Selbstzeugnisse der deutschen Juristen. Erinnerungen, Tagebücher und Briefe. Eine Bibliographie. 1983.

Band 28 Günter Martin Jensen: Das Domanium Waldeck. Die rechtliche Zuordnung eines Fürstenvermögens. 1984.

Band 29 Johann Heinrich Kumpf: Petitionsrecht und öffentliche Meinung im Entstehungsprozeß der Paulskirchenverfassung 1848/49. 1983.

Band 30 Sabine Frey: Rechtsschutz der Juden gegen Ausweisungen im 16. Jahrhundert. 1983.

Band 31 Dietrich Joswig: Die germanische Grundstücksübertragung. 1984.

Band 32 Andreas Baryli: Konzessionssystem contra Gewerbefreiheit. Zur Diskussion der österreichischen Gewerberechtsreform 1835 bis 1860. 1984.

Band 33 Gerhard Oberkofler: Studien zur Geschichte der österreichischen Rechtswissenschaft. 1984.

Band 34 Rudolf Lauda: Kaufmännische Gewohnheit und Burgrecht bei Notker dem Deutschen. Zum Verhältnis von literarischer Tradition und zeitgenössischer Realität in der frühmittelalterlichen Rhetorik. 1984.

Band 35 Jens Jensen: Die Ehescheidung des Bischofs Hans von Lübeck von Prinzessin Julia Felicitas von Württemberg-Weiltingen AD 1648-1653. Ein Beitrag zum protestantischen Ehescheidungsrecht im Zeitalter des beginnenden Absolutismus. 1984.

Band 36 Horst Schröder: Friedrich Karl von Savigny. Geschichte und Rechtsdenken beim Übergang vom Feudalismus zum Kapitalismus in Deutschland. 1984.

Band 37 Andreas Hatzung: Dogmengeschichtliche Grundlagen und Entstehung des zivilrechtlichen Notstands. 1984.

Band 38 Matthias Klasen: Das Billwerder Landrecht. Landrecht und Landgericht in den Hamburger Elbmarschen. 1985.

Band 39 Rainer Jamin: Aufbau, Tätigkeit und Verfahren der Auseinandersetzungsbehörden bei der Durchführung der preußischen Agrarreformen. 1985.

Band 40 Henry Winter: Teilschuld, Gesamtschuld und unechte Gesamtschuld. Zur Konzeption der §§ 420 ff. BGB - Ein Beitrag zur Entstehungsgeschichte des BGB. 1985.

Band 41 Hermann Eichler: Verfassungsbewegung in Amerika und Europa. 1985.

Band 42 Dagmar Bandemer: Heinrich Albert Zachariae. Rechtsdenken zwischen Restauration und Reformation. 1985.

Band 43 Eva-Christine Frentz: Das Hamburgische Admiralitätsgericht (1623-1811). Prozeß und Rechtsprechung. 1985.

Band 44 Karl Lillig: Rechtsetzung im Herzogtum Pfalz-Zweibrücken während des 18. Jahrhunderts. Ein Beitrag zur Geschichte der territorialen Rechtsbildung. 1985.

Band 45 Walter Weber: Die Entwicklung der Sparkassen zu selbständigen Anstalten des öffentlichen Rechts. Ein Beitrag zur Entwicklung des Anstaltsbegriffs im 19. Jahrhundert. 1985.

Band 46 Bärbel Baum: Der Stabreim im Recht. Vorkommen und Bedeutung des Stabreims in Antike und Mittelalter. 1986.

Band 47 Hans Popp: Die nationalsozialistische Sicht einiger Institute des Zivilprozeß- und Gerichtsverfassungsrechts. 1986.

Band 48 John Karl-Heinz Montag: Die Lehrdarstellung des Handelsrechts von Georg Friedrich von Martens bis Meno Pöhls. Die Wissenschaft des Handelsrechts im ersten Drittel des 19. Jahrhunderts. 1986.

Band 49 Volker D. Anhäusser: Das internationale Obligationenrecht in der höchstrichterlichen Rechtsprechung des 19. Jahrhunderts. 1986.

Band 50 Udo Beer: Die Juden, das Recht und die Republik. Verbandswesen und Rechtsschutz 1919-1933. 1986.

Band 51 Herbert Grziwotz: Der moderne Verfassungsbegriff und die "Römische Verfassung" in der deutschen Forschung des 19. und 20. Jahrhunderts. 1986.

Band 52 Ralf Conradi: Karl Friedrich Eichhorn als Staatsrechtslehrer. Seine Göttinger Vorlesung über "Das Staatsrecht der deutschen Bundesstaaten" nach einer Kollegmitschrift aus dem Wintersemester 1821/22. 1987.

Band 53 Dieter Dannreuther: Der Zivilprozeß als Gegenstand der Rechtspolitik im Deutschen Reich 1871 - 1945. Ein Beitrag zur Geschichte des Zivilprozeßrechts in Deutschland. 1987.

Band 54 Stephan Felix Pauly: Organisation, Geschichte und Praxis der Gesetzesauslegung des (Königlich) Preußischen Oberverwaltungsgerichtes 1875 - 1933. 1987.

Band 55 Rüdiger Schulz: Die Entstehung des Seerechts des Allgemeinen Deutschen Handelsgesetzbuches unter besonderer Berücksichtigung der Bestimmungen über die Reederei, den Schiffer und die Schiffsmannschaft. 1987.

Band 56 Reinhold Reis: Deutsches Privatrecht in den Weistümern der Zenten Schriesheim und Kirchheim. 1987.

Band 57 Jürgen Christoph: Die politischen Reichsamnestien 1918 - 1933. 1987.

Band 58 Gerhard Oberkofler/Eduard Rabofsky: Hans Kelsen im Kriegseinsatz der k.u.k.-Wehrmacht. Eine kritische Würdigung seiner militärtheoretischen Angebote. 1988.

Band 59 Arne Wulff: Staatssekretär Prof. Dr. Dr. h.c. Franz Schlegelberger. 1876-1970. 1991.

Band 60 Gerhard Köbler (Hrsg.): Wege europäischer Rechtsgeschichte. Karl Kroeschell zum 60. Geburtstag. 1987.

Band 61 Rüdiger Hütte: Der Gemeinschaftsgedanke in den Erbrechtsreformen des Dritten Reichs. 1988.

Band 62 Markus Göldner: Politische Symbole der europäischen Integration. Fahne, Hymne, Hauptstadt, Paß, Briefmarke, Auszeichnungen. 1988.

Band 63 Wolfgang Kröner: Freiheitsstrafe und Strafvollzug in den Herzogtümern Schleswig, Holstein und Lauenburg von 1700 bis 1864. 1988.

Band 64 Werner Gaile: Die Norder Theelacht. 1988.

Band 65 Karl v. Kempis: Andreas Gaill (1526 - 1587). Zum Leben und Werk eines Juristen der frühen Neuzeit. 1988.

Band 66 Wolf-Rüdiger Osburg: Die Verwaltung Hamburgs in der Franzosenzeit. 1811-1814. 1988.

Band 67 Christian Schudnagies: Hans Frank. Aufstieg und Fall des NS-Juristen und Generalgouverneurs. 1988.

Band 68 Otmar Jung: Senatspräsident Freymuth. Richter, Sozialdemokrat und Pazifist in der Weimarer Republik. Eine politische Biographie. 1989.

Band 69 Joachim Lohner: Das landeshauptmannschaftliche Gericht in Oberösterreich zu Beginn der Neuzeit. Eine Darstellung des oberösterreichischen Prozeßrechts am obersten Territorialgericht des Landes anhand der oberösterreichischen Landtafel.1989.

Band 70 Bernd Klemann: Rudolf von Jhering und die Historische Rechtsschule. 1989.

Band 71 Adalbert Langer: Männer um die österreichische Zivilprozeßordnung 1895. Zusammenspiel / Soziales Ziel. 1990.

Band 72 Robert-Dieter Klee: Die Landessuperintendentur Lauenburg. Ursprung und Entwicklung sowie Ende der Sonderstellung des Kirchenkreises Herzogtum Lauenburg durch die nordelbische Kirchenvereinigung. 1989.

Band 73 Heinrich Herrmann: Die Gehöferschaften im Bezirk Trier. 1989.

Band 74 Wilhelm Brauneder, Franz Baltzarek (Hrsg.): Modell einer neuen Wirtschaftsordnung. Wirtschaftsverwaltung in Österreich 1914 - 1918. 1991.

Band 75 Thomas Dreyer: Die "Assecuranz- und Haverey-Ordnung" der Freien und Hansestadt Hamburg von 1731. 1990.

Band 76 Bernhard Sendler: Die Rechtssprache in den süddeutschen Stadtrechtsreformationen. 1990.

Band 77 Brigitte Lehmann: Ehevereinbarungen im 19. und 20. Jahrhundert. 1990.

Band 78 Michael Sunnus: Der NS-Rechtswahrerbund (1928-1945). Zur Geschichte der nationalsozialistischen Juristenorganisation. 1990.

Band 79 Stefan Schulz: Die historische Entwicklung des Rechts an Bienen. (§§ 961 - 964 BGB). 1990.

Band 80 Gerhard Lingelbach, Heiner Lück (Hrsg.): Deutsches Recht zwischen Sachsenspiegel und Aufklärung. Rolf Lieberwirth zum 70. Geburtstag dargebracht von Schülern, Freunden und Kollegen, herausgegeben von Gerhard Lingelbach und Heiner Lück. 1991.

Band 81 Manfred Krohn: Die deutsche Justiz im Urteil der Nationalsozialisten 1920 - 1933. 1991.

Band 82 Angelika Kühn: Privilegierung nationaler Minderheiten im Wahlrecht der Bundesrepublik Deutschland und Schleswig-Holsteins. 1991.

Band 83 Georg Brun: Leben und Werk des Rechtshistorikers Heinrich Mitteis unter besonderer Berücksichtigung seines Verhältnisses zum Nationalsozialismus. 1991.

Band 84 Wolfgang Simon: Claudius Freiherr von Schwerin. Rechtshistoriker während dreier Epochen deutscher Geschichte. 1991.

Band 85 Friedrich-Carl Wachs: Das Verordnungswerk des Reichsdemobilmachungsamtes. Stabilisierender Faktor zu Beginn der Weimarer Republik. 1991.

Band 86 Jens-Uwe Petersen: Die Vorgeschichte und die Entstehung des Mieterschutzgesetzes von 1923 nebst der Anordnung für das Verfahren vor dem Mieteinigungsamt und der Beschwerdestelle. 1991.

Band 87 Ulrike Haibach: Familienrecht in der Rechtssprache. Die historische Entwicklung zentraler Ausdrücke des geltenden Familienrechts. 1991.

Band 88 Joern Christian Nissen: Die Beratungen des Seeversicherungsausschusses der Akademie für Deutsches Recht zu einem neuen Seeversicherungsgesetz (1934-1939). Ein Beitrag zur Entwicklung der allgemeinen Lehren des Seeversicherungsrechts unter besonderer Berücksichtigung des Handelsgesetzbuchs und der Allgemeinen Deutschen Seeversicherungs-Bedingungen 1919. 1991.

Band 89 Diethard Bühler: Die Entstehung der allgemeinen Vertragsschluß-Vorschriften im Allgemeinen Deutschen Handelsgesetzbuch (ADHGB) von 1861. Ein Beitrag zur Kodifikationsgeschichte des Privatrechts im 19. Jahrhundert. 1991.

Band 90 Gerhard Oberkofler: Die Vertreter des Römischen Rechts mit deutscher Unterrichtssprache an der Karls-Universität in Prag. Vom Vormärz bis 1945. 1991.

Band 91 Ulrich Andermann: Ritterliche Gewalt und bürgerliche Selbstbehauptung. Untersuchungen zur Kriminalisierung und Bekämpfung des spätmittelalterlichen Raubrittertums am Beispiel norddeutscher Hansestädte. 1991.

Band 92 Heinz Marcus Hanke: Luftkrieg und Zivilbevölkerung. Der kriegsvölkerrechtliche Schutz der Zivilbevölkerung gegen Luftbombardements von den Anfängen bis zum Ausbruch des Zweiten Weltkrieges. 1991.

Band 93 Kirsten Kraglund: Familien- und Erbrecht. Materielles Recht und Methoden der Rechtsanwendung in der Rechtsprechung des Oberappellationsgerichts der vier Freien Städte Deutschlands zu Lübeck. 1991.

Band 94 Reinhard Lorenz: Die politische und rechtliche Stellung des Proletariats in Preußen in der Zeit zwischen den Reformen und der Revolution 1848/49. 1991.

Band 95 Eric Hilgendorf: Die Entwicklungsgeschichte der parlamentarischen Redefreiheit in Deutschland. 1991.

Band 96 Hans J. Reiter: Die Handelsgesellschaft Villeroy & Boch von der Gründung 1836 bis zum Jahr 1878. 1992.

Band 97 Martin Johannes Heller: Reform der deutschen Rechtssprache im 18. Jahrhundert. 1992.

Band 98 Michael Kotulla: Die Tragweite der Grundrechte der revidierten preußischen Verfassung vom 31.01.1850. 1992.

Band 99 Michael Siefener: Hexerei im Spiegel der Rechtstheorie. Das crimen magiae in der Literatur von 1574 bis 1608. 1992.

Band 100 Andreas Ebert-Weidenfeller: Hamburgisches Kaufmannsrecht im 17. und 18. Jahrhundert. Die Rechtsprechung des Rates und des Reichskammergerichtes. 1992.

Band 101 Enno Bommel: Die Entstehung der Verwirkungslehre in der Krise des Positivismus. 1992.

Band 102 Ralph Steppacher: Die Berücksichtigung der bäuerlichen Postulate bei der Entstehung des ZGB und der Revision des OR. Ein Beitrag zur schweizerischen Kodifikationsgeschichte (1893 - 1912). 1992.

Band 103 Martin Fleckenstein: Die Todesstrafe im Werk Carl Joseph Anton Mittermaiers (1787 - 1867). Zur Entwicklungsgeschichte eines Werkbereichs und seiner Bedeutung für Theorie- und Methodenbildung. 1992.

Band 104 Jörn Eckert: Der Kampf um die Familienfideikommisse in Deutschland. Studien zum Absterben eines Rechtsinstitutes. 1992.

Band 105 Jörg Grotkopp: Beamtentum und Staatsformwechsel. Die Auswirkungen der Staatsformwechsel von 1918, 1933 und 1945 auf das Beamtenrecht und die personelle Zusammensetzung der deutschen Beamtenschaft. 1992.

Band 106 Andreas Rohde: Die Garantiehaftung des Vermieters und ihr Verhältnis zum Unmöglichkeitsrecht in dogmengeschichtlicher und modernrechtlicher Sicht. 1992.

Band 107 Tjark Siefke Kunstreich: Gesamtvertretung. Eine historisch-systematische Darstellung. 1992.

Band 108 Jürgen Krüger: Blindheit und Königtum. Die Blindheit des Königs Georg V. von Hannover als verfassungsrechtliches Problem. 1992.

Band 109 Wolfgang Putschek: Ständische Verfassung und autoritäre Verfassungspraxis in Österreich 1933-1938 mit Dokumentenanhang. Verfassung und Verfassungswirklichkeit. Mit einem Anhang: Denkschriften von Rechtsanwalt Dr. Erich Führer 1936/37. 1993.

Band 110 Klaus Hofmann: Die Verdrängung der Juden aus öffentlichem Dienst und selbständigen Berufen in Regensburg 1933-1939. 1993.

Band 111 Franz Kilger: Die Entwicklung des Telegraphenrechts im 19. Jahrhundert mit besonderer Berücksichtigung der technischen Entwicklung. Telegraphenrecht im 19. Jahrhundert. 1993.

Band 112 Wilhelm Brauneder (Hrsg.): Heiliges Römisches Reich und moderne Staatlichkeit. 1993.

Band 113 Thomas Heinrich: Das preußische Nichtehelichenrecht: Von der Aufklärung zur Reaktion. 1993.

Band 114 Gerald Kohl: Jagd und Revolution. Das Jagdrecht in den Jahren 1848 und 1849. 1993.

Band 115 Christian Schudnagies: Der Kriegs- oder Belagerungszustand im Deutschen Reich während des Ersten Weltkrieges. Eine Studie zur Entwicklung und Handhabung des deutschen Ausnahmezustandsrechts bis 1918. 1994.

Band 116 Elisabeth Bellmann: Die Internationale Kriminalistische Vereinigung (1889-1933). 1994.

Band 117 Julia Pfannkuch: Volksrichterausbildung in Sachsen 1945-1950. 1993.

Band 118 Jörg Offen: Von der Verwaltungsgemeinschaft des BGB von 1896 zur Zugewinngemeinschaft des Gleichberechtigungsgesetzes von 1957. 1994.

Band 119 Dorothee Kohlhas-Müller: Untersuchungen zur Rechtsstellung Theoderichs des Großen. 1995.

Band 120 Monika Rose: Das Gerichtswesen des Herzogtums Pfalz-Zweibrücken im 18. Jahrhundert. Ein Beitrag zur territorialen Gerichtsbarkeit im Alten Reich. 1994.

Band 121 Jörn Eckert / Hans Hattenhauer (Hrsg.): Bibel und Recht. Rechtshistorisches Kolloquium 9. - 13. Juni 1992 an der Christian-Albrechts-Universität zu Kiel. 1994.

Band 122 Robert Martin Mizia: Der Rechtsbegriff der Autonomie und die Begründung des Privatfürstenrechts in der deutschen Rechtswissenschaft des 19. Jahrhunderts. 1995.

Band 123 Walther Graf von Plettenberg: Das Fortleben des Liber Iudiciorum in Asturien/León (8. - 13. Jh.). 1994.

Band 124 Wolfgang Schulz: Das deutsche Börsengesetz. Die Entstehungsgeschichte und wirtschaftlichen Auswirkungen des Börsengesetzes von 1896. 1994.

Band 125 Frank Hagemann: Der Untersuchungsausschuß Freiheitlicher Juristen. 1949 – 1969. 1994.

Band 126 Andreas Rethmeier: "Nürnberger Rassegesetze" und Entrechtung der Juden im Zivilrecht. 1995.

Band 127 Edith Grether: Die Poesie der Throne. Die Juristen in der Fruchtbringenden Gesellschaft. 1995.

Band 128 Anna Bartels-Ishikawa: Der Lippische Thronfolgestreit. Eine Studie zu verfassungsrechtlichen Problemen des Deutschen Kaiserreiches im Spiegel der zeitgenössischen Staats. 1995.

Band 129 Jörg Schmidt: Otto Koellreutter 1883-1972. Sein Leben, sein Werk, seine Zeit. 1995.

Band 130 Christian Hattenhauer: Wahl und Krönung Franz II. AD 1792. Das Heilige Reich krönt seinen letzten Kaiser - Das Tagebuch des Reichsquartiermeisters Hieronymus Gottfried von Müller und Anlagen. 1995.

Band 131 Jutta v. der Decken: Das Seearbeitsrecht im Hamburger Stadtrecht von 1301 bis 1603. 1995.

Band 132 Detlev Schmidt: Die Reform des Rechts der Handelsvertreter von 1953. 1995.

Band 133 Gabi Roßdeutscher: Privatautonomie im Scheidungsrecht. Scheidungsbezogene Vereinbarungen in den letzten 200 Jahren. 1995.

Band 134 Harald Kahlenberg: Leben und Werk des Rechtshistorikers Walther Merk. Ein Beispiel für das Verhältnis von Rechtsgeschichte und Nationalsozialismus. 1995.

Band 135 Michael Steitz: Adelbert Düringer am Reichsgericht (1902-1915). Seine aktienrechtlichen Entscheidungen und sein Einfluß auf das Aktienrecht in Deutschland. 1995.

Band 136 Christian Becker: Beata Justorum Translatio. Juristen in schleswig-holsteinischen Leichenpredigten. 1996.

Band 137 Christoph Seiler: Vom Allgemeinen Landrecht zum Bürgerlichen Gesetzbuch. Dargestellt am Beispiel der höchstrichterlichen Judikatur zum kaufrechtlichen Sachmängelgewährleistungsrecht. 1996.

Band 138 Bernd Mayer: Die Vertrauensmännerausschüsse auf den preußischen Steinkohlegruben an der Saar. Entstehung und Wirken. Eine rechtshistorische Untersuchung. 1996.

Band 139 Rochus Scholl: Juden und Judenrecht im Herzogtum Pfalz-Zweibrücken. Ein Beitrag zur Rechtsgeschichte eines deutschen Kleinstaates am Ende des alten Reiches. 1996.

Band 140 Meike Bursch: Judentaufe und frühneuzeitliches Strafrecht. Die Verfahren gegen Christian Treu aus Weener/Ostfriesland 1720-1728. 1996.

Band 141 Markus Hillenbrand: Fürstliche Eheverträge. Gottorfer Hausrecht 1544 - 1773. 1996.

Band 142 Ulf Häder: Das gemeinschaftliche Oberappellationsgericht thüringischer Staaten in Jena. Ein Beitrag zur Geschichte des Gerichtswesens im 19. Jahrhundert. 1996.

Band 143 Andreas Bauer: Das Gnadenbitten in der Strafrechtspflege des 15. und 16. Jahrhunderts. Dargestellt unter besonderer Berücksichtigung von Quellen der Vorarlberger Gerichtsbezirke Feldkirch und des Hinteren Bregenzerwaldes. 1996.

Band 144 Christian Wirth: Der Jurist Johann Andreas Georg Friedrich Rebmann zwischen Revolution und Restauration. 1996.

Band 145 Stefanie Müller: Die Rechtsprechung des Hanseatischen Oberlandesgerichts zum persönlichen Eherecht in Hamburgischen Gerichtsfällen von 1879 -1900. 1996.

Band 146 Jean-Nicolas Morisset: Der Frachtvertrag in der *Ordonnance de la marine* von 1681. 1996.

Band 147 Dirk Lentfer: Die Glogauer Landesprivilegien des Andreas Gryphius von 1653. 1996.

Band 148 Wencke Mull: Die Haftung für Einsturzschäden nach den §§ 836-838 BGB in der Rechtsprechung des Reichsgerichts. 1996.

Band 149 Renate Zelger: Teufelsverträge. Märchen, Sage, Schwank, Legende im Spiegel der Rechtsgeschichte. 1996.

Band 150 Guido Kraß: Das Arrestverfahren in Frankfurt am Main im Spätmittelalter. 1996.

Band 151 F. Benedict Heyn: Die Entwicklung des Eisenbahnfrachtrechts von den Anfängen bis zur Einführung des Allgemeinen Deutschen Handelsgesetzbuches (ADHGB). 1996.

Band 152 Thomas Lang: Die Staats- und Verfassungslehre Carl Salomo Zachariaes. 1996.

Band 153 Michael Hebeis: Karl Anton von Martini (1726-1800). Leben und Werk. 1996.

Band 154 Gerald Hubert: Die Diskussion um die rechtliche Natur der Bizone in den Jahren 1947-1949. 1996.

Band 155 Christof Horn: Die Rechtsprechung des Reichsgerichts in Ehescheidungssachen der Jahre 1900 bis 1905. 1996.

Band 177 Inken Fuhrmann: Die Diskussion über die Einführung der fakultativen Zivilehe in Deutschland und Österreich seit Mitte des 19. Jahrhunderts. 1998.

Band 178 Annette Rieck: Der Heilige Ivo von Hélory (1247-1303). Advocatus pauperum und Patron der Juristen. 1998.

Band 179 Frank Bottenberg: Die Hamburgische Strafprozeßordnung von 1869. 1998.

Band 180 Matthias Krauß: Das kursächsische Postrecht von seinen Anfängen bis zum Ende des Alten Reichs. 1998.

Band 181 Torsten Schmidt: Die Entmündigung von den Anfängen des BGB bis zu ihrer Ablösung durch das Institut der Betreuung. 1998.

Band 182 Christian Nunn: Rudolf Müller-Erzbach. 1874-1959. Von der realen Methode über die Interessenjurisprudenz zum kausalen Rechtsdenken (Leben und Werk). 1998.

Band 183 Christian Ortloff: Das staatskirchenrechtliche System Wilhelm Traugott Krugs. Glaubens- und Gewissensfreiheit – eine Forderung der Vernunft. 1998.

Band 184 Christian Hattenhauer: Schuldenregulierung nach dem Westfälischen Frieden. Der sog. § *de indaganda* und seine Umsetzung im Jüngsten Reichsabschied (AD 1648 und 1654). 1998.

Band 185 Werner Schubert: Preußen im Vormärz. Die Verhandlungen der Provinziallandtage von Brandenburg, Pommern, Posen, Sachsen und Schlesien sowie – im Anhang – von Ostpreußen, Westfalen und der Rheinprovinz (1841-1845). 1998.

Band 186 Silvia Schumacher: Das Rechtsverhältnis zwischen Eltern und Kindern in der Privatrechtsgeschichte. 1999.

Band 187 Kai Sommer: Die Strafbarkeit der Homosexualität von der Kaiserzeit bis zum Nationalsozialismus. Eine Analyse der Straftatbestände im Strafgesetzbuch und in den Reformentwürfen (1871-1945). 1998.

Band 188 Jan Erik Backhaus: Volksrichterkarrieren in der DDR. 1999.

Band 189 Ralf Ruhnau: Die Fürstlich Thurn und Taxissche Privatgerichtsbarkeit in Regensburg. Ein Kuriosum der deutschen Rechtsgeschichte. 1999.

Band 190 Antonio Grilli: Die französische Justizorganisation am linken Rheinufer 1797-1803. 1999.

Band 191 Stephanie Kammerloher-Lis: Die Entstehung des Gesetzes über die religiöse Kindererziehung vom 15. Juli 1921. 1999.

Band 192 Jan Telp: Ausmerzung und Verrat. Zur Diskussion um Strafzwecke und Verbrechensbegriffe im Dritten Reich. 1999.

Band 193 Kurt von Pannwitz: Die Entstehung der Allgemeinen Deutschen Wechselordnung. Ein Beitrag zur Geschichte der Vereinheitlichung des deutschen Zivilrechts im 19. Jahrhundert. 1999.

Band 194 Sylvia Busch: Die Entstehung der Allgemeinen Gerichtsordnung für die Preussischen Staaten von 1793/95. Ein Beitrag zur Geschichte der Kodifikationsbewegung und der Reform des Zivilprozesses in Preußen im 18. Jahrhundert. 1999.

Band 195 Dirk Bieresborn: Klage und Klageerwiderung im deutschen und englischen Zivilprozeß. Eine rechtshistorische und rechtsvergleichende Untersuchung unter besonderer Berücksichtigung der Beeinflussung durch das römisch-kanonische Verfahren. 1999.

Band 196 Andreas Thier / Guido Pfeifer / Philipp Grzimek (Hrsg.): Kontinuitäten und Zäsuren in der Europäischen Rechtsgeschichte. Europäisches Forum Junger Rechtshistorikerinnen und Rechtshistoriker München 22.-24. Juli 1998. 1999.

Band 197 Franz Smola: Die Fürstlich Liechtenstein'sche Kunstsammlung. Rechtsfragen zur Verbringung der Sammlung von Wien nach Vaduz in den Jahren 1944/45. 1999.

Band 198 Frank Martin Krauss: Das geteilte Eigentum im 19. und 20. Jahrhundert. Eine Untersuchung zum Fortbestand des Teilungsgedankens. 1999.

Band 199 Matthias Frey: Die spanische Aktiengesellschaft im 18. Jahrhundert und unter dem Código de Comercio von 1829. 1999.

Band 200 Alexandra Gilde: Die Stellung der Frau im Reichsstrafgesetzbuch von 1870/71 und in den Reformentwürfen bis 1919 im Urteil der bürgerlichen Frauenbewegung. Eine Analyse ausgewählter Straftatbestände. 1999.

Band 201 Malte Dießelhorst / Arne Duncker: Hans Kohlhase. Die Geschichte einer Fehde in Sachsen und Brandenburg zur Zeit der Reformation. 1999.

Band 202 Jörg Hillmann: Territorialrechtliche Auseinandersetzungen der Herzöge von Sachsen-Lauenburg vor dem Reichskammergericht im 16. Jahrhundert. 1999.

Band 203 Carsten Engler: Die Kommanditgesellschaft (KG) und die stille Gesellschaft im Allgemeinen Deutschen Handelsgesetzbuch (ADHGB) von 1861. 1999.

Band 204 Vesta Hoffmann-Steudner: Die Rechtsprechung des Reichsgerichts zu dem Scheidungsgrund des § 49 EheG (EheG 1938) in den Jahren 1938-1945. 1999.

Band 205 Michaela Thiele: Die Auflösung von Arbeitsverhältnissen aufgrund Anfechtung und außerordentlicher Kündigung nach der Rechtsprechung des Reichsarbeitsgerichts (1927-1945). 2000.

Band 206 Peter Landau / Hermann Nehlsen / Mathias Schmoeckel (Hrsg.): Karl von Amira zum Gedächtnis. 1999.

Band 207 Marcus Flinder: Die Entstehungsgeschichte des Zivilgesetzbuches der DDR. 1999.

Band 208 Boris Franz Leo Bromm: Die Entstehungsgeschichte des Berufs des Handelsvertreters. Unter besonderer Berücksichtigung der Sozialgesetzgebung in den Jahren von 1871-1933. 2000.

Band 209 Winfried C. J. Eberstein: Das Tierschutzrecht in Deutschland bis zum Erlaß des Reichs-Tierschutzgesetzes vom 24. November 1933. Unter Berücksichtigung der Entwicklung in England. 1999.

Band 210 Patrick Deller: Der „nach dem Vertrage" vorausgesetzte Gebrauch (§ 459 Absatz 1 Satz 1 BGB). Eine kaufrechtliche Untersuchung unter Berücksichtigung rechtshistorischer wie rechtsvergleichender Grundlagen. 2000.

Band 211 Eckard Freiherr von Bodenhausen: Haftung des Geschäftsherrn für Verrichtungsgehilfen im Straßen- und Schienenverkehr. Eine Analyse der Entscheidungen des Reichsgerichts zu § 831 BGB (1900-1945). 2000.

Band 212 Birte Gast: Der Allgemeine Teil und das Schuldrecht des Bürgerlichen Gesetzbuchs im Urteil von Raymond Saleilles (1855-1912). 2000.

Band 213 Hansjörg Michael Huber: Koloniale Selbstverwaltung in Deutsch-Südwestafrika. Entstehung, Kodifizierung und Umsetzung. 2000.

Band 214 Ulf Björner: Die Verfassungsgerichtsbarkeit im Norddeutschen Bund und Deutschen Reich (1867-1918). Eine rechtshistorische Untersuchung über Gerichtsbarkeit im Spannungsfeld von Politik und Recht innerhalb der von Bismarck geschaffenen deutschen Bundesstaaten. 2000.

Band 215 Mathias Freiherr von Rosenberg: Friedrich Carl von Savigny (1779-1861) im Urteil seiner Zeit. 2000.

Band 216 Reinhard Binder-Krieglstein: Österreichisches Adelsrecht 1868-1918/19. Von der Ausgestaltung des Adelsrechts der cisleithanischen Reichshälfte bis zum Adelsaufhebungsgesetz der Republik unter besonderer Berücksichtigung des adeligen Namensrechts. 2000.

Band 217 Claudia-Regine Nerius: Johannes Lehmann-Hohenberg (1851-1925). Eine Studie zur völkischen Rechts- und Justizkritik im Deutschen Kaiserreich. 2000.

Band 218 Ludger Meuten: Die Erbfolgeordnung des Sachsenspiegels und des Magdeburger Rechts. Ein Beitrag zur Geschichte des sächsisch-magdeburgischen Rechts. 2000.

Band 219 Christoph Alexander von Wilcken: Die Reformbestrebungen zum Genossenschaftsgesetz in der Frühzeit der Bundesrepublik. Die Beratungen der Sachverständigenkommission zur Überprüfung des Genossenschaftsrechts 1954 bis 1958 und der Referentenentwurf von 1962. 2000.

Band 220 Verein Junger RechtshistorikerInnen Zürich (Hrsg.): ¿Rechtsgeschichte(n)? ¿Histoire(s) du droit? ¿Storia/storie del diritto? ¿Legal Histori(es)? Europäisches Forum Junger Rechtshistorikerinnen und Rechtshistoriker Zürich 28.-30. Mai 1999. 2000.

Band 221 Hans Christian Schüler: Die Entstehungsgeschichte der Bundesnotarordnung vom 24. Februar 1961. 2000.

Band 222 Nils-Eberhard Schramm: Die Vereinigung demokratischer Juristen (1949-1999). 2000.

Band 223 Silke Anke Torp: Das Rechtsverhältnis zwischen den Eltern und ihren Kindern. Dienstleistungspflicht, Aussteuer und Ausstattung. Eine Analyse der Rechtsprechung des Reichsgerichts und des Reichsarbeitsgerichts zu den Vorschriften der §§ 1616 bis 1625 des Bürgerlichen Gesetzbuches in der Zeit von 1900 bis 1945. 2000.

Band 224 Martin Jürgen Maaß: Die Geschichte des Eigentumsvorbehalts, insbesondere im 18. und 19. Jahrhundert. 2000.

Band 225 Stefanie Langer: Rechtswissenschaftliche Itinerarien. Lebenswege namhafter europäischer Juristen vom 11. bis zum 18. Jahrhundert. 2000.

Band 226 Ulrich Schmitz: Der Unterhaltsanspruch des nichtehelichen Kindes gegen seinen Erzeuger. Die rechtsgeschichtliche und dogmatische Entwicklung im deutschen Recht. 2000.

Band 227 Sebastian Günther: Friedrich Carl von Savigny als Grundherr. 2000.

Band 228 Henning Ibs: Hermann J. Held (1890-1963). Ein Kieler Gelehrtenleben in den Fängen der Zeitläufe. 2000.

Band 229 Matthias Rücker: Wirtschaftswerbung unter dem Nationalsozialismus. Rechtliche Ausgestaltung der Werbung und Tätigkeit des Werberats der deutschen Wirtschaft. 2000.

Band 230 Hendrik Sandmann: Die Entwicklung von Begriff und Inhalt des Wirtschaftchsrechts durch die Rechtswissenschaft in der Weimarer Republik. 2000.

Band 231 Sibylle Müller: Gibt es Menschenrechte bei Samuel Pufendorf? 2000.

Band 232 Karin Olechowski-Hrdlicka: Die gemeinsamen Angelegenheiten der Österreichisch-Ungarischen Monarchie. Vorgeschichte – Ausgleich 1867 – Staatsrechtliche Kontroversen. 2001.

Band 233 Johannes Mierau: Die juristischen Abschluß- und Diplomprüfungen in der SBZ/DDR. Ein Einblick in die Juristenausbildung im Sozialismus. 2001.

Band 234 Jörg Wolff (Hrsg.): Stillstand, Erneuerung und Kontinuität. Einsprüche zur Preußenforschung. 2001.

Band 235 Friedo Schröder: Die anwaltliche Tätigkeit während der nationalsozialistischen Herrschaft. Eine Analyse der anwaltlichen Argumentation in Zivilprozessen anhand der vorhandenen Prozeßakten der Landgerichte Frankenthal, Wiesbaden, Limburg und Frankfurt und der Handakten der *jüdischen Konsulenten* des OLG-Bezirks Frankfurt. 2001.

Band 236 Der Code pénal des Königreichs Westphalen von 1813 mit dem Code pénal von 1810 im Original und in deutscher Übersetzung. Herausgegeben und mit einer Einleitung versehen von Werner Schubert. 2001.

Band 237 Klaus Richter: Deutsches Kolonialrecht in Ostafrika 1885-1891. 2001.

Band 238 Kai von Lewinski: Deutschrechtliche Systembildung im 19. Jahrhundert. 2001.

Band 239 Alexander Herzog: Sittenwidrige Rechtsgeschäfte in der höchstrichterlichen Rechtsprechung aus den Jahren 1948-1965. 2001.

Band 240 Claudia Rönnau: Die Beratungen des Wasserrechtsausschusses der Akademie für Deutsches Recht zu einem Reichswassergesetz (1934-1941). Ein Beitrag zur Dogmatik der Begriffe *Gemeingebrauch* und *Sondergebrauch* in der Zeit des Nationalsozialismus. 2001.

Band 241 Momme Rohlack: Kriegsgesellschaften (1914-1918). Arten, Rechtsformen und Funktionen in der Kriegswirtschaft des Ersten Weltkrieges. 2001.

Band 242 Rolf Geyer: Der Gedanke des Verbraucherschutzes im Reichsrecht des Kaiserreichs und der Weimarer Republik (1871-1933). Eine Studie zur Geschichte des Verbraucherrechts in Deutschland. 2001.

Band 243 Felix Lorenz Benjamin Lehmann: Der Rote Adlerorden. Entstehung und rechtliche Grundlagen (1705-1918). 2002.

Band 244 Marc Ludwig: Der Pfändungsschutz für Lohneinkommen. Die Entstehungs- und Entwicklungsgeschichte der Vorschriften zum Schutz vor Lohnpfändung in Deutschland. 2001.

Band 245 Alexander Wachter: Dorfschule zwischen Pastor und Schulmeister. Zur Säkularisierung des niederhessischen Schulwesens im 19. Jahrhundert. 2001.

Band 246 Richard Scholz: Analyse der Entstehungsbedingungen der reichsgerichtlichen Aufwertungsrechtsprechung. Untersuchung unter besonderer Berücksichtigung der konservativen Geldpolitik der Reichsbank und der Inflationspolitik der Reichsregierung. 2001.

Band 247 Judith Laeverenz: Märchen und Recht. Eine Darstellung verschiedener Ansätze zur Erfassung des rechtlichen Gehalts der Märchen. 2001.

Band 248 Christina Schenk: Bestrebungen zur einheitlichen Regelung des Strafvollzugs in Deutschland von 1870 bis 1923. 2001.

Band 249 Nils Werner: Die Prozesse gegen die Landvolkbewegung in Schleswig-Holstein 1929/32. Ein Beitrag zur Justizkritik in der späten Weimarer Republik. 2001.

Band 250 Wolfgang Walter: Das Duell in Bayern. Ein Beitrag zur bayerischen Strafrechtsgeschichte. 2002.

Band 251 Jörn Eckert / Kjell Å. Modéer (Hrsg.): Geschichte und Perspektiven des Rechts im Ostseeraum. Erster Rechtshistorikertag im Ostseeraum 8.–12. März 2000. 2001.

Band 252 Jan Könighaus: Die Inauguration der Christian-Albrechts-Universität zu Kiel 1665. Symbolgehalt und rechtliche Bedeutung des Universitätszeremoniells. 2002.

Band 253 Andreas Görgen: Rechtssprache in der Frühen Neuzeit. Eine vergleichende Untersuchung der Fremdwortverwendung in Gesetzen des 16. und 17. Jahrhunderts. 2002.

Band 254 Ralf Schäfer: Die Rechtsstellung der Haigerlocher Juden im Fürstentum Hohenzollern-Sigmaringen von 1634-1850. Eine rechtsgeschichtliche Untersuchung. 2002.

Band 255 Regine Schmalhorst: Die Tierhalterhaftung im BGB von 1896. Die Entstehung und Änderung des § 833 BGB sowie eine Analyse der Rechtsprechung des Reichsgerichts bis 1908. 2002.

Band 256 Thomas Hense: Konrad Beyerle. Sein Wirken für Wissenschaft und Politik in Kaiserreich und Weimarer Republik. 2002.

Band 257 Christian Mahlmann: Die Strafrechtswissenschaft der DDR. Klassenkampftheorie und Verbrechenslehre. 2002.

Band 258 Henning Kahmann: Die Bankiers von Jacquier & Securius 1933–1945. Eine rechtshistorische Fallstudie zur "Arisierung" eines Berliner Bankhauses. Mit einem Geleitwort von John Kornblum. 2002.

Band 259 Volker Friedrich Drecktrah: Die Gerichtsbarkeit in den Herzogtümern Bremen und Verden und in der preußischen Landdrostei Stade von 1715 bis 1879. 2002.

Band 260 Andreas Klass: Standes- oder Leistungselite? Eine Untersuchung der Karrieren der Wetzlarer Anwälte des Reichskammergerichts (1693-1806). 2002.

Band 261 Wolfgang Eder: Das italienische Tribunale Speciale per la Difesa dello Stato und der deutsche Volksgerichtshof. Ein Vergleich zwischen zwei politischen Gerichtshöfen. 2002.

Band 262 Albrecht Cordes / Bernd Kannowski (Hrsg.): Rechtsbegriffe im Mittelalter. 2002.

Band 263 Thomas Hildebrandt: Die Brandenburgischen Provinziallandtage von 1841, 1843, und 1845 anhand ausgewählter Verhandlungsgegenstände. 2002.

Band 264 Jan Finzel: Georg Adam Struve (1619–1692) als Zivilrechtler. 2003.

Band 265 Björn Carsten Frenzel: Das Selbstverständis der Justiz nach 1945. Analyse der Rolle der Justiz unter Berücksichtigung der Reden zur *Wiedereröffnung* der Bundes- und Oberlandesgerichte. 2003.

Band 266 Nils Reichhelm: Die marxistisch-leninistische Staats- und Rechtstheorie Karl Polaks. 2003.

Band 267 Raik Schneider: Altrechtliche Personenzusammenschlüsse. Ihre Entwicklung unter besonderer Berücksichtigung des Rechts des Großherzogtums Sachsen-Weimar-Eisenach sowie der Herzogtümer Sachsen-Meiningen und Sachsen-Gotha. 2003.

Band 268 Anke Meier: Die Geschichte des deutschen Konkursrechts, insbesondere die Entstehung der Reichskonkursordnung von 1877. 2003.

Band 269 Stefan Jens Jordan: Leben und Werk des Tübinger Rechtsprofessors Wilhelm Gottlieb Tafinger 1760–1813. 2003.

Band 270 Stefanie Hubig: Die historische Entwicklung des § 23 ZPO. Zum Ursprung und Fortleben des Vermögensgerichtsstandes im deutschen Prozeßrecht des 19. Jahrhunderts. 2003.

Band 271 Michael G. Perband: Der Grundsatz der freien Beweiswürdigung im Zivilprozeß (§ 286 ZPO) in der Rechtsprechung des Reichsgerichts. 2003.

Band 272 Mathias Bouveret: Die Stellung des Staatsoberhauptes in der parlamentarischen Diskussion und Staatsrechtslehre von 1848 bis 1918. 2003.

Band 273 Barbara Széchényi: Rechtliche Grundlagen bayerischer Zensur im 19. Jahrhundert. 2003.

Band 274 Sylvia Scharfenberg: Die Entstehungsgeschichte des Beurkundungsgesetzes vom 28. August 1969. 2003.

Band 275 Urte Nesemann: Die schwedische Familiengesetzgebung von 1734 bis zu den Reformgesetzen von 1915 bis 1920 und deren Einfluss auf die Gesetzgebungsprojekte der Weimarer Republik. Unter besonderer Berücksichtigung der Rechtsstellung der Frau und des unehelichen Kindes. 2003.

Band 276 Alexandra Brück: Die Polizeiordnung Herzog Christians von Braunschweig-Lüneburg vom 6. Oktober 1618. 2003.

Band 277 Torsten Landwehr: Das Kommissionsgeschäft in Rechtswissenschaft, Gesetzgebung und Rechtspraxis vom 16. bis zum Ende des 18. Jahrhunderts. 2003.

Band 278 Tassilo Wilhelm Maria Englert: Deutsche und italienische Zivilrechtsgesetzgebung von 1933–1945. Parallelen in der Rechtsetzung und gegenseitige Beeinflussung unter besonderer Berücksichtigung des Familien- und Erbrechts. 2003.

Band 279 Tobias Prang: Der Schutz der Versicherungsnehmer bei der Auslegung von Versicherungsbedingungen durch das Reichsgericht. 2003.

Band 280 Thorsten Lieb: Privileg und Verwaltungsakt. Handlungsformen der öffentlichen Gewalt im 18. und 19. Jahrhundert. 2004.

Band 281 Michael Rühling: Das Ladenschlussgesetz vom 28. November 1956. Vorgeschichte, Entstehung des Gesetzes und weitere Entwicklung. 2004.

Band 282 Kathrin Nawotki: Die schleswigsche Deichstavengerechtigkeit. Vom 17. Jahrundert bis in die Gegenwart. Eine gewohnheitsrechtliche Superfizies an nordfriesischen Deichgrundstücken und ihre Entwicklung. 2004.

Band 283 Erik Nils Voigt: Die Gesetzgebungsgeschichte der militärischen Ehrenstrafen und der Offizierehrengerichtsbarkeit im preußischen und deutschen Heer von 1806 bis 1918. 2004.

Band 284 Dorothea Riedi Hunold: Die Einführung der allgemeinen Wechselfähigkeit in der Schweiz in der zweiten Hälfte des 19. Jahrhunderts. Unter besonderer Berücksichtigung der politischen, wirtschaftlichen und sozialen Verhältnisse. 2004.

Band 285 Thomas Gergen: Pratique juridique de la paix et trêve de Dieu à partir du concile de Charroux (989–1250). Juristische Praxis der Pax und Treuga Dei ausgehend vom Konzil von Charroux (989–1250). 2004.

Band 286 Kathrin Bethkenhagen: Die Entwicklung des Luftrechts bis zum Luftverkehrsgesetz von 1922. 2004.

Band 287 Heiko Lüpkes: Die Verbrechen der Diener des Staats im Allgemeinen Landrecht für die Preußischen Staaten von 1794 und ihre Entwicklung zu den Vergehen und Verbrechen im Amte im Strafgesetzbuch für die Preußischen Staaten von 1851. 2004.

Band 288 Mirco Peter Hirsch: Von der Erbbescheinigung des Preußischen Rechts zum Erbschein des Bürgerlichen Gesetzbuchs. 2004.

Band 289 Bettina Günther: Die Behandlung der Sittlichkeitsdelikte in den Policeyordnungen und der Spruchpraxis der Reichsstädte Frankfurt am Main und Nürnberg im 15. bis 17. Jahrhundert. 2004.

Band 290 Seunghyeon Seong: Der Begriff der *nicht gehörigen Erfüllung* aus dogmengeschichtlicher und rechtsvergleichender Sicht. 2004.

Band 291 Steffen-Werner Meyer: Bemühungen um ein Reichsgesetz gegen den Büchernachdruck. Anläßlich der Wahlkapitulation Leopolds II. aus dem Jahre 1790. 2004.

Band 292 Ulrich Löffler: Instrumentalisierte Vergangenheit? Die nationalsozialistische Vergangenheit als Argumentationsfigur in der Rechtsprechung des Bundesverfassungsgerichts. 2004.

Band 293 Norbert Koch: Die Entwicklung des deutschen privaten Immissionsschutzrechts seit Beginn der Industrialisierung. Unter besonderer Berücksichtigung des Einflusses der höchstrichterlichen Rechtsprechung. 2004.

Band 294 Julius Ludwig Pfeiffer: Das Tierschutzgesetz vom 24. Juli 1972. Die Geschichte des deutschen Tierschutzrechts von 1950 bis 1972. 2004.

Band 295 Bert-Hagen Strodthoff: Die richterliche Frage- und Erörterungspflicht im deutschen Zivilprozeß in historischer Perspektive. 2004.

Band 296 Tim Kannewurf: Die Höfeordnung vom 24. April 1947. Entstehungsgeschichte und Einordnung in die Entwicklung des Anerbenrechts. 2004.

Band 297 Steffi Heine: Die Methodendiskussion nach Inkrafttreten des Bürgerlichen Gesetzbuches und die Gründung des Vereins *Recht und Wirtschaft*. 2004.

Band 298 Anne Marlene Simon-Holtorf: Geschichte des Familienwahlrechts in Frankreich (1871 bis 1945). 2004.

Band 299 Jürgen Busch: Das Germanenbild der deutschen Rechtsgeschichte. Zwischen Wissenschaft und Ideologie. Mit einem Vorwort von Herwig Wolfram. 2004.

Band 300 Jan Kohlmann: Der Marsch zu den Gräbern von Karl und Rosa. Geschichte eines Gedenktages. 2004.

Band 301 Christian Rainer Schlicht: Die kumulative Schuldübernahme in der Rechtsprechung des Reichsgerichts und in der zeitgenössischen Literatur. 2004.

Band 302 Hans Peter Glöckner: Positive Vertragsverletzung. Die Geburt eines Rechtsinstituts. 2004.

Band 303 João Manuel Azevedo Alexandrino Fernandes: Die Theorie der Interpretation des Gesetzes bei Francisco Suárez. 2005.

Band 304 René Funk: Die Wahlprüfung der volksgewählten Abgeordneten der Volksvertretungen im Frühkonstitutionalismus. Eine Untersuchung der Wahlprüfung in den Kammern der Abgeordneten des Großherzogtums Baden, des Königreichs Württemberg und des Großherzogtums Hessen. 2005.

Band 305 Carolin O'Sullivan. Die Ahndung von Rechtsbrüchen der Seeleute im mittelalterlichen hamburgischen und hansischen Seerecht (1301–1482). 2005.

Band 306 Martin Jürgens: Staat und Reich bei Ernst Rudolf Huber. Sein Leben und Werk bis 1945 aus rechtsgeschichtlicher Sicht. 2005.

Band 307 Florian G. Dürselen: Franz Beyerle (1885–1977). Leben, Ära und Werk eines Rechtshistorikers. 2005.

Band 308 Kai Bandilla: Urheberrecht im Kaiserreich. Der Weg zum Gesetz betreffend das Urheberrecht an Werken der Literatur und Tonkunst vom 19. Juni 1901. 2005.

Band 309 Stefan Mieth: Die Entwicklung des Denkmalrechts in Preußen 1701–1947. 2005.

Band 310 Catharina Lodemann: Die Geschichte des französischen *acte de gouvernement*. 2005.

Band 311 Christina Wicke: Kodifikationsbestrebungen und Wissenschaft in Hessen-Darmstadt im vorkonstitutionellen Zeitalter. Zu der Beteiligung der Gießener Rechtsprofessoren an den Gesetzgebungsarbeiten in Hessen-Darmstadt in der Zeit zwischen 1769 und 1820. 2005.

Band 312 Christiane Chlosta: Nur dem Gesetz unterworfen? Eine rechtsgeschichtliche Untersuchung zu Idee und Wirklichkeit richterlicher Gesetzestreue unter besonderer Berücksichtigung der Aufwertungsrechtsprechung und des richterlichen Prüfungsrechts. 2005.

Band 313 Kathrin Dirr: Hoheitsrechtliche Streitigkeiten zwischen den Kölner Erzbischöfen und der Stadt Köln auf Grundlage reichskammergerichtlicher Verfahren des 16. und 17. Jahrhunderts. 2005.

Band 314 Michael Racky: Die Diskussion über Gewaltenteilung und Gewaltentrennung im Vormärz. 2005.

Peter Lang · Europäischer Verlag der Wissenschaften

Mathias Bouveret

Die Stellung des Staatsoberhauptes in der parlamentarischen Diskussion und Staatsrechtslehre von 1848 bis 1918

Frankfurt am Main, Berlin, Bern, Bruxelles, New York, Oxford, Wien, 2003.
VII, 455 S.
Rechtshistorische Reihe. Verantwortlicher Herausgeber: Dietmar Willoweit.
Bd. 272
ISBN 3-631-51158-2 · br. € 74.50*

Diese Arbeit stellt die behandelte Problematik während der Entstehungsgeschichte einzelner Verfassungen – der Paulskirchenverfassung, der preußischen Verfassung von 1850, der Verfassung des Norddeutschen Bundes und der Reichsverfassung von 1871 – vor dem jeweils aktuellen historischen und ideengeschichtlichen Hintergrund dar. Außerdem verfolgt sie die Anwendung der Normen in der Praxis, deren Auslegung in der Staatsrechtswissenschaft sowie deren Entwicklung in Praxis und Lehre und stellt die Entstehungs- und Entwicklungsgeschichte jeweils kurz gegenüber.

Aus dem Inhalt: Der Verfassungsentwurf der 17 Vertrauensmänner · Die Paulskirchenverfassung · Die Preußische Verfassung von 1850 · Die Verfassung des Norddeutschen Bundes · Die Verfassung des Deutschen Reichs von 1871